Alexander Rahr
Der kalte Freund

Alexander Rahr

DER KALTE FREUND

Warum wir Russland brauchen: Die Insider-Analyse

Bibliografische Information der Deutschen Nationalbibliothek
Die Deutsche Nationalbibliothek verzeichnet diese Publikation in der
Deutschen Nationalbibliografie; detaillierte bibliografische Daten
sind im Internet über http://dnb.d-nb.de abrufbar.

Dieses Werk ist urheberrechtlich geschützt.
Alle Rechte, auch die der Übersetzung, des Nachdruckes und der
Vervielfältigung des Buches oder von Teilen daraus, vorbehalten. Kein
Teil des Werkes darf ohne schriftliche Genehmigung des Verlages in
irgendeiner Form (Fotokopie, Mikrofilm oder ein anderes Verfahren),
auch nicht für Zwecke der Unterrichtsgestaltung – mit Ausnahme der in
den §§ 53, 54 URG genannten Sonderfälle –, reproduziert oder unter
Verwendung elektronischer Systeme verarbeitet, vervielfältigt oder
verbreitet werden.

1 2 3 4 5   15 14 13 12 11

© 2011 Carl Hanser Verlag München
Internet: http://www.hanser-literaturverlage.de
Lektorat: Martin Janik
Herstellung: Stefanie König
Umschlaggestaltung: Brecherspitz Kommunikation GmbH, München,
www.brecherspitz.com
unter Verwendung einer Fotografie von Fotolia
Satz: Presse- und Verlagsservice, Erding
Druck und Bindung: Friedrich Pustet, Regensburg
Printed in Germany
ISBN 978-3-446-42438-8

INHALT

1 WIE WICHTIG IST RUSSLAND? 1

Warum brauchen wir Russland? 1
Persönliche Erfahrungen in Russland – Was denkt Russland wirklich? – Die künftigen Konflikte der Welt – Globale Rohstoffe unter UN-Kontrolle? – USA in Europa, Russland draußen

Welchen Platz wird Russland in der Welt von morgen einnehmen? 6
Chinesische Weltkarte im Auswärtigen Amt – Der Westen schwächelt – Pax Sinica – Zwei Wege der Modernisierung Russlands – Die apokalyptischen Reiter

Ist Russland ein Störenfried der Weltordnung? 11
Russische Geigenvirtuosen im Konzert der Mächte – Heilige Allianz gegen den Terror – Amerikas Dreifrontenkrieg – Russland schmollt – Kohabitation in Europa

Ist Russland ein Stabilisator der Weltordnung? 17
Saakaschwili auf der Krim – Georgien-Konflikt erschüttert Europa – Knopfdruck auf Reset – Russlands Westpolitik – Westen ohne Osten

2 BEHANDELT DER WESTEN RUSSLAND FALSCH? 23

Hatte die Demokratie jemals eine Chance? 23
Araber demokratischer als Ostslawen? – Mühsamer Weg aus dem Kommunismus – Die neuen Russen – Wilder Kapitalismus ohne soziale Marktwirtschaft – Kein Marshallplan aus dem Westen

Russland nach dem Kommunismus – wohin? 28
War die Privatisierung alternativlos? – Machtkämpfe begraben Demokratie – Jelzins Zepter fällt an Putin – Lieber sicher als frei – Der Staat bin ich

Rom oder Byzanz? 34
Zwei Gesichter Putins – Tandem in der Finanzkrise – Wertefetischismus – Politologen sind immer Demokraten – NGOisierung der westlichen Außenpolitik

Werte als Waffe? 38
Lästige Doppelstandards – Geschichte als Waffe – Stalins Schatten – Neuauflage der Entspannungspolitik – Abrüstung der Geschichte

3 SPIELT DEUTSCHLAND DIE RUSSISCHE KARTE? 45

Das Erbe der Ostpolitik 45
Von Rapallo bis Hitler – Berthold Beitz im Kreml – Wandel durch Handel – Der Ost-Ausschuss öffnet die Tore – Die Freunde Russlands

Eindämmung oder Engagement Russlands? 50
Petersburger Dialog im Spiegel der Russlanddebatte – Kalter Friede – Russlands Germanophilie – Phobien der Mittelosteuropäer – Eine unglückliche Ehe

Deutsche Ostpolitik im neuen Gewand? 56
Spaltung Europas im Irak-Krieg – Merkel korrigiert Schröder – Deutschland stoppt die NATO-Erweiterung vor den Toren Russlands – Östliche Partnerschaft ohne Russland – Die Opel-Affäre

Strategische Partnerschaft in Aktion? 61
Putin kniet vor den Opfern von Smolensk – Medwedew bei Merkel auf Schloss Meseberg – Putin fordert den Freihandel – Deutschland initiiert den Rechtsdialog – Eine neue Berliner Mauer

4 WER REGIERT RUSSLAND? 67

Was steckt hinter dem Smolny-Netzwerk? 67
Putins Patron – Schlapphüte formieren sich – Das liberale Imperium – Sturm auf den Kreml

Welchen Deal schlossen Putin und Medwedew? 71
Wer lenkt das Tandem? – Geheimabsprachen im Kreml – Putin am Schalthebel – Medwedew ein Liberaler – Regierung ignoriert Präsidenten

Passen zwei Zaren auf einen Thron? 76
Keine Begnadigung für Chodorkowski? – Erste Nadelstiche – Medwedew feuert Luschkow – Putins Handsteuerung in der Krise – Putin als Sozialzar

Wer gewinnt – Geheimdienste oder Reformer? 82
Wer ist Dr. Jürgens? – Amerikaner unterstützen Medwedew – Russische Primaries – Falken und Tauben auf dem Kremldach – Setschin raus – Russland ohne Putin?

5 WIE ABHÄNGIG SIND WIR VON RUSSLAND? 89

Die neue Rohstoffweltordnung 89
Wieder ein Öl-Schock! – Iwan im Glück – Russlands Brot für die Welt – Die Schatztruhe Sibirien – Europas wachsende Abhängigkeit von Russland

Ohne Russlands Rohstoffe kein Wirtschaftswachstum? 94
Neue Waffen der Weltwirtschaft – Die nächste Weltkrise – Die Explosion der Rohstoffpreise – Rohstoffpartnerschaft als Rettungsring – Neuauflage von Wandel durch Handel

Wie gefährlich ist die neue Rohstoffweltordnung? 100
Tausche Rohstoffe gegen Werte – Gesetze des Dschungels – Rohstoffriese Kasachstan – Gefährliche Wasserkriege – Kampf um den Nordpol – Nordostpassage verändert Welthandel

Software made in Asia? 106
Hoch auf dem gelben Wagen – Was planen Russland und China? – Erfolgreicher Staatskapitalismus – Energiemacht ohne Wirtschaft versus Wirtschaftsmacht ohne Energieressourcen

6 IST RUSSLAND EINE ENERGIESUPERMACHT? 111

Warum erzittern wir vor der Energiewaffe? 111
Auf der *Castoro Sei* – Im Spinnennetz der Pipelines – Unermesslicher Ressourcenreichtum für unersättliche Märkte – Übertriebene Abhängigkeitsängste – Putin attraktiver als IWF

Welche Energiestrategie verfolgt Russland? 116
Russlands Energiekomplex – Ölmultis verlieren globalen Einfluss – Staatskontrolle über Energie – Die Welt schreit nach Öl und Gas – Ausländer müssen helfen

Russlands Energieaußenpolitik 121
Energiedialog mit Amerika – Chodorkowski in Deutschland –
Russischer Einkauf in Wertschöpfungsketten – Setschin auf
Mission – Expansion auf die Weltenergiemärkte

Drohen Pipeline – Kriege? 126
Putins Dissertation – Südkaukasus nach Westen – Zentralasien
nach China – South Stream gegen Nabucco – Moskau installiert
die Drehscheiben

7 KANN UNS RUSSLAND DAS GAS ABDREHEN? 133

Europäische Gaskriege 133
Gashahn zu – Transit als Waffe – Der Gaskrieg – Der Ölkrieg – Nord
Stream als Befreier – Ukraine bekommt Schwarzen Peter

Welche Abwehrmaßnahmen ergreift der Westen? 139
Die große Schiefergasrevolution – Der Spotmarkt für Gas
entsteht – Gasprom in der Klemme – Russische Gaskonferenz im
Adlon – EU liberalisiert ihren Energiemarkt – Eine totale
Diversifizierung

Errichtet Russland ein Kartell? 146
CEO von Gasprom im Gespräch – Zittern vor der Gas OPEC –
Kartellbildung wird vertagt – Putins Privatschatulle

Gibt es für Russland Lehren aus Fukushima? 150
Russen: Kernkraft, nein danke – Atomkraft als Ersatz für Gas
und Öl – Russland baut Atomkraftwerke für die Welt – Erdgas
als Brücke

8 WOHIN ROLLT DER RUBEL? 155

Vier Cordes-Thesen 155
Der Markt vor unserer Haustür – Marktchancen nicht ausgeschöpft – Profis im Krisenmanagement – Russland besser als sein Ruf – Russland kann mehr

Was kann Russland wirklich? 160
Ein Land mit Ideen – Ausländer kaufen Staatskonzerne – Skolkowo und Finanzzentrum – Die Transformation dauert länger – Korruption als Teil des Systems

Liberale oder autoritäre Modernisierung? 165
Putin erzählt Merkel eine Anekdote – Protektionismus pur – Rein in die WTO! – Modernisierungskurs seit 1985 – Die größten Wachstumsbranchen – Wie gesund ist das Gesundheitssystem?

Wie lukrativ ist der russische Markt? 172
Der schwere Markteinstieg – Der Rentierstaat – Die richtige Partnerwahl – An Putin kommt keiner vorbei

9 WIRD RUSSLAND EIN MODERNER STAAT? 177

Lieber grün als rot! 177
Vor- und Nachteile der Erderwärmung – Partner beim internationalen Klimaschutz – Medwedew verschreibt Energieeffizienz – Grüne auf dem Vormarsch

Wer hat den Finger auf dem Atomknopf? 181
Atomwaffen geben Weltmachtstatus – Wiederaufrüstung 2000 – Manöver mitten in Europa – Angst vor der Militarisierung der Ostsee – Der Faktor Kaliningrad – Russland modernisiert seine Kriegsführung

Holt Russland den Westen ein? 187
Wie will Putin modernisieren? – Drei Motoren der
Modernisierung – Sozialprogramme als Arzneimittel gegen
Proteste – Gelenktes Parlament – Irritationen um das Tandem

Was machen die Russen in Berlin? 193
Emigranten im Kalten Krieg – Wirtschaftsflüchtlinge nach der
Wende – In Berlin komfortabel leben, in Moskau Kohle verdienen –
Russische Großinvestoren in Deutschland – Keine Angst vor der
russischen Mafia

10 WAS DENKEN DIE RUSSEN? 199

Die hübsche Rita – Der nachdenkliche Kriegsveteran – Die
protestierenden Autofahrer – Im Penthaus des Baulöwen – Die
Kampfhenne – Der Soldat vom Land – Der frustrierte Taxifahrer –
Der ewige Idealist – Die Frau am Swimmingpool – Der selbstzensierte
Journalist – Die Sorgen um die Eltern – Der schwarze Mönch –
Der ehrliche Polizist – Der Topmanager – Nichts ist wichtiger
als Reisefreiheit – Die hässliche Fratze des Kapitalismus –
Der Politiker mit sozialem Gewissen – Der unverbesserliche
Nationalist – Der Chefideologe des Kremls – Die Generation
der Erben

11 WIRD RUSSLAND WIEDER EIN IMPERIUM? 221

Wer will zurück nach Russland? 221
Fünf Szenarien – Kein Imperium mehr – Einheitlicher Wirtschaftsraum
als Reintegrationsmodell – Die Zollunion tritt in Kraft – Ukraine
braucht Ost und West

Gemeinsame Nachbarschaft EU – Russland: Wie lange geht das gut? 226
Scheitern von Orange – Ukraine in den Armen Russlands – Lukaschenko in der Zwickmühle – Präsidenten ändern ihre Orientierung – Territorialkonflikte bedrohen Energiesicherheit

Die neue Seidenstraße oder Einbahnstraße nach China? 231
Wer verstopft den südkaukasischen Korridor? – Wer fördert die Schätze des Kaspischen Meeres? – Feilschen auf dem Bazar – USA als Schutzpatron – EU als Zaungast

Reintegration oder Zerfall? 236
Der lachende Dritte – Revolution ohne Dominoeffekt – Im Banne des Halbmonds – Der große Eurasier – Wen schützt die ODKB?

12 HILFT UNS RUSSLAND IN AFGHANISTAN? 243

Gibt es eine gemeinsame Sicherheitsagenda? 243
Drogen auf der Seidenstraße – Valdai-Klub im Cecilienhof – Schanghai Organisation für Zusammenarbeit als unser Partner – Wer schafft den Frieden in Afghanistan? – Ständiger Unruheherd Iran

Raketenabwehr – Russland als Schutzmacht Europas? 248
Rogozin im Bayrischen Hof – USA sind unverwundbar – Krieg der Sterne – Was ist die Euro-Raketenabwehr? – Gemeinsame Sicherheitsarchitektur

Nordkaukasus – Skiparadies oder Kalifat? 253
Terror in Russland – Keine Freiheit für alle – Der Tschetschenienkrieg – Kalifat statt Unabhängigkeit – Skifahrer im Kugelhagel – Islamismus als globale Bedrohung

Entwickelt Russland einen gesunden Patriotismus? 259
Après ski in Courchevel – Patriotismus von Deutschland lernen! –
Migranten und Leitkultur – Russland gewinnt den Weltcup 2018

13 OKTOBERREVOLUTION 2017   265

ANHANG   289

Quellenverzeichnis   289
Register   294

1 WIE WICHTIG IST RUSSLAND?

Warum brauchen wir Russland?

Russland die Demokratie zu lehren ist ein hoffnungsloses Unterfangen. Das Land ist viel zu stolz, um die Schulbank zu drücken. Und der Westen eignet sich auch nicht als vorbildlicher Lehrmeister. Inzwischen ist Russland wieder mächtig. Nach der Finanzkrise besitzt es größere Geldreserven als davor. Der Westen unterschätzt Russland, wenn er behauptet, das Land sei nicht mehr wichtig. Ein Leitartikel der Zeitung *Die Welt* trug die Überschrift: Wir brauchen Russland nicht! Das Leitmotiv des vorliegenden Buches lautet: Warum wir Russland brauchen!

Im April 1990 reiste ich zum ersten Mal in meinem Leben nach Russland. Meine Vorfahren waren 65 Jahre zuvor aus Russland emigriert. Als junger Politikwissenschaftler freundete ich mich mit den Vertretern der neuen demokratischen Bewegung in Russland an, zog für ein halbes Jahr nach Moskau und erlebte dort vom Stabsquartier der Liberalen aus hautnah die dramatische Entwicklung – den Zerfall des Kommunismus und die Auflösung der Sowjetunion. Damals war die Nachfrage nach Konsultationen aus dem Westen noch groß, gemeinsam mit gleichgesinnten Altersgenossen aus Russland gründete ich den Internationalen Russischen Klub – eine von vielen damaligen Plattformen für den regen Ideenaustausch zwischen Ost und West. In den Neunzigerjahren schuf ich in der Deutschen Gesellschaft für Auswärtige Politik (DGAP) in Bonn ein Zentrum für Analysen und Begegnungen zwischen den außenpolitischen Eliten Deutschlands und Russlands. Fast jeden Monat bin ich unterwegs in Osteuropa. Das Kompetenzzentrum spielt auch 20 Jahre nach dem Ende der Sowjetunion eine wichtige flankierende Rolle in den Beziehungen zwischen Deutschland und den neuen unabhängigen Ländern. Im Rahmen meiner Tätigkeit im internationalen Valdai-Klub treffe ich mich regelmäßig mit hohen Vertretern von Politik und Wirtschaft aus Russland. Ich war Zeuge vieler historischer Ereignisse und Teilnehmer offener und geschlossener Diskussionsrunden. Die Inhalte der Gespräche mit Entscheidungsträgern aus Ost und West können im vorliegenden Buch nachgelesen werden. Auch die Persönlichkeitsprofile der Politiker, die ich aus langjähriger Beobachtung aus der Nähe zusammengestellt habe, sind in das Buch eingeflossen. Der Leser soll jedoch nicht nur mit den Machthabern konfrontiert werden. Russland ist 20 Jahre nach dem Ende des Kommunismus ein sich dynamisch entwickelndes Land mit einer bunt gemischten Gesellschaft. Die größte Errungenschaft der letzten 20 Jahre ist das Verschwinden der Angst, die die Russen jahrzehntelang verspürten. Einige typische Russinnen und Russen wird der Leser im Kapitel »Was denken die Russen?« kennenlernen. Bis auf wenige Ausnahmen nenne ich keine Nachnamen, garantiere jedoch die Echtheit der Personen.

Ich möchte den Leser mitnehmen auf eine Reise durch Russland. Ich mache mich auf die Suche nach den Antworten auf die am häufigsten gestellten Fragen zu Russland. Die Analyse der Außen- und Innenpolitik Russlands erfolgt nicht nur aus der dem Leser wohlbekannten westlichen Sicht, sondern auch aus der russischen – das macht das Bild vollständiger und objektiver. Deutsche Politikgrößen wie Gerhard Schröder und Hans-Dietrich Genscher, mit denen ich zahlreiche Gespräche zu Russland geführt habe, weisen darauf hin, dass wir im Westen niemals vergessen dürfen, welche problematische Vergangenheit Russland hinter sich hat. Wenn uns auf dem Höhepunkt des Kalten Krieges vor drei oder mehr Jahrzehnten jemand vorhergesagt hätte, dass es bald ein Russland geben würde ohne Kommunismus, ohne Imperium, ohne auf den Westen gerichtete Atomwaffen, ohne Drang zur Weltherrschaft, in einer religiösen Wiedergeburt, auf halbem Wege zu Demokratie, Marktwirtschaft und Rechtsstaatlichkeit, angeführt von einem jungen aufgeklärten Juristen, der dem Westen in globalen Sicherheitsfragen sekundiert – wir hätten vor Freude Luftsprünge gemacht!

Sind wir manchmal zu überheblich im Umgang mit Russland? Vor 20 Jahren charakterisierte der amerikanische Politologe Francis Fukuyama den triumphalen Sieg des Westens im Wettstreit der Systeme als »Ende der Geschichte«. Die Menschheit habe den höchstmöglichen Entwicklungsstand an Technologie und individueller Gestaltungsfreiheit erreicht und sei auf dem Höhepunkt ihres Glücks angelangt. Demokratie und freie Marktwirtschaft seien endgültig Vorbilder für alle Nationen geworden. Die übrigen Ideologien gehörten in den Mülleimer der Geschichte. Amerika, die einzige übriggebliebene Supermacht nach dem Kalten Krieg, solle auf dem gesamten Globus die liberale Weltordnung sichern. Wenn sogar die Sowjetunion von einem Tag auf den anderen frei werden konnte – warum ist die Demokratie dann nicht auch auf andere Kulturen übertragbar? Davon handelt das Kapitel »Behandelt der Westen Russland falsch?« Das liberale Wirtschaftsmodell schien alternativlos, die Märkte sollten sich ausschließlich nach dem Prinzip des »freien Spiels der Kräfte« entwickeln, die Staaten ihre Macht an die Privatwirtschaft sowie die Zivilgesellschaft abtreten. Mit den Terroranschlägen vom 11. September 2001 und der Weltfinanzkrise von 2008, die Amerika mitten ins Herz trafen, endete das Goldene Zeitalter des Westens unvermittelt. Statt eines Ost-West-Konflikts ist die Welt in einen Nord-Süd-Konflikt geraten, und die NATO muss Kriege für Demokratie und Menschenrechte in der arabischen Welt führen. Mit ungewissem Ausgang.

Wir müssen allerdings erkennen, dass die Konfrontationslinien der Weltpolitik des 21. Jahrhunderts nicht mehr nach dem Schema freiheitliche versus totalitäre Gesellschaftsordnungen verlaufen werden wie im 20. Jahrhundert. Die größte Sorge betrifft die Versorgungslage auf unserem Planeten. In den kommenden 40 Jahren steht die Weltbevölkerung vor einer nie da gewesenen demografischen Explosion – von sechs auf neun Milliarden Erdbewohner. Noch wird die Weltpolitik von Staaten dominiert, die über Atomwaffen verfügen. Doch die Vermutung liegt nahe, dass andere Kriterien die Machtkonstellation der Welt des 21. Jahrhundert bestimmen werden. Angesichts der immer spürbareren Rohstoffkrisen wird die Weltwirtschaft bald von Ländern kontrolliert werden, die die notwendigen Bodenschätze besitzen. Alleine die Möglichkeit des Preisdiktats und der Kontrolle über die globalen Transportrouten wird diesen Ländern ungeheure Macht verleihen. Ausführlich wird diese Problematik im Kapitel »Wie abhängig sind wir von Russland?« behandelt.

Sehen wir und die Russen die Weltentwicklung ähnlich? Ein Strategiepapier des russischen Rates für Außen- und Verteidigungspolitik warnt vor Völkerwanderungen und Umsiedlungen ganzer Nationen. Die globale Erderwärmung könnte zu Kriegen um Nahrungsmittel, landwirtschaftliche Nutzflächen, Trinkwasser und Rohstoffe führen. In Russland fragen sich Analytiker, ob Moskau, angesichts der Gefahr von weltweiten Umverteilungskämpfen, sich nicht auf die militärische Verteidigung seines rohstoffreichen sibirischen Areals konzentrieren müsste. Fast 79 % des russischen Handelsvolumens mit der Außenwelt sind Rohstoffe und Energieträger. Deshalb hört der Kreml genau hin, wenn in amerikanischen Think Tanks Ideen entworfen werden, alle wichtigen Rohstoffreservoire der Welt einer internationalen Kontrolle zu unterstellen. Würden dann Staatsgrenzen, wie heute schon bei Menschenrechtsverletzungen, keine Rolle mehr spielen? Im Westen wird darüber diskutiert, ob Staaten, die mit Bodenschätzen und Rohstoffen gesegnet sind, diese als ihr souveränes Monopol betrachten dürfen, wenn die Weltbevölkerung anderswo hungert und friert. Im Zusammenhang mit dem neuen Status Russlands als Weltenergiemacht, der im Kapitel »Ist Russland eine Energiesupermacht?« ausführlich besprochen wird, bekommen solche Fragen eine besondere Aktualität. Ist es heute so utopisch, sich einen UN-sanktionierten Krieg gegen einen Staat vorzustellen, der durch massive Umweltverschmutzung gegen den internationalen Klimaschutz verstößt?

Wir wissen nicht, welche politischen Systeme die richtigen Antworten auf diese Art von Bedrohungen von morgen finden oder welche politischen Zukunftsmodelle in der Lage sein werden, die wachsende Bevölkerung zu ernähren und zufriedenzustellen. Wir wissen nicht, ob den westlichen Demokratien nicht morgen ihre wirtschaftlichen Ressourcen ausgehen. Wir wissen auch nicht, ob die staatskapitalistischen Modelle die Zukunft besser gestalten können als die heutigen liberalen Demokratiesysteme. Für unsere Politik ist es empfehlenswert, über diese Fragen eine strategische Debatte mit Russland zu führen.

Deutschland wird eine besondere Beziehung zu Russland nachgesagt. In der Tat hat Moskau nach dem Ende des Ost-West-Konflikts verstärkt auf die Bundesrepublik gesetzt, wie im Kapitel »Spielt Deutschland die russische Karte?« dargelegt. Von der Lieferstruktur ist Deutschland Russlands wichtigster Handelspartner, und Russland ist Deutschlands größter Rohstofflieferant. Russland hatte vermutet, dass die USA nach dem Sieg im Kalten Krieg den europäischen Kontinent verlassen würden. Ohne die USA hätte Russland seinen Status als Atom- und Energiemacht sowie Rohstoffreservoir nutzen können, um auf dem europäischen Kontinent zu einer Großmacht zu werden. Doch wir wissen, dass die Amerikaner gerade aus diesem Grund nicht nach Hause zurückkehrten. Moskau musste erkennen, dass die USA ihren Einfluss in Mittelosteuropa sogar noch verstärkten. Die NATO verdoppelte ihre Mitgliederzahl beinahe, der Balkan wurde Teil des Westens, mit Albanien wurde nach der Türkei ein zweiter islamischer Staat NATO-Mitglied, in der Mitte Europas entstand die neue Regionalmacht Polen und im Osten eine souveräne Ukraine, die allein durch ihre Existenz eine Wiederauferstehung des russischen Imperiums verhinderte. Die Ostsee und das Schwarze Meer gerieten unter die Kontrolle der NATO. Die Existenz der NATO schloss künftige Kriege in Europa aus und garantierte den Osteuropäern – Opfern von zwei Weltkriegen und anschließender kommunistischer Okkupation – Freiheit und Geborgenheit in einem geschützten Europa.

Und Russland? Als der Ostblock zerfiel, baute Europa seine Zukunft auf den Säulen der NATO und der EU auf. Als Russland an die Türen klopfte, sagten die Europäer Nein. Obwohl Russland während der friedlichen Auflösung des Warschauer Paktes vonseiten des Westens versprochen wurde, dass sich die Militärstrukturen der NATO nicht auf die neuen Mitgliedsstaaten im Osten ausdehnen würden, wurde die NATO bis an die Westgrenze des ehemaligen Sowjetreiches erweitert. Jedes Mal, wenn das westliche Verteidigungsbündnis ein Festmahl organisiert, witzelte Russlands NATO-Botschafter Dmitri Rogosin neulich in Berlin, ist der Hausherr ein Amerikaner. Er führt Regie, entscheidet, wer eingeladen wird, wer welchen Trinkspruch ausbringen darf und wie lange die Party dauert. Anschließend zahlt der Deutsche immer die Zeche. Heute will Russland nicht mehr in den Westen, sondern erschafft sein eigenes Reintegrationsmodell im postsowjetischen Raum. Davon handelt das Kapitel »Wird Russland wieder ein Imperium?«.

Welchen Platz wird Russland in der Welt von morgen einnehmen?

Beim Betreten des Konferenzraumes des Planungsstabes im Auswärtigen Amt fällt der neugierige Blick des Besuchers auf eine chinesische Weltkarte. Auf dieser Karte hat Europa, 3000 Jahre Hauptschauplatz der Menschheitsgeschichte und ansonsten immer in der Mitte jeder Weltkarte eingebettet, keine Vormachtstellung und liegt am linken Kartenrand. Dagegen sind die Staaten China, Indien und der Mittlere Osten in der Kartenmitte abgebildet. Sie sind nach chinesischer Lesart die Machtzentren der Welt. Die USA befinden sich auf der Weltkarte nicht im Westen, sondern im Osten – am rechten Rand. Der Atlantik als Bindeglied zwischen Amerika und Europa hat auf dieser Karte kaum Bedeutung, der Pazifik dagegen belegt einen zentralen Platz auf der rechten Seite der Weltkarte. Die Chinesen sehen die Weltordnung nicht als transatlantisch, sondern als transpazifisch geprägt. Russland thront auf der Karte ganz oben – als nördliche Macht.

Im Kapitel »Hilft uns Russland in Afghanistan?« werden die Herausforderungen, vor denen diese nördliche Macht steht, im Einzelnen charakterisiert. Russland musste nach dem Zerfall der UdSSR die diplomatischen Beziehungen zu gleich drei seiner wichtigsten Nachbarregionen neu ordnen – dem Westen, China und der islamischen Welt. Die drei hatten mächtigen Respekt vor der Sowjetunion, nun betrachteten sie sich als Russland überlegen. Ob diese Überlegenheit lange anhält, wird in Russland bezweifelt. Ein knappes Jahrhundert nach dem Ende des Kalten Krieges waren die Vereinigten Staaten von Amerika die Supermacht Nummer eins gewesen. Nun schwächeln sie. In den USA wurden zunächst Milliardenvermögen durch die Schuldenüberhäufung zerstört, anschließend musste doppelt so viel Geld für die Rettung des Bankensystems aufgewendet werden. Das klassische kapitalistische Wirtschaftsmodell ist gescheitert, das Ideal des »American Way of Life« hat ausgedient – ein schmerzhafter Verlust für die erfolgsverwöhnte amerikanische Vorbildnation. Die Finanzkrise hat die USA paralysiert. Der US-Dollar wird auf Dauer nicht mehr die einzige globale Leitwährung bleiben. Die USA werden zwar noch ein oder zwei Jahrzehnte militärisch die stärkste Macht auf Erden bleiben, sind aber gezwungen, ihren Militärhaushalt zu kürzen. Natürlich werden sich die USA nicht aus der Weltgeschichte verabschieden wie ihr Erzfeind, die Sowjetunion, vor 20 Jahren. Aber sie verlieren die Führung in der Welt.

Auch die EU schwächelt. Die einst gefeierte Währungsgemeinschaft gerät in Gefahr, immer mehr zu einer Schuldenbzw. Transfergemeinschaft zu verkommen, zu Lasten der wirtschaftskräftigen Mitgliedsstaaten. Die EU wird künftig zur Geisel der eigenen Wohlstandssysteme, für deren Erhaltung schlicht die Finanzmittel fehlen werden. Der Westen hat lange über seine Verhältnisse gelebt. Die Gefahr des Zerfalls der Euro-Zone bleibt akut und gefährdet in Zukunft das Projekt einer politischen Union in Europa. An eine weitere Ausdehnung der EU im jetzigen Zustand ist nicht zu denken. Zwar glauben hohe Vertreter der EU-Kommission, dass in zwei Jahrzehnten Länder wie die Ukraine, Belarus und Moldawien ihren Platz in der EU finden, doch kann die Entwicklung ganz anders verlaufen. Heute hat die EU ihren Kompass für Osteuropa verloren, für die Integration der genannten Länder steht kein Geld zur Verfügung. Wahrscheinlich kann die Einheit Europas im Osten des Kontinents nur mit dem Einschluss Russlands vollendet werden. Russlands Beitritt zu den europäischen Institutionen würde die »Länder dazwischen« automatisch mit Europa zusammenschließen. Der finanzielle Faktor würde im Falle Russlands eine andere, vielleicht sogar umgekehrte Rolle spielen als bei der Ukraine. Moskau würde als Mitgift eigene Finanzmittel in das gemeinsame Haus Europa mitbringen.

Eine der Thesen des Buches sieht Russlands Versuche, an den Westen anzudocken, als direkte Folge einer langfristigen Bedrohung durch das immer mächtiger werdende China. Peking macht inzwischen nicht nur Russland Angst. Die US-Außenministerin Hillary Clinton war kürzlich in Peking. Sie hatte dort das Gefühl, von oben herab behandelt worden zu sein. Als sie sich später darüber beschwerte, erinnerten sie ihre Berater daran, dass China inzwischen Staatsanleihen in Höhe von 1,8 Billionen US-Dollar besitzt und damit der größte Gläubiger der USA ist. Die Vereinigten Staaten verfügen zwar weiterhin über das gewaltigste Militärpotenzial der Welt, können es aber nicht gegen Chinas Wirtschaftsmacht einsetzen. Das Reich der Mitte finanziert den amerikanischen Wohlstand. Was passiert, wenn die Chinesen die Lust auf die Finanzierung des American Way of Life verlieren? China wird die Vereinigten Staaten als Wirtschaftsmacht in diesem Jahrzehnt überholen. In ganz Asien brummen die Motoren der Weltwirtschaft lauter als in Europa und haben einen weitaus größeren Innovationscharakter. Die asiatische Wirtschaft ist gegenüber der westlichen wettbewerbsfähiger. Mit erhobenem Zeigefinger werfen die Chinesen inzwischen dem Westen Versagen in der Weltpolitik vor. Noch rätselt die Welt, was eine Pax China bedeuten würde. Einerseits betont China ständig sein Ideal einer homogenen Weltordnung, in der jeder die Interessensphären des anderen akzeptiert. In Wirklichkeit weiß man auch, dass Chinas Weltbild hierarchisch geprägt ist. China wird die von ihm abhängigen Staaten tributpflichtig machen. Das Reich der Mitte, das mit 1,3 Milliarden eine fast doppelt so große

Bevölkerung besitzt wie die USA und die EU zusammen, verfügt mit 2,6 Billionen US-Dollar über die größten Geldreserven der Welt. In der Schanghai Organisation für Zusammenarbeit (SchOZ) läuft Peking den Russen den Rang ab. Die Bedeutung der Schanghai Organisation für Zusammenarbeit zeigt sich darin, dass sie die einzige internationale Organisation ist, an deren Gründung sich China selbst beteiligte. Früher bezog China Hochtechnologien aus Russland. Jetzt zieht China als Hightech-Land an Russland vorbei. China ist heute der größte Exporteur nach Russland, vor allem von Konsumgütern. Dem ambivalenten Verhältnis Moskau – Peking sind gleich mehrere Kapitel im Buch gewidmet.

Am radikalsten werden die Kräfteverschiebungen in der arabischen Welt sein. Parag Khanna, Autor des Buches »Wie kann die Welt regiert werden?«, verglich das 21. Jahrhundert mit dem 12. Jahrhundert. Damals war der Islam, sich vom südlichen Mittelmeer ausbreitend, Europa technologisch und wissenschaftlich überlegen. Niemand kann vorhersehen, ob die Staaten Nordafrikas nach den Umstürzen von 2011 an den Westen näher heranrücken oder ob sich dort der radikale Islamismus durchsetzen wird. Der Islam wird Mitte des Jahrhunderts eine große weltpolitische Rolle spielen, so viel steht fest. Er wird vermutlich die größte Weltreligion sein. Für Russland, dessen Bevölkerung schon zu 15 % aus Muslimen besteht, wäre ein Konflikt mit der islamischen Welt höchst gefährlich.

Um in der künftigen Weltordnung eine gewichtige Rolle spielen zu können, muss Russland zunächst seine Wirtschaft in Ordnung bringen. Das achte und neunte Kapitel verdeutlichen die Widersprüche der russischen Wirtschaft. Im Buch kommen die deutschen Wirtschaftskapitäne zu Wort. Russlands Anteil am weltweiten Warenhandel ist gering, knappe 2 %, ein Drittel des globalen Anteils Deutschlands. Russland hat sich nach dem Zerfall der Sowjetunion ein kapitalistisches Wirtschaftsmodell gegeben, das in einzelnen Bereichen ausgezeichnet funktioniert, doch immer noch nicht vollwertig in die globale Weltwirtschaft integriert ist. In der Führungselite des Landes gibt es dahingehend Vorbehalte, die im Buch erklärt werden. Das stolze Russland wehrt sich dagegen, die Rolle einer verlängerten Werkbank für die westliche und asiatische Industrie zu übernehmen. Moskau glaubt, über die gegenwärtig propagierte Modernisierungspolitik seine eigene Industrie revolutionieren zu können und gegen Mitte des Jahrhunderts in den Rang eines der fünf größten Industrienationen aufsteigen zu können. Moskau unterstützt die Wandlung der G-8 in eine G-20, wobei die G-20 nicht für eine liberale Werteordnung steht. Der 70 Jahre währende Washingtoner Konsens des liberalen Welthandels ist aus russischer Sicht hinfällig. Die Schwellenländer müssen den Welthandel neu ordnen und die WTO reformieren. Russlands Hoffnungen liegen dabei auf den BRICS-Staaten (Brasilien, Russland, Indien, China, Südafrika), deren zusammenaddiertes BIP bald 40 % der Weltwirtschaft ausmachen wird.

Das Kapitel »Wer regiert Russland?« beschreibt ausführlich die Politik des Tandems Dmitri Medwedew – Wladimir Putin. Faktisch regieren sie Russland gemeinsam, doch Putin scheint bei entscheidenden Fragen am längeren Hebel zu sitzen. Zwischen ihnen herrscht ein Konflikt über den künftigen Weg des Landes. Der Präsident tritt für größere Freiheiten und einen besser funktionierenden Rechtsstaat ein. Der Premierminister ist der Überzeugung, dass das staatskapitalistische Modell sich in der Finanzkrise als erfolgreicher erwiesen hat. Medwedew forciert die Gründung einer Modernisierungspartnerschaft mit dem Westen, Putin liebäugelt mit dem autoritären chinesischen Wirtschaftsmodell. Im Buch werden mehrere mögliche Entwicklungsszenarien diskutiert.

Auch das Szenario einer möglichen Revolution in Russland – ähnlich dem der Massenproteste in der arabischen Welt – wird behandelt. In der heutigen, fast schon apokalyptischen Welt ist nichts mehr ausgeschlossen. Wer hätte sich in seinen kühnsten Träumen vorstellen können, dass in den USA führende Großbanken und Versicherungsgesellschaften kollabieren, oder dass die Präsidentenmaschine des polnischen Staatsoberhauptes in dem verfluchtesten Ort der polnischen Geschichte – vor Katyn – abstürzen würde und andere Staatsoberhäupter dem Begräbnis fernbleiben müssten, weil eine Vulkanwolke den gesamten Flugverkehr über Europa zum Erliegen bringen würde. Ebenso undenkbar war die Vorstellung, dass zehn Jahre nach seiner Einführung der Euro plötzlich vor der Existenzfrage stehen könnte, oder dass ein einzelner Computeranarchist den USA ihre sensiblen Staatsgeheimnisse stehlen und im Internet ausstellen könnte. Die Berliner Bürger rieben sich die Augen, als der deutsche Reichstag wochenlang unter extremem Polizeischutz stand, weil eine Terrorbrigade ihn stürmen und nach Art des schrecklichen Geiseldramas von Moskau besetzen wollte. Und nach dem Super-GAU im Atomkraftwerk Fukushima stand die Menschheit fassungslos vor dem Ende des Atomzeitalters. Das Schlusskapitel »Oktoberrevolution 2017« vermittelt eine Russland-Perspektive außerhalb der existierenden »Regeln der politischen Korrektheit« in Form einer literarischen Kurzgeschichte.

Eine der am häufigsten gestellten Fragen zu Russland lautet: Kann uns Russland das Gas abdrehen? Ein zentrales Kapitel des Buches behandelt dieses Thema ausführlich. Der Gashandel, der Russland und den Westen seit 40 Jahren vereinigt hat, ist seit 2006 zum größten Stolperstein in den Beziehungen geworden. Der Westen diversifiziert seine Gasimporte. Russland versteht nicht, wie künftig Energieleitungssysteme funktionieren, die keiner nationalen Kontrolle mehr unterstehen sollen. Moskau und Brüssel brauchen eine neue, konstruktive Gasstrategie, die der überdimensionalen Bedeutung dieses Energieträgers für die Weltwirtschaft, vor allem nach der Reaktorkatastrophe von Fukushima, entspricht. Das Gaszeitalter ist noch lange nicht zu Ende. Manche Experten behaupten, es würde gerade erst beginnen.

Ist Russland ein Störenfried der Weltordnung?

Viele politische Beobachter stellen sich zu Recht die Frage, warum Russland und der Westen nach Beendigung des Kalten Krieges angesichts der neuen globalen Herausforderungen nicht zu Freunden und Verbündeten wurden. Niemand hat die Europäer vor die Entscheidung gestellt, zwischen den USA und Russland wählen zu müssen. Natürlich besitzt Amerika europäische Wurzeln und ist somit mit Europa verwandt. Aber Russland liegt geografisch gesehen in Europa. Offensichtlich hat der Kalte Krieg doch tiefere Spuren in der Mentalität der Völker in Ost und West hinterlassen. Dazu zwei Beispiele: In Russland kennen alle Juri Gagarin, der vor 50 Jahren den ersten Weltraumflug absolvierte. Doch die meisten Russen können mit der Tatsache, dass der Amerikaner Neil Armstrong als erster Mensch den Mond betrat, wenig anfangen. Im Westen ist die Sichtweise umgekehrt. In Russland wird gelehrt, dass die Sowjetunion im Zweiten Weltkrieg Hitler-Deutschland alleine zur Strecke gebracht habe. Im Westen herrscht die Meinung vor, dass die USA Europa befriedet hätten. Somit ist es verständlich, dass die EU, auch 20 Jahre nach dem Ende des Kalten Krieges, es vorzog, von den USA geschützt zu werden. Dass Russland in der Frage der Raketenabwehr bereit war, Schutzfunktionen für Europa zu übernehmen, ist in das Bewusstsein der Europäer nicht eingedrungen.

Die Frage nach dem Beitritt Russlands zur NATO wird in den westlichen Politikerzirkeln diskutiert. Doch Russlands Vorstellungen unterscheiden sich von denen anderer europäischer Staaten. Moskau sieht in Europa weniger eine demokratische Wertegemeinschaft als vielmehr ein »Konzert der Mächte«. Vermutlich will Russland selbst weder der EU noch der NATO beitreten, geschweige denn nationale Souveränitätsrechte an Brüssel abgeben. Es möchte mit anderen Staaten Europas in einer Wirtschafts- und Sicherheitsgemeinschaft leben, aus dem pragmatischen Verständnis heraus, dass sich seine Modernisierung nur im europäischen Kontext verwirklichen lässt. Aber Russland ist auch lautstarker Verfechter der Idee einer multipolaren Weltordnung, denn nur diese kann, laut Moskau, eine »gerechte« Machtbalance in der Weltpolitik bewirken.

Nach dem Ende des Kommunismus schien Russland zunächst der Sogwirkung des Westens zu unterliegen, bis der erste Tschetschenienkrieg (1994–1996) die Hoffnungen auf ein demokratisches Russland zerstörte. Die Verhinderung des Wiederentstehens eines neuen russischen Imperiums wurde zum Primat der vom Westen errichteten neuen europäischen Sicherheitsordnung. Als Russland 1996 in Tschetschenien kapitulierte, herrschte im Westen Genugtuung, die Rückeroberung Tschetscheniens 1999 führte dagegen gleich zu einem neuen Konflikt zwischen dem Westen und Russland. Als Russland im Gaskonflikt mit der Ukraine Energielieferungen als machtpolitisches Instrument einsetzte, nahm die EU Abstand von der Idee einer historischen Energieallianz mit Russland.

Viele Chancen für eine größere Konvergenz strategischer Interessen hätten bei einem stärker vorhandenen Willen genutzt werden können. In der G-8 spielte Russland eine konstruktive Rolle. Boris Jelzin stimmte der ersten NATO-Osterweiterung zu, bot der OSZE eine aktive Friedensmissionsrolle im postsowjetischen Raum an und ließ sich im Kosovo-Krieg in die Operationen der NATO-Friedenstruppen integrieren. Zwischen Russland und den USA existierte die sogenannte Gore-Tschernomyrdin-Kommission, die das bilaterale Verhältnis strategischer und konkreter ausgestaltete als die damals noch orientierungslose russisch-europäische Partnerschaft. Es war Putins autoritärer Kurs im Inneren, der Russland auf Kollision mit westlichen Interessen brachte. Trotzdem sollte nicht vergessen werden, dass es Putin war, der seinen amerikanischen Kollegen George W. Bush am 11. September 2001 als erster ausländischer Staatschef anrief und ihm die Bildung einer gemeinsamen Koalition im Kampf gegen den internationalen Terrorismus anbot. Putin ließ russische Militärbasen auf Kuba und in Vietnam schließen und billigte den Aufbau von U.S.-Militärstützpunkten in Zentralasien für die Zeit des Antiterrorkrieges gegen die El Kaida und die Taliban in Afghanistan. Russische Spezialkräfte leisteten den Amerikanern gezielte Unterstützung bei der Einnahme der afghanischen Hauptstadt Kabul. Danach öffnete Russland sein Territorium für die Nachschubversorgung der NATO-Truppen in Afghanistan. Für die USA waren die russischen Offerten aber reine Selbstverständlichkeiten, die keine Gegenleistungen erforderten.

Irgendwann müssen sich Historiker eingehend mit der Frage beschäftigen, warum seit dem Ende des Ost-West-Konflikts zwei Anläufe zur Gründung einer russisch-amerikanischen strategischen Partnerschaft so kläglich scheiterten. Die Fehleinschätzung kann nicht nur mit dem Fortbestand des russischen Feindbildes in den Köpfen amerikanischer Entscheidungsträger erklärt werden. Das generelle Problem in den amerikanisch-russischen Beziehungen ist bis heute, dass es in der Geschichte beider Länder kaum gemeinsame positive Erfolgserlebnisse gibt, abgesehen vom gemeinsamen Sieg gegen Nazi-Deutschland und vielleicht der russischen Abtretung von Alaska. Eine gemeinsame Erinnerungskultur ist durch das Kalte-Krieg-Denken vergiftet. Die amerikanische Russlandpolitik wird auch heute noch von den mächtigen osteuropäischen Emigrantenlobbies geprägt, in denen noch das Feindbild Russland vorherrscht. Für das konservativ denkende Amerika bleibt Russland ein potenzieller Feind. Die tödliche Bedrohung durch russische Atomraketen besteht für die USA nach wie vor fort. Russland, so die Lesart der amerikanischen Neokonservativen, sucht die Revanche nach dem Verlust des Imperiums. Seit dem Zusammenbruch der Sowjetunion fahren die USA eine doppelgleisige Politik in Bezug auf Russland: Einerseits sucht Washington die Kooperation Moskaus als Juniorpartner auf der weltpolitischen Bühne. Andererseits fördert Washington die Loslösung der postsowjetischen Staaten von Moskau – denn das Ziel der USA bleibt die Verhinderung einer Wiederbelebung der russischen Großmacht.

Unter George W. Bush steigerte sich Amerika in einen Dreifrontenkrieg – im Mittleren Osten und im direkten Süden Russlands. Zum einen bekämpften die USA mit zwei Armeen den internationalen Terrorismus in Afghanistan und im Irak, zum zweiten versuchten sie den Iran vom Bau von Atomwaffen abzuhalten. Drittens verfolgten die USA die Eindämmung wiederauflebender russischer Großmachtansprüche im postsowjetischen Raum. Die NATO wurde auf die baltischen Staaten und den Balkan erweitert und für die Ukraine und Georgien geöffnet. Der Kaspische Raum wurde von den USA zu ihrer Zone nationaler Interessen erklärt. Eine »Umzingelung« Russlands mit pro-westlichen Staaten hätte das Gespenst des russischen Neoimperialismus für immer vertrieben und die Ostflanke der EU und der NATO sicherer gemacht. Während der Orangenen Revolution in der Ukraine 2004 prallten die Interessen Russlands und des Westens heftig aufeinander. Fast wäre ein neuer Kalter Krieg ausgebrochen. Das westliche

Argument, dass Rivalitäten um Einflussräume Vergangenheit seien, war scheinheilig. Bei der Frage, wer die besseren Karten im »gemeinsamen Nachbarschaftsraum« zwischen Russland und der EU hatte, spielten geopolitische Interessen eine wichtige Rolle. Die Zukunft des »gemeinsamen Nachbarschaftsraums« ist noch nicht entschieden. Der Westen wird auch in Zukunft eine gewaltige Anziehungskraft auf die »Staaten dazwischen« ausüben. Russland wird aber stark genug sein, ein Wegdriften dieser Länder aus seiner Einflusssphäre zu verhindern.

Der Status quo ist nicht gefährlich, solange das institutionelle Rahmenwerk, das die Beziehungen zwischen Russland und dem Westen nach dem Kalten Krieg regelt, funktioniert. Doch die europäische Sicherheitsordnung ist in Turbulenzen geraten. Die USA stiegen unter Bush einseitig aus dem ABM-Vertrag aus, der den Aufbau einer Raketenabwehr außerhalb des eigenen Landes verbot, und begannen mit der Installation einer Raketenabwehr entlang der NATO-Ostgrenze. Die Raketenabwehr galt dem »Schurkenstaat« Iran, aber Russland fühlte sich bedroht. Daraufhin stieg Russland aus dem KSE-Vertrag aus, der die konventionelle Truppenstärke der NATO und Russlands in Europa regelte. Moskau empfand es als demütigend, dass es gemäß diesem Vertrag sein Militär nicht ohne westliche Zustimmung auf dem eigenen Territorium bewegen durfte. Russland verwarf aus gleichem Grund die Energiecharta, weil sie sein Souveränitätsrecht über den Energietransport auf nationalem Territorium einschränkte. Das Partnerschafts- und Kooperationsabkommen zwischen der EU und Russland wurde vom Westen nach einem Handelsstreit zwischen Polen und Russland ausgesetzt.

Jede neue Präsidentschaft in Russland begann mit einem Andockversuch an den Westen. Jelzin schlug 1992 ein gemeinsames politisches System für die USA, Europa und Japan vor, Putin offerierte 2001 Europa eine Energieallianz. Auch Präsident Medwedew schlug 2008 eine neue euroatlantische Friedenscharta von Vancouver bis Wladiwostok vor. Dies war kein Heiratsantrag an den Westen, wie ihn das geschwächte Russland in den Neunzigerjahren vortrug. Dies war ein Wunsch nach einer ebenbürtigen »Kohabitation« in

Europa, einem Nichtangriffspakt oder nach einer Allianz Russland – Europa. Moskau sah ein, dass es nicht NATO- und EU-Mitglied werden konnte, akzeptierte jedoch einen Aufbau Europas ohne die institutionelle Einbindung Russlands nicht.

Der Westen vermutete hinter dem Medwedew-Vorschlag den Versuch, sich über einen Sonderpakt ein Kontrollrecht über den postsowjetischen Raum zu sichern – und schwieg. Andere Skeptiker glaubten, Medwedew wolle nur einen Keil in die transatlantische Gemeinschaft treiben. Der Westen sah zunächst keine Notwendigkeit, sein funktionierendes Sicherheitssystem zu verändern. Die Europäer leben in einer komfortablen Sicherheitslage. Noch nie war Europa so sicher wie heute – es ist von keinem Feind bedroht, wenn man einmal vom internationalen Terrorismus absieht. Die Herausforderungen, vor denen der Westen steht, sind weniger außenpolitischer als innenpolitischer Natur: Arbeitslosigkeit, Reform der Sozialsysteme, Integration, Umweltschutz, Gesundheit und Sicherung des Wohlstands. Solange Amerika Europa mit Atomwaffen beschützt, benötigt Europa keine hohen Verteidigungsausgaben und kann das gesparte Geld anderweitig verwenden. Warum sollte der Westen diese komfortable Sicherheit gegen eine neue »Koexistenz« mit einem Russland eintauschen, dessen weltpolitisches Gewicht dramatisch vermindert wurde?

Die EU und die NATO schlugen Russland vor, statt in einem Sonderpakt im Rahmen einer strategischen Partnerschaft zu kooperieren. Dieser bot eine große Palette an Kooperationsmöglichkeiten. Es gab seit mehr als einem Jahrzehnt einen NATO-Russland-Rat, zwischen der EU und Russland existierte der Plan von »vier gemeinsamen Räumen« für Sicherheit, Wirtschaft, Recht und Kultur. Zwei Mal pro Jahr hielten die EU und Russland einen Gipfel ab. Russlands Präsidenten wurden zu NATO-Gipfeln eingeladen. Im UN-Sicherheitsrat zog niemand Russlands Status als Veto-Macht in Zweifel. Sogar aus den konservativsten Kreisen der USA kamen keine Forderungen mehr, Russland aus der G-8 auszuschließen. Ein Beitritt zur WTO würde Russland noch enger mit den westlichen Industriestaaten verknüpfen.

Ist Russland ein Stabilisator der Weltordnung?

Jalta im Hochsommer 2008. Eine frische Meeresbrise weht entlang der Steilküste der Halbinsel Krim. Auf dem Berg steht ein renoviertes Zarenschloss, in dem die zahlreichen internationalen Gäste den Abschluss einer Konferenz feiern. Kalter Champagner wird serviert, hübsche ukrainische Mädchen reichen Tabletts mit landestypischen Köstlichkeiten. Der georgische Präsident Michail Saakaschwili ist froh gelaunt. Herzlich umarmt er die um ihn herum stehenden Damen. Jemand fragt ihn nach den Konflikten in seinem Land. Der Präsident flüstert: Das Problem Süd-Ossetien werden wir innerhalb kürzester Zeit lösen. Die russische Präsenz in Georgien muss beendet werden. Der liberale russische Politiker Boris Nemtsow hat zugehört, er zieht Saakaschwili zur Seite und spricht eine Stunde lang ununterbrochen mit ihm. Niemand wagt sich dem hitzig geführten Gespräch zu nähern.

Wenige Tage später kommt es, wie aus heiterem Himmel, zum Georgien-Krieg. In ihm kulminieren alle Konflikte zwischen dem Westen und Russland der vergangenen Jahre. Eigentlich hätte der Konflikt zwischen Moskau und dem Westen jederzeit anderswo ausbrechen können, in Moldawien, auf der Krim, in der Arktis. Eigentlicher Auslöser des Krieges ist der Militärangriff Georgiens auf die in Süd-Ossetien stationierten russischen Friedenstruppen. Sie werden mit Granatfeuer beschossen, viele von ihnen getötet. Ähnlich den USA, die vor 50 Jahren durch eine Demonstration von Stärke die sowjetischen Raketen aus Kuba vertrieben, zeigt Russland im Georgien-Konflikt, dass es zum Schutz seiner Machtinteressen an seinen Grenzen zu allem bereit ist. Die quer durch Georgien fahrenden russischen Panzer erinnern allerdings viele Westeuropäer an die sowjetische Niederwerfung der Aufstände in Ostberlin, Budapest und Prag.

Wäre Georgien zu diesem Zeitpunkt schon NATO-Mitglied gewesen, hätte die Welt möglicherweise vor einem Nuklearkrieg gestanden. Die Bush-Regierung setzte die Tätigkeit des NATO-Russland-Rates aus und begann eine Raketenabwehr in Polen und Tschechien zu installieren. Einige eng mit den USA verbündete NATO-Staaten aus Mittelosteuropa, denen die kommunistische Okkupation noch in guter Erinnerung war, forderten von der NATO Sonderschutz gegenüber Russland. Politiker des »Alten Europas« verstanden jedoch die Dringlichkeit einer Deeskalation der Konfliktspirale, um einen überflüssigen Kalten Krieg zu verhindern. Statt der NATO übernahm die EU unter der französischen Ratspräsidentschaft die Friedenssicherung im Südkaukasus. Nicolas Sarkozy spielte gerne den Schlichter in Europa. Russland wurde nicht bestraft, die Schuldzuweisung der internationalen Gemeinschaft traf zu einem beträchtlichen Teil Georgien, welches in der militärischen Durchsetzung seiner Interessen gegenüber Moskau fast die gesamte NATO in Geiselhaft genommen hatte.

Niemand wollte einen neuen Kalten Krieg. Medwedew teilte seinen Gästen beim Mittagessen auf dem Roten Platz mit, dass der Georgien-Krieg seine eigentlichen Pläne der Westannäherung gestört habe. Der im November 2008 neu gewählte US-Präsident Barack Obama kam Medwedew entgegen und beendete den von Bush entfachten Dreifrontenkrieg. Er löste die Frontstellung gegenüber Russland im postsowjetischen Raum auf, zog die Raketenabwehr aus Mittelosteuropa zurück und stoppte die NATO-Osterweiterungspläne für die Länder des postsowjetischen Raums. Er stärkte institutionell das bilaterale Verhältnis der beiden Staaten. Als Gegenleistung forderte Obama Russland auf, ihn im Kampf gegen den internationalen Terrorismus zu unterstützen. Diese Unterstützung hatte Moskau am 11. September der Bush-Regierung selbst angeboten.

Russland sollte an der Seite des Westens auf den Iran einwirken, sein Atomwaffenprogramm einzustellen und sich somit in eine gemeinsame Drohkulisse gegenüber dem Iran integrieren. Statt die Raketenabwehr auf Russland zu richten, wollte Obama die Russen künftig an einer gemeinsamen Raketenabwehr beteiligen, die den gesamten Westen einschließlich Russlands vor möglichen Raketenangriffen aus dem Persischen Golf schützen sollte. Schließlich redeten Washington und Moskau zum ersten Mal seit 2001 wieder über eine gemeinsame Friedenssicherung für Afghanistan. Die Geheimdienste führten eine gemeinsame Militäroperation gegen den illegalen Drogenanbau in Afghanistan durch. Der Medwedew-Vorschlag war somit beantwortet. Einige Hardliner auf beiden Seiten knirschten mit den Zähnen, sie hatten sich auf neue Auseinandersetzungen gefreut, diese hätten frisches Geld in die Kriegskassen gebracht.

Das prestigesüchtige Moskau war jedoch froh, von den USA wieder auf Augenhöhe betrachtet zu werden. Russland erhöhte den eigenen Druck auf den Iran in der Frage des Atomwaffenprogramms und schloss sich westlichen Sanktionen gegen Teheran an. Nach einem Geheimbesuch des israelischen Premiers Benjamin Netanjahu setzte Moskau die geplante Lieferung von S-300 Flugabwehrraketen an den Iran aus. Russland erweiterte den Transitkorridor für die Versorgung der NATO-Truppen in Afghanistan über das eigene Territorium. Ein neuer historischer Abrüstungsvertrag, Start-III, setzte den eingefrorenen Abrüstungsprozess zwischen den USA und Russland wieder in Gang. Beide Seiten erklärten sich bereit, ihre Gefechtsköpfe und Trägerraketen auf das verteidigungsvernünftige Mindestmaß von 1500 beziehungsweise 700 zu reduzieren. Start-III war vor allem ein Meilenstein auf dem Weg zur Rettung des globalen Nichtverbreitungsregimes. Der Vertrag signalisierte existierenden sowie angehenden Atomwaffenstaaten, dass die beiden Supermächte des Kalten Krieges bei der nuklearen Abrüstung mit gutem Beispiel vorangingen. China, Indien und Pakistan sollten dem Vorbild folgen und ebenfalls abrüsten. Washington und Moskau entwickelten, wenn auch äußerst vage, die Vision einer atomwaffenfreien Welt.

Medwedew öffnete sich für eine gemeinsame Raketenabwehr, die eines Tages den gesamten europäischen Kontinent von außen schützen könnte. Russland unterstützte die internationale Klimapolitik und kooperierte bei der Rettung des Weltfinanzsystems in der Krise. Umso mehr ärgerten sich die Russen über die WikiLeaks-Veröffentlichungen geheimer NATO-Protokolle, denen zufolge die NATO-Länder eine Kriegsplanung entwickelten, wie sie den baltischen Staaten im Falle eines russischen Angriffs Sonderschutz garantieren konnten. Betrachtete der Westen Russland als Freund oder doch als

Feind? In der Libyenkrise 2011 blockierte Russland im UN-Sicherheitsrat keineswegs die NATO-Intervention gegen Muammar Gaddafi. Wegen Libyen wollte es sich Moskau nicht mit dem Westen verderben. Die Weltordnung änderte sich so rasant, dass Russland wohl selbst an einem Schulterschluss mit dem Westen gelegen war. In der allgemeinen Orientierungslosigkeit durfte man nicht plötzlich auf der falschen Seite landen, um sich die Möglichkeit zum gemeinsamen Agieren beim Aufbau der neuen Weltordnung nicht zu versperren. Im Falle einer Beeinträchtigung oder des Wegfalls von Öllieferungen aus dem Persischen Golf und Nordafrika bot sich Russland dem Westen als sichere Versorgungsalternative an.

Auf der Münchner Sicherheitskonferenz wurde der Cyberkrieg als eine weitere neue globale Herausforderung bezeichnet. Terroristen und Kriminelle versuchten über moderne Informationstechniken die Handlungsfähigkeit von Staaten zu lähmen. Russische Hacker hatten 2007 mit einem Cyberangriff estnische Regierungsbehörden paralysiert. Die USA vermochten durch eine Cyberattacke auf iranische Atomanlagen das Nuklearwaffenprogramm des Mullah-Regimes auf Jahre zurückzuwerfen. Die Idee stammte angeblich vom Direktor der deutschen Stiftung für Wissenschaft und Politik, Volker Perthes. Sicherheitsstrategen war unlängst klar geworden, dass Kriege nicht mehr mit Panzern auf dem Schlachtfeld, sondern in Computerzentren gewonnen wurden. Nicht der Todesmut des Soldaten war kriegsentscheidend, sondern das funktionierende Gehirn eines IT-Spezialisten. Der Aufbau einer gemeinsamen Abwehr gegen Cyberterrorismus gehört auch auf die Agenda des NATO-Russland-Rates.

Der polnische Außenminister Radoslaw Sikorski riet auf der Münchner Sicherheitskonferenz dazu, nach dem Abzug der NATO aus Afghanistan Russland zum Schutzwall gegen die islamistische Bedrohung zu machen. Dazu müsste aber die NATO einen Pakt mit der von Moskau geleiteten Organisation des Vertrags für kollektive Sicherheit (ODKB) schließen. Russland fordert seit Langem die internationale Anerkennung seines Verteidigungsbündnisses. Der Westen verweigerte sie bislang aus Furcht, Russland wolle damit die Wiederaufrichtung seines Imperiums legitimieren.

In den nächsten Jahren wird die Frage, ob Russland die ehemaligen Sowjetrepubliken wieder an sich bindet oder nicht, angesichts der neuen Sicherheitsgefahren in der Welt zweitrangig erscheinen. Bei der Gründung der Zollunion konnte jeder objektive Betrachter sehen, dass einige der ehemaligen Sowjetrepubliken aus freien Stücken wieder engere Beziehungen mit Russland anstreben. Ein russisches Imperium kann es nicht mehr geben. Ob Russland demokratisch oder zentralistisch regiert wird, den Ideen der Marktwirtschaft oder des Staatskapitalismus folgt, ist angesichts der zu meisternden Gefahren in der Welt von morgen nicht mehr relevant. Um in einer Welt mit unterschiedlichen Zentren gerüstet zu sein, sollten der Westen und Russland ihr Konfliktpotenzial auf ein Mindestmaß reduzieren. Obama hat recht: Warum sollte der Westen seine gesamte Kraft darauf ausrichten, Russland klein zu halten, wenn die künftigen Konfliktlinien nicht mehr in Ost-West-Richtung, sondern zwischen Nord und Süd verlaufen?

Der Westen und Russland brauchen frische Ideen – der Kalte Krieg ist Geschichte. Sieht Europa nicht, dass Russland sein potenzieller Verbündeter ist? Die EU benötigt dringend ein Ziel, ein dynamisches Megaprojekt, um seine Bürger weiterhin für den europäischen Gedanken zu mobilisieren. Auf dem Weltwirtschaftsforum in Davos sagte der schwedische Außenminister Carl Bildt, dass die EU in 10 bis 15 Jahren die Türkei und die Ukraine von sich aus um einen EU-Beitritt bitten würden. Denn nur durch eine unausweichliche Vergrößerung des Binnenmarkts von 500 auf 600 Millionen Menschen könnte die EU ihr Überleben im künftigen Wettbewerb mit Asien sichern.

Der junge EU-Erweiterungskommissar Stefan Fule sitzt nachdenklich im Restaurant in der Altstadt von Straßburg. Polens Ex-Präsident Alexander Kwasniewski hat eine kleine Gesprächsrunde mit ihm organisiert. Wie weit wird Europa einmal reichen? Im 20. Jahrhundert hat man fälschlicherweise angenommen, dass Territorien und Bevölkerungsgröße für die Macht eines Staates keine strategische Rolle mehr spielen. Die Finanzkrise hat jeden eines Besseren belehrt. Die EU muss größer werden, um sich in der künftigen Welt behaupten zu können. Die Ukraine muss hinein in die EU! Und Russland? Europa ist von Lissabon bis Wladiwostok durch das Christentum geprägt und durch eine gemeinsame Geschichte verbunden. Zusammen mit Russland würde Europas Binnenmarkt 750 Millionen Menschen umfassen. Russland ist wichtig, um weiterhin Wohlstand in Europa generieren zu können. Einmal mehr muss die Wirtschaft der Vorreiter zur Verbindung eines gemeinsamen Zivilisationsraums sein.

Die russische Führung besteht aus überzeugten Europäern, davon konnte ich mich bei einem persönlichen Abendessen im Kreml mit Putin selbst überzeugen.

2 BEHANDELT DER WESTEN RUSSLAND FALSCH?

Hatte die Demokratie jemals eine Chance?

Das Jahr 2011 begann dramatisch. Die Wirtschaftsdaten fielen äußerst optimistisch aus. Die Weltwirtschaft wuchs wie schon lange nicht mehr. Der Westen und Russland feierten schon das Ende der Weltfinanzkrise. Und auch der globale Siegeszug der Demokratie schien sich fortzusetzen. Nordafrika und der Mittlere Osten wurden durch Massendemonstrationen erschüttert. Es waren keine Islamisten, die auf die Straße gingen, sondern die junge arabische Mittelschicht, die für ein demokratisches und gerechtes System demonstrierte. Erinnerungen an die friedlichen Revolutionen in Mittelosteuropa vor 20 Jahren wurden laut. Die Weltordnung stand, wie 1991, vor einer Zäsur. Entweder würde sich nun die arabische Welt demokratisieren oder der gefürchtete islamische Extremismus die Oberhand gewinnen.

Im Osten nichts Neues, war in der internationalen Berichterstattung zu lesen. Dort wurde, 20 Jahre nach dem Zerfall der Sowjetunion, die junge Demokratie scheinbar wieder zu Grabe getragen. In Russland, der Ukraine und Belarus wurden regierungsfeindliche Demonstrationen verboten oder niedergeknüppelt, kritische Journalisten verfolgt, Regimegegner eingesperrt. Die Orangene Revolution in der Ukraine war gescheitert, ihre Anführer heillos zerstritten. In Russland und Belarus war die Opposition zu schwach, um ähnliche Großkundgebungen zu organisieren. Gleichzeitig zogen die Machthaber die Schrauben am System wieder an. Die Haftstrafe für den Ex-Ölmagnaten Michail Chodorkowski wurde verlängert, ein Gerichtsverfahren gegen die ukrainische Oppositionsführerin Julia Timoschenko eröffnet. Beide Verfahren waren politisch motiviert. Besonders angewidert waren westliche Beobachter vom Zynismus und der Arroganz der Machthaber, die die liberale Opposition verhöhnten und mit Schakalen oder Banditen verglichen.

Waren die ostslawischen Länder etwa für die Aufnahme der liberalen Demokratie ungeeignet, oder hatten sie Pech mit ihren Anführern? In den postsowjetischen Ländern waren zwar demokratische Institutionen entstanden – aber ohne demokratische Inhalte und entsprechende Politiker. Zweifellos war für den Großteil der ostslawischen Bevölkerung die errungene Stabilität in ihren Staaten nach dem Zusammenbruch 1991 wichtiger als Pluralismus und Meinungsfreiheit. Demokratie wurde dagegen mit Chaos und sozialem Niedergang in Verbindung gesetzt. Laut allen Umfragen genossen die Institutionen Präsident, Kirche und Armee größere Sympathien als das Parlament, freie Medien, freie Wahlen oder die Zivilgesellschaft. Die Transformation vom Kommunismus zur liberalen Demokratie schien sich um Jahre, wenn nicht Jahrzehnte zu verzögern. In den Neunzigerjahren war der Westen neugierig auf das postkommunistische Russland geworden. Jetzt wurde er russlandmüde. Gleichzeitig musste er sich fragen, ob er nicht selbst eine Teilschuld an der negativen Entwicklung hatte.

Drehen wir die Uhr um 20 Jahre zurück. Am 8. Dezember 1991 trat die Unionsrepublik Russland, begleitet von den Republiken Ukraine und Belarus, aus dem sowjetischen Staatsverband aus. Die Chefs der Republiken hatten sich heimlich in einem Wald in Weißrussland, nahe der polnischen Grenze, getroffen, um den Sargdeckel über den verendeten Körper der

Sowjetunion zu legen. Vorausgegangen war ein Machtkampf aller 15 Unionsrepubliken mit der bedeutungslos gewordenen Sowjetzentrale um wirtschaftliche Kompetenzen und politische Souveränität. Die Halbherzigkeit der Reformpolitik Michail Gorbatschows, die keine echten politischen Freiheiten hervorbrachte, dafür aber einen dramatischen wirtschaftlichen Niedergang und Anarchie förderte, ließ der strauchelnden Supermacht keine Überlebenschance. Die neuen unabhängigen Staaten, einschließlich Russland, orientierten sich sofort nach Westen. Nur er konnte helfen.

Auf westlichen Rat hin wurde in Russland eine Regierung aus jungen, reformorientierten Wirtschaftswissenschaftlern gebildet, die das Land aus den Fängen des Totalitarismus und der Planwirtschaft so schnell wie möglich in die demokratische und kapitalistische Zukunft führen sollte. Die Mentalität und die Weltanschauung von 150 Millionen Russen musste von einem auf den anderen Tag um 180 Grad verändert werden. Das Streben nach Reichtum, Eigentum, Eigeninitiative, beruflichem Erfolg – das alles war im Kommunismus verpönt. Der Sowjetmensch wurde jahrzehntelang im Bewusstsein der Gleichmacherei, des Kollektivgeistes und strenger Obrigkeitshörigkeit erzogen. Das Fundament der Sowjetdiktatur musste zerstört werden, um den Demokratisierungsprozess unumkehrbar zu machen, denn die mächtige kommunistische und nationalistische Opposition im russischen Parlament wartete nur darauf, das Eigentum wieder zu verbieten und das Land in den Sozialismus zurückführen.

Die Radikalität, mit der die völlig unvorbereitete Gesellschaft in die Demokratie und den Kapitalismus überführt wurde, stürzte das Land in eine Wirtschaftskrise und tiefe soziale Depression. Den Menschen wurde schwindelig. Gesetze veränderten sich im Tagesrhythmus, ohne Gesetzesübertretung funktionierte kein Geschäft. Die Wirtschaftsreform, strikt nach wissenschaftlichen Lehrbüchern durchgeführt, vernachlässigte sträflich die Schaffung eines sozialen Netzes und stieß große Teile der Bevölkerung in die Verarmung. Alle zwei Jahre stürzte der Rubel ab, die Geldreserven wurden verbraucht, es kam zu einer Hyperinflation, der IWF musste als Feuerwehr einspringen. Mit jeder Wirtschaftskrise verloren die Demokraten in der Regierung an Zuspruch und Autorität. Die Kommunisten blockierten alle progressiven Gesetze im Parlament.

Der Westen unterstützte alles, was Russland endgültig vom Kommunismus entfernte. Er merkte nicht, dass es der neuen Elite in Russland nicht um die Verankerung einer freiheitlichen Rechtsordnung mit einer genuinen Marktwirtschaft, sondern um persönlichen Machterhalt und skrupellose Selbstbereicherung ging. Nicht Recht und Gesetz regierten, sondern Macht und Geld. Mit Geld wurde politische Macht erkauft, mit der politischen Macht die Pfründe abgesichert. Bei der Privatisierung des ehemaligen Staatsvermögens stellte sich naturgemäß die Frage nach dem neuen Eigentümer. Sollte der Staat die Oberkontrolle behalten? Sollten ausländische Investoren ins Land geholt werden? Oder sollte Russland alles in die Hände der eigenen Unternehmer legen, die aber noch nicht existierten? Die erste Variante hätte zur möglichen Rückkehr der Kommunisten geführt. Die zweite Variante hätte, wie im Falle Mittelosteuropas, einen Ausverkauf des Inventars an zahlungskräftige Ausländer und somit einen Verlust der nationalen Souveränität bedeutet. Präsident Jelzin wählte die dritte Variante. Die Regierung veräußerte die Staatsbetriebe an eigene Jungunternehmer, die mehrheitlich aus der Parteijugend stammten. Die russische Wirtschaft ging in die Hände einiger ausgewählter Industrie- und Finanzgruppen über.

Wer in dieser Umbruchzeit nach Russland gefahren ist, werden sich daran erinnern können, wie der wilde Kapitalismus begann. Einige wenige Superreiche fuhren in Luxuskarossen, begleitet von einer Armee von Bodyguards, durch die Moskauer Straßen. Jeden Tag gab es Attentate, Raubüberfälle, Morde. Ehemalige Elitesoldaten, Spitzensportler, Geheimdienstoffiziere verdingten sich in der organisierten Kriminalität. Ganze Stadtbezirke befanden sich unter der Kontrolle der Mafia. Kleinunternehmer waren gezwungen, Schutzgelder zu zahlen. Die Polizisten waren entweder bestochen oder agierten selbst als Erpresser. Derweilen verkauften arme Großmütterchen ihr gesamtes Hab und Gut auf der Straße. In den Metrostationen bildeten sich lange Schlangen von Bettlern. Arbeitslose Akademiker funktionierten ihre Autos zu Taxen um. In den Hauseingängen wurden illegal Dollar umgetauscht. Rentner erhielten keine Pensionen und lebten von der Arbeitskraft ihrer Kinder, die arbeitslose Jugend von den kargen Ersparnissen ihrer Eltern. Arbeiter in staatlichen Betrieben warteten monatelang auf ihren Lohn. Zur gleichen Zeit handelten diverse Personen mit Nähe zur Macht mit Industrieanlagen, Grundstücken, Schiffsladungen und Militärflugzeugen. Das Geld verschwand in ausländischen Sonderwirtschaftszonen und auf Konten westlicher Banken. Die Kapitalflucht betrug bis zu zwei Milliarden US-Dollar pro Monat. In attraktiven Skigebieten und Ferienorten an der Mittelmeerküste wurden die Westeuropäer zum ersten Mal mit dem Phänomen des neureichen Russen konfrontiert. Diese empfanden für die Kultur Europas kein besonderes Interesse, wohl aber für Luxus, Prunk und Prahlerei. Das wirkte abstoßend.

In Russland funktionierte die Rechtsprechung nicht, es gab keine registrierten Unternehmen, keine nachprüfbaren Zertifikate, keine Anwaltskanzleien, keine öffentliche Verwaltung – nur die blinde Kopie des Kapitalismus. Der Staat schloss mit der Bevölkerung einen Gesellschaftsvertrag ab: Die Bürger brauchten keine Steuern zu entrichten, dafür flüchtete sich der Staat aus seiner sozialen Verantwortung. Die Staatsmacht und die Menschen lebten voneinander getrennt, jeder für sich. In diesen Jahren wurde das Fundament für die Korruption in Russland gelegt. Ohne sie funktionierte weder Wirtschaft noch Verwaltung. Die kriminelle Energie kannte keine Grenzen.

Viele abenteuerlustige Menschen aus Europa und den USA fanden damals als Journalisten oder Mitarbeiter von westlichen Wohltätigkeitseinrichtungen und Stiftungen den Weg in das geöffnete Russland. Sie kamen wie Missionare. Russland wollte vom Westen begierig lernen und hatte an allem Westlichen Nachholbedarf, daran bestand kein Zweifel. Die eingereisten Freunde Russlands verfingen sich jedoch in gefährlichen Illusionen. Sie hielten jedes Mittel für recht, die Reste des kommunistischen Systems zu zerstören, merkten jedoch nicht, dass bei den Reformen die Masse der Bevölkerung vergrault wurde. Deshalb sieht eine große Mehrheit der Russen die Perestrojka und den Zerfall der Sowjetunion keineswegs als Selbstbefreiung vom Kommunismus an. Die »Befreiung vom Kommunismus« führte nach Ansicht des Wirtschaftspolitikers Michail Deljagin zur »Befreiung von der sozialen Fürsorge«. Das ausbleibende Mitgefühl und das mangelnde Verständnis für die Millionen Verlierer der Transformation rächen sich bis heute, denn innerhalb der russischen Gesellschaft herrschen Vorurteile und Misstrauen gegenüber dem Westen vor. Viele Russen glauben einfach nicht, dass der Westen ihr Land wieder stabilisiert sehen möchte. Hätte der Westen nach dem Zerfall der Sowjetunion einen zweiten Marshallplan für alle Sowjetrepubliken entwickelt, wären viele nachfolgende Konflikte ausgeblieben.

Der Westen handelte kurzsichtig gegenüber Russland. Er forderte und forderte die Rückzahlung der Schulden. Vielleicht hätte sich der Westen das friedliche Ende des Kalten Krieges etwas mehr kosten lassen sollen. Russlands Staat war chronisch unterfinanziert. Um an Kapital zu gelangen, ließ die Regierung Schuldscheine bei den eigenen Großunternehmern ausstellen, denen man zuvor den Staatsbesitz überlassen hatte. Als die Regierung das geliehene Geld nicht zurückzahlen konnte, wurden die Unternehmer aus lukrativen Teilen des noch nicht privatisierten Staatsvermögens, darunter Ölfirmen und rohstofffördernde Unternehmen, entschädigt. Nach diesem Schema verlief die zweite Phase der Privatisierung. Sie machte die Millionäre zu Milliardären. Kostbarste Reserven aus dem Vermögen des potenziell reichsten Landes der Erde wurden verschleudert.

Russland nach dem Kommunismus – wohin?

Experten bezifferten den Gesamtwert der russischen Rohstoffe und des Industriepotenzials auf 40 Trillionen US-Dollar. In der Sowjetunion wurde das Staatsvermögen von einem Dutzend Politbüromitglieder verwaltet. Die einfachen Bürokraten hatten darauf keinen Zugriff. Mit diesen Milliarden wurde die Planwirtschaft künstlich am Leben erhalten, das Wettrüsten und die Weltrevolution finanziert. Kein Wunder, dass die neuen Unternehmer angesichts der Leichtigkeit, mit der sie diese Milliarden nun selbst scheffelten, sich als die wahren Eigentümer Russlands betrachteten. Damit wurde der Grundstein für die Herrschaft der Oligarchen gelegt.

Viele im Westen sehen heute keinen Grund, an der Legitimität des Besitzerwerbs der Oligarchen zu zweifeln. Diese hätten nach der damals gültigen Rechtslage gehandelt, ihre wirtschaftskriminellen Taten seien verjährt. In den USA wäre die erste Unternehmergeneration in einem ähnlich rechtlosen Raum entstanden. Der spätere Präsident Putin interpretiert die Sache ganz anders. In Russland seien die Oligarchen keine echten Eigentümer, sondern nur Verwalter des Staatsvermögens. Sie seien politisch an Weisungen des Kremls gebunden und müssten strategische Investitionen in Übereinkunft mit der Regierung tätigen, dürften ihre Wirtschaftsmacht nicht für private Zwecke missbrauchen, sondern ausschließlich zur Lösung strategischer nationaler Aufgaben verwenden. Ausländische Investoren wurden übrigens von vornherein von der Privatisierung ausgeschlossen, sie zeigten aber auch angesichts des befürchteten Abdriftens Russlands in einen Mafiastaat wenig Risikobereitschaft und hielten sich bei Investitionen zurück.

Im Jahre 1993 entflammte in Russland ein brutaler Kampf um die Macht. Kommunisten und militante Neoimperialisten vereinigten sich im Parlament gegen den Liberalisierungskurs der Regierung. Die Auseinandersetzung zwischen Präsident und Parlament brachte das Land an den Rand eines Bürgerkriegs. Die Doppelherrschaft beendete Jelzin mit der gewaltsamen Erstürmung des Parlaments. Der Westen unterstützte Jelzin in der Überzeugung, dass jegliche Alternative zu ihm eine Rückkehr der Kommunisten an die Macht bedeutet hätte. Doch der Westen schwieg, als nach dem Sieg über seine Widersacher derselbe Jelzin die Verfassung ändern ließ und Russland wieder in eine straff geführte Präsidialrepublik umwandelte.

Dem Westen fehlten auch die Mittel und der Einfluss, zu verhindern, dass auch in anderen Nachfolgestaaten der Sowjetunion, wie in Georgien, Aserbaidschan, der Ukraine, Moldawien und Belarus die antikommunistische Gegenelite zunehmend durch ehemalige KP-Chefs und alte Sowjetmanager ersetzt wurde. Die Herrscher tauschten nur das kommunistische Gewand gegen das kapitalistische. Sie errichteten ihre autoritären Machtvertikalen, Demokratie blieb nur Fassade. Was den Westen interessierte, war die Vernichtung aller gefährlichen Massenvernichtungswaffen auf dem Territorium der untergegangenen UdSSR. Russland blieb als einzige Atommacht bestehen, weil man ihm die Atomwaffen nicht abnehmen konnte. Es wurde jedoch zur Abrüstung seines Nuklearwaffenarsenals verpflichtet. Die Verschrottung wurde von den USA großzügig finanziert. Russland erhielt vom Westen immer neue Kredite, die es politisch abhängig machten.

Der Westen merkte nicht, dass die russische Demokratie eigentlich schon bei den ersten freien Parlamentswahlen im Dezember 1993 begraben wurde, als anstelle der demokratischen Parteien die Ultranationalisten um Wladimir Schirinowski und die Altkommunisten die Oberhand behielten. Der Westen unterstützte die Wiederwahl Jelzins als Präsident im Juli 1996, obwohl diese unter Anwendung massiver Manipulationen stattfand. Jelzin erfüllte die in ihn gesetzten Erwartungen nicht. Seine Herzkrankheit, excessiver Alkoholkonsum, politische Orientierungslosigkeit und Autoritätsverlust – das Land steuerte wieder auf eine Katastrophe zu.

Nach dem erneuten Finanzkrach vom August 1998, der den Staat in den Bankrott und den gerade etablierten Mittelstand wieder in Armut stürzte, ging Jelzin notgedrungen eine Koalition mit den Kommunisten ein, die er zuvor bekämpft hatte. Als die Kommunisten ihn im Mai 1999 durch ein Misstrauensvotum stürzen wollten, warf er sich schutzsuchend in die Arme der Geheimdienste. Alle Gegner Jelzins wurden in gesteuerten Geheimdienstkampagnen diffamiert. Das Land kam nicht zur Ruhe, weil die Oligarchen sich über die noch nicht privatisierten Filetstücke des Staatsvermögens hermachten. Aber es kam alles noch viel schlimmer. Im Juli 1999 griff eine schwer bewaffnete Islamisten-Armee von Tschetschenien aus, das Moskau 1996 in die Autonomie entlassen hatte, die russische Teilrepublik Dagestan an. Der Anführer der Armee, Schamil Basajew, proklamierte einen »Gottesstaat« vom Kaukasus bis an den Ural. Gleichzeitig nahm der Separatismus in anderen Regionen aufgrund der schlechten Lebensbedingungen gefährliche Ausmaße an.

Jelzin warf das Handtuch. Er nominierte Putin, den Chef des Sicherheitsrates und Geheimdienstes, zu seinem Nachfolger und verließ seinen Amtssitz wenige Stunden vor der Jahrtausendwende. Mit den letzten Worten seiner Fernsehansprache entschuldigte er sich beim russischen Volk. Mit seinem Weggang endete das erste postkommunistische Russland. Für den Westen war Jelzin ein bequemer Partner gewesen. Jelzin hasste zwar Gorbatschow, folgte in der Außenpolitik jedoch dessen Kurs der Westannäherung. Jelzin hasste zwar Medienkritik gegen seine Person, schränkte die freie Presse jedoch niemals ein. Ihm war die Bedeutung der Medienfreiheit für die Demokratisierung Russlands bewusst. Der Westen verzieh Jelzin alle seine Fehler, weil er die einzige wirkliche Garantie gegen den Rückfall in den Kommunismus darstellte und weil er der erste russische Staatschef der Geschichte war, der sein Amt durch wirklich freie Wahlen errungen hatte. Wäre Jelzin während des August-Putsches 1991 nicht vor dem russischen Weißen Haus erschienen, um sich gegen den Staatsstreich der kommunistischen Hardliner zu wehren, hätte die demokratische Opposition keinen Anführer gehabt. Vermutlich wäre dann die Geschichte anders verlaufen.

Jelzin stellte den schüchtern lächelnden Putin bei der öffentlichen Kandidatenkür als einen Vorreiter der jungen Zukunftsgeneration vor, die Russland endgültig in der Demokratie verankern würde. Doch mit Putin begann die Geschichte eines anderes Russlands, dem der Westen nichts Positives mehr abgewinnen konnte. Russland vor einem erneuten Zerfall zu bewahren, die zur Bedeutungslosigkeit abgesunkene Autorität des Staates in der Innen- und Außenpolitik wieder herzustellen, das Sozialsystem zu reformieren, die Wirtschaft anzukurbeln – das waren die Zielsetzungen des 47-jährigen zweiten Präsidenten Russlands. Nach dem Prinzip: Der Zweck heiligt die Mittel schränkte Putin kurzerhand den demokratischen Pluralismus ein, errichtete eine zentralistische Machtvertikale, entmündigte das Parlament, entmachtete die Oligarchen, stellte das Staatsmonopol über die wichtigsten Industriezweige wieder her, drängte durch massiven Militäreinsatz den Separatismus in Tschetschenien zurück und brachte Russland als handlungsfähigen Akteur wieder in die erste Liga der Weltpolitik zurück.

Der westliche Betrachter hatte das Gefühl, dass in Russland der alte KGB-Geheimdienst wieder an die Macht gelangt war. Dieses Bild wurde nach dem Geiseldrama von Beslan 2004 noch verstärkt, als Putin kurzerhand die demokratischen Wahlen auf regionaler Ebene abschaffte und die Ernennung der Gouverneure von oben verfügte. Er vermochte die westlichen konstitutionellen Institutionen in Russland zu einer Symbiose mit der absolutistischen Herrschaft zu verschmelzen. Viele Europäer, die auf ein demokratisches prowestliches Russland gehofft hatten, standen vor einer Entscheidung. Sie mussten wählen, mit wem sie künftig sympathisierten – mit den russischen Liberalen, die in die bedeutungslose Opposition abgedrängt wurden, oder mit den neuen Machthabern, die mit undemokratischen Mitteln aus einem schwachen Russland ein starkes kreierten. Natürlich solidarisierten sich die Europäer moralisch mit den »Opfern« des Regimes. Ab diesem Moment interessierte den Westen nicht mehr, inwieweit Russland seine innere Stabilität wiedererlangte, seine Auslandschulden im Rekordtempo abbezahlte, das Investitionsklima verbesserte, die Kriminalität bekämpfte und sein Interesse an einer Integration in die Weltwirtschaft bekundete. Vergessen wurde, dass Putin ein Land mit leeren Staatskassen, funktionsunfähigem Staatsapparat, existenzbedrohter Wirtschaft, unausgereifter Marktwirtschaft, eskalierenden Clankämpfen um die Kontrolle der wichtigsten Industriezweige, brachliegendem Sozialsystem, separatistischen Tendenzen mit gefährlicher Sprengkraft, ständigem Bombenterror, ausufernder Korruption, überdimensionaler Kriminalität und äußerst schwacher Stellung im Koordinatensystem der internationalen Beziehungen geerbt hatte. Der Westen beharrte strikt darauf, dass Russland seine Demokratisierung fortsetzte.

Die Zeitung *Kommersant* hat Putin folgende Worte zugeschrieben: Wenn man die öffentliche Meinung in Russland nicht steuert, wählen die Russen einen Kommunisten zum

Präsidenten und die Gesellschaft fällt in die sowjetische Ära zurück. Die Medien müssen den Menschen unpopuläre Reformen schmackhaft machen und erst dann, wenn der liberale Wandel unumkehrbar ist, kann man es sich erlauben, die Gesellschaft nicht mehr zu lenken. Laut einer Umfrage, durchgeführt vor wenigen Jahren, meinten zwei Drittel der Russen, eine Pressezensur sei notwendig, um die Stabilität im Land zu sichern. Über 40 % der befragten russischen Journalisten äußerten sich ähnlich.

Putins Politik wurde durch einen warmen Geldregen aus dem florierenden Energieexportgeschäft beflügelt. Der internationale Ölpreis stieg von unter 50 auf über 140 US-Dollar pro Barrel an. Der Staat konnte Geldreserven akkumulieren: Während 1999 die Valutareserven neun Milliarden US-Dollar betrugen, stiegen sie 2008 auf 400 Milliarden US-Dollar an. Die Regierung belegte die Öl- und Gasexporteure mit hohen Exportsteuern – der Staat, nicht die Oligarchen, sollte vom Geschäft profitieren.

Das schnell verdiente Geld führte zur massiven Zunahme von Korruption. Fairerweise muss gesagt werden, dass die Prinzipien der Marktwirtschaft und des Privateigentums in der ersten Amtszeit Putins (2000–2004) gefestigt wurden. Ein liberaler Steuerkodex begünstigte das Investitionsklima, dämmte die Kapital- und Steuerflucht ein. 2005 wurden die sogenannten »nationalen Projekte« ins Leben gerufen, die der Sanierung des Sozialsystems dienten. Milliarden aus dem mit Petro-Dollar prall gefüllten Stabilitätsfonds wurden für die Gesundheitsreform, soziale Wohnungsbauprojekte und die Modernisierung von Bildungseinrichtungen verwendet. Putin führte ein europäisches Versicherungswesen ein – PKW- und Krankenversicherungen wurden für die Bevölkerung obligatorisch. Es entstand ein modernes Bankensystem. Die Bevölkerung musste lernen, Eigenverantwortung zu übernehmen. In der 1000-jährigen Geschichte Russlands hatte Eigentum nie eine feste Rolle gespielt wie es in Westeuropa der Fall war. Jemand, der Geld besaß, wurde beneidet, eigener Besitz vergeudet, eine Kaufmannstradition gab es nicht. Die Legalisierung des Privateigentums war ein Meilenstein in der Entwicklung der Gesellschaft. Es entstanden Rechtsanwaltskanzleien, die Bürger vor Gericht schützten. Vereinzelt gelang es Unternehmen auch, Rechtsprozesse gegen den Staat zu gewinnen.

Rom oder Byzanz?

Anders als in der Jelzin-Ära rebellierten die Russen unter Putin nur ein einziges Mal – als den sozial schwächeren Bevölkerungsteilen das Recht auf kostenlose Nutzung der Nahverkehrsmittel genommen und sie verpflichtet wurden, ihre Privatwohnungen ohne staatliche Hilfen instand zu halten. Ansonsten fühlte sich der Durchschnittsrusse in Putins Staat wohlbehütet. Bei den meisten Russen stieß der Staatskapitalismus auf Zustimmung. Dass die Kontrolle über die natürlichen Bodenschätze den Oligarchen entzogen und der Staatsmacht unterstellt wurde, stieß ebenfalls auf Genugtuung. Man musste schon weit in die Geschichte zurückblicken, um sich daran zu erinnern, wann es den Russen besser gegangen war. Was niemand im Westen verstand: Putin gab vielen Russen die Würde zurück. Russland wurde wieder geachtet und nicht wie ein Bettler bemitleidet. Der Unterschied zwischen einem Russen und einem Westeuropäer, schrieb ein russischer Blogger, sei, dass für den Westler sein persönliches Wohlergehen an erster Stelle stehe, für den Russen aber der Stolz auf sein Vaterland.

Was die westlichen Beobachter vor allem empörte, war Putins Kasernensprache, die ihm anscheinend zur Gewohnheit geworden war und deren er sich öffentlich bediente. Mal versprach Putin die tschetschenischen Terroristen im Abort zu versenken, mal offerierte er einem kritisch nachfragenden Journalisten, eine Beschneidung nach islamischem Brauch durchzuführen, mal sagte er, Teilnehmer einer unerlaubten Demonstration solle man mit dem Gummiknüppel verprügeln. Der polnische Schriftsteller Adam Michnik fragte Putin in aller Offenheit, wieso er, als Anführer einer europäischen Großmacht, sich der Rhetorik eines mittelalterlichen mongolischen Khans bediene. Vor allem die Ermordung zahlreicher prominenter Kremlkritiker, die von der Staatsmacht nicht aufgeklärt wurden, führte zur Entfremdung zwischen Russland und dem Westen.

Im Mai 2008 wurde in Russland die Tandem-Herrschaft eingeführt. Putin durfte laut Verfassung nach zwei Amtsperioden nicht mehr für die Präsidentschaft kandidieren, wollte aber die Macht behalten. Zunächst ließ er mehrere Kandidaten gegeneinander konkurrieren, dann entschied er sich für seinen langjährigen Stabschef Dmitri Medwedew. Putin blieb Premierminister und war weiterhin für die Generallinie verantwortlich. Aber er beging keinen Verfassungsbruch. Gleich darauf wurde Russland von der globalen Finanzkrise erfasst. In den ersten Monaten nach dem Bankenkollaps in den USA und dem Absturz der europäischen Wirtschaft schien es, als ob Russland eine ähnliche Katastrophe wie in den Neunzigerjahren ereilen würde. Der russische Staat verlor ca. 40 Milliarden US-Dollar Anlagekapital in den USA. Die Regierung musste über ein Viertel des Geldvolumens aus dem Stabilitätsfonds (200 Milliarden US-Dollar) für die Rettung angeschlagener Banken und Industriekombinate aufwenden. Doch das Tandem behielt die Nerven. Die Wirtschaft wurde nicht nationalisiert, durch kluges Management wurde die Krise überwunden. Während in der Jelzin-Ära die Regierung bei den Oligarchen um Geld gebettelt hatte, standen jetzt die Oligarchen Schlange, um von der Regierung Gelder für die Rettung ihrer Imperien zu erhalten.

Der Westen begrüßte Medwedews Modernisierungskurs, der Russland in einen Rechtsstaat verwandeln sollte. Gleichzeitig schockierte das Ausmaß der Korruption. Nicht nur ausländische Investoren, auch russische Geschäftsleute verließen enttäuscht das Land. In Putins Ordnungsstaat kam es zu einer Symbiose zwischen Polizei- und Wirtschaftsstrukturen. Geheimdienst und andere Gewaltministerien traten selbst als Erpresser von Schutzgeldern auf. In den Regierungsetagen wurde unverhohlen gestohlen.

»Russland ist so, wie es ist«, belehrte Medwedew den Westen in Davos und verbat sich jegliche Belehrungen vonseiten anderer. Die Antwort des Westens: Falls Russland sich als Teil Europas betrachte, müsse es die europäischen Spielregeln beachten. Das neue Selbstverständnis der Europäer beruht nicht, wie in früheren Jahrhunderten, auf der Geografie, sondern auf humanistischen und freiheitlichen Werten wie Demokratie, sozialer Marktwirtschaft, Rechtsstaatlichkeit, Pluralismus, Minderheitenschutz, Religions- und Meinungsfreiheit. Diese Werte sind von den europäischen Nationen über Jahrhunderte hinweg errungen worden. Sie sind untrennbarer Bestandteil des *Acquis communautaire* und bedeuten einem europäischen Bürger mehr als der Besitz von Territorien. Russland fühlt sich diskriminiert, weil der Westen den Kontinent Europa mit seinen Werten ideologisch okkupiert hat. Russland war nach dem Kommunismus gezwungen, seine Identität neu zu erfinden. Es gab keine aktive Erinnerung mehr an die Zeit vor 1917. Die Identitätssuche führte Russland zu seinem byzantinischen Erbe. Westeuropa, so die russische Lesart, lebe nach den Werten der römischen Rechtskultur, Russland habe als Abkömmling des 1453 untergegangenen Byzantinischen Reiches andere europäische Wurzeln. Im Westen gelte der Buchstabe des Gesetzes, in Russland stehe die (gefühlte) Gerechtigkeit an erster Stelle. Wo Gesetze Unklarheit schafften, bestimme nicht das Gericht, sondern der gerechte Zar.

Einem westlichen Demokraten fehlt heute jegliches Verständnis für die Vorstellung, dass ein undemokratisches Russland ein Verbündeter des Westens sein könnte. Die westliche Politikwissenschaft versteht sich als reine Demokratiewissenschaft. Das ist auch ein Resultat des westlichen Sieges im Kalten Krieg. Früher musste sich die Ostforschung mit dem Innenleben Russlands beschäftigen, um daraus notwendige Politikempfehlungen zu ziehen. Damals schaute die ganze Welt nach Russland, das schließlich die Hälfte Europas kontrollierte. Mit dem Zerfall der Sowjetunion ist der Osten uninteressant geworden, die Bedrohung ist verschwunden, der Zwang zur Beschäftigung mit diesem Land auch. In den Neunzigerjahren existierte im Westen ein Interesse an der Transformation in Osteuropa; als diese sich verzögerte, entstand im Westen eine Art Russlandmüdigkeit.

Die moderne Demokratiewissenschaft analysiert Russland ausschließlich vom eigenen, westlichen Standpunkt. Nach diesem Prinzip handeln viele Akteure der europäischen Werteordnung und Träger der modernen Zivilgesellschaft – die

Nichtregierungsorganisationen (NGOs). Gemeint sind nicht Greenpeace, Amnesty International, Brot für die Welt oder das Rote Kreuz, die versuchen, die Welt nachhaltig humanistischer zu gestalten. Stattdessen ist der Einfluss amerikanischer und deutscher Stiftungen und Denkfabriken auf Fragen der Außenpolitik nicht zu unterschätzen. Die NGOisierung der westlichen Außenpolitik birgt ein Problem. Europas Außenpolitik ist seit dem Ende des Kalten Krieges werteorientiert. Der Transfer dieser Werte sichert Frieden und Wohlstand auch außerhalb Europas. In den letzten Jahren hat die westliche Wertepolitik einen quasimilitanten Charakter angenommen. US-Senator John McCain sagte auf der Münchner Sicherheitskonferenz, die werteorientierte Außenpolitik sei keine Missionarsangelegenheit, sondern Bestandteil der Sicherheitspolitik. Der EU-Erweiterungskommissar Fule meinte, die EU werde in Zukunft ihre Partnerschaftspolitik direkt auf die Menschen in den dementsprechenden Ländern ausrichten und dort nicht mehr mit den Machthabern arbeiten. Die jungen Menschen in Osteuropa und den arabischen Staaten wollten ihre Freiheit nicht mehr virtuell im Internet erleben, sondern sie im realen Leben erhalten. Aus Sicht des Westens sind die Menschenrechte universelles Gut. Wer sie verletzt und gegen die humanistischen Prinzipien der Werteordnung verstößt, dem drohen Sanktionen und harte Bestrafung.

Gerade die NGOs sind dafür gegründet worden, anderen Gesellschaften die Vorzüge eines liberalen Modells aufzuzeigen. In den vom Demokratietransfer betroffenen Ländern erscheinen die NGO-Aktivisten wie Fundamentalisten im Gewand der alten Kreuzritter (Putins Ausdruck). Statt mit Kreuz und Schwert kämpfen sie mit den modernen Waffen einer freien Informationsgesellschaft, mit Facebook und Twitter, gegen das Böse. Im 20. Jahrhundert versuchte die Sowjetunion die kommunistische Weltrevolution auf andere Kontinente zu tragen. In Nordkorea, Vietnam, Kuba, Nicaragua, Angola hatte die sozialistische Revolution durchaus Erfolg. Im 21. Jahrhundert ist es der Westen, der die Revolutionen für Demokratie in der Welt fördert. Während des Kalten Krieges hatte sich die internationale Friedensbewegung noch auf die USA als den Imperialisten eingeschossen. Dazu die folgende Szene: Ende

1989 fand an der Universität Tübingen eine Russlandkonferenz statt. Mit Entsetzen lauschte der vollbesetzte Saal den antikommunistischen Ausführungen von Arkadi Muraschow, einem Aktivisten der neuen Demokraten. Zerstört den Stalinismus, aber nicht den Sozialismus – riefen ihm die Marxisten zu. Die Sowjetunion genoss bei den linken Bewegungen Sympathien. 20 Jahre später gilt plötzlich Amerika als Beschützer der Demokratie. Die früheren Vorzeigepazifisten, die deutschen Grünen, fordern Militäroperationen gegen Diktatoren. Der Autokrat Russland steht dagegen als Land der Menschenrechtsverletzungen am Pranger.

Werte als Waffe?

Russlands Ruf in den internationalen Medien ist geschädigt. In Bezug auf Russland existiert im Westen kein Wohlfühlfaktor. Im Mainstream der Berichterstattung sind positive Nachrichten inzwischen kaum mehr vermittelbar, denn sie interessieren nicht und widersprechen den allgemeinen Vorstellungen westlicher Zeitungsleser von Russland. In Deutschland erwarten die Menschen, dass sich die Medien moralisch positionieren und nicht nur nüchtern berichten. Da das politische und gesellschaftliche Leben in Russland oft nicht mit westlichen Standards korrespondiert, müssen sich Journalisten öffentlich entrüsten und mit der Moralkeule zuschlagen. Außenpolitik ist Teil unserer Unterhaltungsindustrie, die ständig nach neuer Spannung giert. Die westliche Russlandberichterstattung ist gefangen in extremen Stereotypen: Einerseits der böse Staat, der seine Bürger der Freiheit beraubt. Andererseits sibirische Landschaften und mitleidserregende Babuschkas in Holzhütten.

Russland interessiert zwar die breite deutsche Öffentlichkeit nicht mehr so wie früher, aber dem Land demokratische Werte einzuimpfen, das westliche liberale Modell nach Russland zu transferieren – das bleibt auf Jahre hinaus erklärtes Ziel der EU-Politik und seiner zivilgesellschaftlichen Akteure. Die Europäer sind überzeugt, dass die Verbreitung von Demokratie in der unmittelbaren Nachbarschaft dem eigenen Schutz dient. Demokratische Systeme führen keine Kriege miteinander, heißt es. Russland wird, im Gegensatz zu China, als Teil des europäischen Kontinents gesehen, deshalb stellt der Westen an Moskau viel höhere Anforderungen, was Demokratie anbetrifft, als an Peking. Der Wertetransfer darf aber nicht in eine Politik der Doppelstandards ausarten, denn auch im Westen existiert ein politischer Zynismus, der Werte nur kennt, solange sie nicht mit den eigenen Interessen kollidieren beziehungsweise Werte als eine Fortsetzung der eigenen Interessen in normativen Gewändern begreift (*Der Spiegel*).

Die Sowjetunion praktizierte die Politik doppelter Standards par excellence. Die Doppelzüngigkeit sowjetischer Diplomaten war sprichwörtlich. Was dem einen erlaubt war, wurde dem anderen verboten – entscheidend war, wer die Deutungshoheit und die gefühlte Stärke auf seiner Seite hatte. Heute fühlt sich der Westen Russland überlegen. Er hat das bessere, humanistischere System und kann seinen Bürgern ein bequemeres und erfüllteres Leben garantieren. Der Westen verachtet Russland, weil es mit einem Bein im sozialistischen System, mit dem anderen im nicht weniger verwerflichen wilden Kapitalismus stecken geblieben ist.

Der Sonderbeauftragte der Bundesregierung für Russland, Andreas Schockenhoff (CDU), nimmt den Vorwurf des Wertefetischismus gegenüber Russland ernst. Der Westen habe vergessen, wie kompliziert sein eigener Weg zur Demokratie gewesen sei und wie unvorstellbar schwierig Russlands dreifache Transformation aus einem Imperium, einer Planwirtschaft und einem totalitären System in eine Demokratie und Marktwirtschaft sei. Martin Hoffmann, Geschäftsführer des Deutsch-Russischen Forums, findet die westliche Kritik an Russlands Demokratiedefiziten dogmatisch. Falls die EU selbst einmal eine Wirtschaftskatastrophe erleide wie Russland in den Neunzigerjahren, würde ihr demokratisches System sicherlich auch Instabilitäten aufweisen.

Russland lebt erst 20 Jahre ohne Kommunismus. Die Demokratie muss dort heranreifen. 20 Jahre nach dem Zusammenbruch Deutschlands im Zweiten Weltkrieg gab es in der

Bundesrepublik auch noch keine echte Zivilgesellschaft, die »Spiegel-Affäre« offenbarte einen staatlichen Angriff auf die Pressefreiheit, an der Spitze des Landes stand unangefochten eine Partei, die Regierung versuchte Notstandsgesetze gegen Studentenproteste einzuführen, bei Auseinandersetzungen zwischen Polizei und Demonstranten gab es Tote, bis 1963 regierte in Bonn ein und derselbe Kanzler. In Bayern regiert seit dem Zweiten Weltkrieg ununterbrochen die CSU.

Das prominenteste Beispiel für doppelte Standards war der Streit über die Unabhängigkeit des Kosovo. Moskau prangerte die westliche Anerkennung des Kosovo als Bruch des Völkerrechts an, der das Primat der territorialen Integrität eines Staates vor das Prinzip der Selbstbestimmung eines Volkes stellt. Warum durfte der Kosovo selbständig werden und die nach Unabhängigkeit strebenden Teilrepubliken Georgiens, Abchasien und Süd-Ossetien, nicht?

Natürlich benutzt Russland ebenfalls doppelte Standards, vor allem gegenüber seinen schwächeren Nachbarn. Der Kreml bestraft einerseits Chodorkowski für kriminelle Machenschaften in der Wirtschaftsprivatisierung der Neunzigerjahre, lässt andererseits andere Oligarchen, die damals nach demselben Muster handelten, unbehelligt. Russland proklamiert für sich Werte und Überzeugungen, die meist nur deklaratorischen Charakter besitzen. Auch Russland handelt gemäß seinem Vorteil.

Ein anderes trennendes Problem ist das unterschiedliche Geschichtsverständnis in Europa. Der Valdai-Klub, eine Ansammlung ausländischer Russlandexperten und russischer Politologen, veranstaltete 2010 seine Jahreskonferenz auf einem Touristendampfer. Drei Tage lang kreuzte das Schiff in den Gewässern nördlich von Sankt Petersburg, von wo aus das russische Staatswesen, durch die Wikinger begründet, seinen Anfang nahm. Draußen regnete es in Strömen, doch in der Hauptkabine des Schiffes stritten die Mitglieder des Valdai-Klubs miteinander. Der Historiker Richard Pipes argumentierte, Russlands autoritäres Denken sei durch das lange tatarisch-mongolische Joch geprägt, Russland sei immun gegen westliche Demokratie. Drei Tage währte die Diskussion und zeigte einmal mehr, wie emotional die Geschichte des

20. Jahrhunderts in Russland erlebt wurde – sie musste stolz machen und identifikationsstiftend für das 21. Jahrhundert wirken.

Doch offensichtlich konnte Geschichte auch als Waffe benutzt werden. Einige der postsowjetischen Republiken schlüpfen gelegentlich in eine tragische Opferrolle und versuchen über Mitgefühl größere Akzeptanz und Sicherheitsgarantien vom Westen zu erhalten. Das Schiff auf dem Ladoga-See schaukelte im starken Wellengang, Stühle und Tische fielen um, doch der hitzige Streit ging weiter. Die Russen verspürten, dass andere europäische Nationen ihnen den Sieg über Hitler-Deutschland im Zweiten Weltkrieg abspenstig machen wollten. Bekanntlich stieg die UdSSR durch den errungenen Erfolg zur zweiten Weltmacht mit ständigem Sitz im UN-Sicherheitsrat auf. Russland identifiziert sich auch heute noch entlang dieses sowjetischen Erbes. Die meisten Russen glauben, dass die UdSSR Hitler ohne Unterstützung der Alliierten besiegt habe. Dieser Sieg habe die Sowjetmacht für »ewig« legitimiert, so der russische Sozialforscher Lew Gudkow. In der Perestrojka sei das militante Pathos zurückgegangen, Russland hoffte, im Westen integriert zu werden. Nach den schweren Neunzigerjahren entstand im Massenbewusstsein wieder der Wille zum Wiederaufbau des verlorenen Imperiums. Dabei muss jedem realistisch denkenden Russen bewusst sein, dass außer dem Sieg im Zweiten Weltkrieg und Juri Gagarins erstem Weltraumflug kaum Aktiva für das 20. Jahrhundert verbucht wurden.

Warum entschuldigt sich Russland nicht für die 45-jährige Okkupation Osteuropas und akzeptiert nicht, dass es den Kalten Krieg genauso verloren hat wie Nazi-Deutschland den Zweiten Weltkrieg? Ein Schuldbekenntnis für die gewaltsame Installierung von kommunistischen Regimen in den Staaten des Warschauer Paktes kann es aus dem Munde Russlands nicht geben, es würde Entschädigungsklagen nach sich ziehen und letztendlich zu einer Gleichstellung der totalitären Ideologien des Nationalsozialismus und des Kommunismus führen, was wiederum den Sieg Russlands im Zweiten Weltkrieg schmälern würde. Lenin und die Oktoberrevolution sind zwar vergessen, und Russland betrachtet sich inzwischen selbst als Opfer eines bedauerlichen kommunistischen Experiments in der Geschichte der Menschheit. Andererseits – und das beunruhigt – bricht Russland nicht mit dem Stalinismus. Bis zum heutigen Tag sieht die Hälfte der Russen Stalin als eine der positivsten Gestalten der russischen Geschichte an. Über die Verdienste Stalins werden unerträgliche Diskussionen geführt, entrüstete sich die *Süddeutsche Zeitung*, aber über das Martyrium im sowjetischen Gulag spricht außer Menschenrechtsorganisationen niemand. Dass Stalin zunächst die alte Intelligenz, Adlige, Geistliche, dann die tüchtigsten Bauern, danach die neue Sowjetelite, die besten Militärs und Wissenschaftler, schließlich die zurückgekehrten Kriegsgefangenen massenweise umbringen ließ, wird aus dem Bewusstsein verdrängt und ausgeblendet. Schließlich habe Stalin in nur 30 Jahren aus einem rückständigen Agrarland mit Pflug eine Supermacht mit Atombomben geschaffen. Es ist nicht die Person Stalins, die die Russen fasziniert, es ist eher der Mythos der Macht dieses Tyrannen. Nur wenige Russen fordern heute Reue und eine nationale Aussöhnung. Die Mehrheit lehnt eine aktive Vergangenheitsbewältigung nach dem Vorbild Nachkriegsdeutschlands ab.

Der deutsche Altertumsforscher Christian Meier kann das nachvollziehen. In der Menschheitsgeschichte wäre nicht das Erinnern, sondern das Vergessen oft das richtige Heilmittel gewesen. So war es in Spanien nach der Franco-Diktatur. Vergangenheitsbewältigung erzeuge Rachegefühle und diese dann wieder Rache. Laut Meier muss mit einem Friedensschluss das Vergessen und Vergeben festgeschrieben sein. Deutschland wählte nach 1945, wenn auch mit Mühe, den Weg der Sühne und des Nichtvergessens der Hitler-Verbrechen. Vielleicht wäre Russland jetzt durch aktives Erinnern nach der gerade erfolgten Loslösung vom Totalitarismus überfordert. Trotzdem riet die Menschenrechtsorganisation Memorial dem Kreml, so bald wie möglich ein Monument für die Millionen Opfer des stalinistischen Genozids zu errichten. Diese Geste könnte im Ausland Respekt erzeugen. Medwedew zeigte sich darüber beunruhigt, dass 90 % der jungen Russen keinen einzigen Namen derjenigen mutigen Menschen kennen, die sich in der Sowjetunion gegen Repressionen aufgelehnt haben.

Die russische Gesellschaft steckt nach Ansicht des Journalisten Andrej Solotow noch im »Kalten Bürgerkrieg«. Es herrscht kein Konsens, was den Umgang mit schwierigen Vergangenheitsthemen betrifft. Hunderttausende von Hinterbliebenen der stalinistischen Opfer stehen einer genauso großen Zahl von Familien gegenüber, deren Angehörige die Täterrolle im Stalinismus innehatten. Schwierig ist die Vergangenheitsbewältigung auch für Putin und Medwedew. Beide gehören zur sogenannten »roten Aristokratie« – Putins Großvater arbeitete in Stalins Apparat, Medwedews Großvater beteiligte sich als Parteiaktivist in vorderster Front an der gewaltsamen Kollektivierung des Landes von russischen Bauern.

Die Zukunftswerkstatt ist eine von der Körber-Stiftung geförderte ständige Einrichtung des deutsch-russischen Petersburger Dialogs. Seit Jahren trifft sie sich, mit ständig neuen Teilnehmern, an interessanten Plätzen abwechselnd in einem deutschen Bundesland und in einer entlegenen russischen Provinz. Die Veranstaltungen dienen, wie so viele zivilgesellschaftliche Dialoge in Deutschland, der Völkerverständigung. Hier werden die Vertreter der Nachwuchseliten beider Länder zueinander hingeführt, intensive Gespräche über die Zukunft Europas geführt. Die Entscheidungsträger von morgen lernen sich besser kennen und werden hoffentlich in 20 bis 30 Jahren konfliktfreier miteinander umgehen. Bis dahin verschwinden auch die letzten Stereotype im Mülleimer der Geschichte. Unvergessliche Konferenzen während der kurzen Sommernächte in Nowosibirsk, an den romantischen Wasserfällen im Altaj-Gebirge, bei der Hafenrundfahrt in Hamburg, an der Grenze zwischen Russland und der EU im verregneten Pskow, an der Ostseeküste Kaliningrads, auf dem Striezelmarkt in Dresden oder am jetzt grenzfreien Dreiländereck Deutschland – Polen – Tschechien zeigten den jungen Menschen unterschiedliche Perspektiven des gemeinsamen Hauses Europa. Zu den hitzigen Diskussionsrunden wurden auch Gäste aus der Ukraine, dem Baltikum und Polen eingeladen.

Ein vorherrschendes Thema der Debatten war die »Abrüstung der Geschichte«. Russland, so hieß es, sei ein Land mit einer unberechenbaren Vergangenheit. Die Geschichte wurde vom jeweiligen Herrscher nach seinem Gutdünken umgeschrieben. So wurden allerdings Minen gelegt, die in Zukunft explodieren können. Deutsche Kollegen luden Repräsentanten der russischen Nachwuchseliten zu einer Tagung auf den Obersalzberg in Bayern ein, wo Adolf Hitler den Angriff auf die Sowjetunion plante. Gemeinsam besuchte man dort das Dokumentationszentrum über das Dritte Reich und diskutierte bei längeren Waldspaziergängen darüber, ob in Russland eine ähnliche Vergangenheitsbewältigung gelingen könnte, wenn die Regierung beispielsweise eine der Stalin-Datschen bei Moskau in ein Museum über die Gräuel des Stalinismus umwandeln würde.

Die jungen Russen warnten davor, Russland eine Entstalinisierungspolitik aufzudrängen, Russland müsse sich selbst aus der »Sklavenmentalität« befreien. Die deutsche Antwort: Ein im Stalinismus verharrendes Russland kann kein Teil des künftigen Europas sein. Eine offene Auseinandersetzung mit schwierigen historischen Themen ist in Russland trotzdem möglich geworden. Sie zeigt den Weg, den Russland beschreiten muss, um sich mit Europa genauso zu verzahnen, wie Westdeutschland nach 1945 und Mittelosteuropa nach 1989 Bestandteile eines gemeinsamen Europa wurden.

3 SPIELT DEUTSCHLAND DIE RUSSISCHE KARTE?

Das Erbe der Ostpolitik

Russland und Deutschland bilden zweifellos eine Schicksalsgemeinschaft. Nachdem Peter der Große Preußen zum Modernisierungspartner seines Landes erkoren hatte, rissen die deutschen Handelsbeziehungen und Einwanderungsströme nach Russland nicht ab. Sie wurden erst durch den Ersten Weltkrieg gestoppt. In den Adern des letzten russischen Zaren floss mehr deutsches als russisches Blut. Eine führende Rolle beim Aufbau der zwischenstaatlichen Beziehungen spielte von Anfang an die Wirtschaft. Deutsche Unternehmen investierten schon im 18. und 19. Jahrhundert beträchtlich in Russland und Osteuropa. Nach dem Zerfall der österreichisch-ungarischen Monarchie als Folge des Ersten Weltkrieges übernahm das Deutsche Reich die Rolle des Marktführers in Osteuropa. Im Ergebnis stieg das deutsche Handelsvolumen zu der Zeit in dieser Region auf 17 %. Diese Höchstmarke konnte erst 90 Jahre später wieder erreicht werden.

Mit dem Rapallo-Vertrag 1922 erkannte das Deutsche Reich als erstes europäisches Land die Sowjetunion an. Die beiden Verlierer des Ersten Weltkrieges entschieden, Beziehungen »zum gegenseitigen Vorteil« aufzunehmen – um der Isolation durch die Versailler Siegermächte zu entkommen. Die deutsche Industrie erhielt zahlreiche lukrative Aufträge aus Moskau, die deutschen Banken finanzierten das Geschäft. Deutschland lieferte Maschinenanlagen – die UdSSR bezahlte in Getreide, Öl, Buntmetallen und Holz. Die Weimarer Republik und das kommunistische Russland vereinbarten darüber hinaus eine geheime Militärkooperation. Die Rapallo-Politik endete mit der Machtergreifung der Nationalsozialisten. Hitler plante den Eroberungskrieg: Russland und Osteuropa sollten von der politischen Landkarte verschwinden und Deutschland »Lebensraum« zur Verfügung stellen. Dabei hätte, so der damalige deutsche Russlandexperte Artur W. Just, ein nüchterner Blick auf die Weltkarte gezeigt, dass Russland bis zur Beringstraße – also fast bis nach Amerika – reichte und auch die am weitesten östlich vorgedrungenen Wehrmachtstruppen nur die westlichen Randgebiete des Riesenstaates besetzen konnten.

Nach dem Zweiten Weltkrieg wurden die Geschäfte zwischen der Sowjetunion und Westdeutschland wieder aufgenommen. Der westdeutschen Politik, die sich auf das transatlantische Bündnis konzentrierte, waren jedoch die Bemühungen der deutschen Schwerindustrie um Aufträge aus Moskau höchst suspekt. Nach dem Korea-Krieg verabschiedete der amerikanische Kongress den sogenannten Battle-Act, der ein umfassendes Embargo gegen jegliche Lieferungen von »strategischen Waren« in den Ostblock verhängte. Deutsche Wirtschaftsverbände wehrten sich gegen den Vorwurf der kaltblütigen Geschäftemacherei und drängten auf eine Legalisierung des Osthandels, um eine politische Entspannung in den Ost-West-Beziehungen zu erreichen. Stahlbarone rieten, die Wirtschaftsbeziehungen nicht als politisches Druckmittel zu missbrauchen, auch im Ostgeschäft sei Fairness das oberste Gebot, außerdem würden dadurch Arbeitsplätze geschaffen.

Warum zerfiel schließlich die Sowjetunion? Weil US-Präsident Ronald Reagan die UdSSR mit Wirtschaftssanktionen und Aufrüstung in den Bankrott stieß und »totrüstete« oder weil die von der Bundesrepublik konstruierte Politik des Wandels durch Handel das kommunistische System im Ostblock durch eine Evolution aufweichte? Es gibt Befürworter beider Thesen.

Ein Vorreiter der Politik des Wandels durch Handel war zweifelsohne der heute 98-jährige Berthold Beitz. Trotz scharfer Kritik von Bundeskanzler Konrad Adenauer reiste der Generalbevollmächtigte des Stahlkonzerns Krupp AG in den Ostblock und verkaufte dort Maschinenanlagen – als die Sowjetunion und Westdeutschland noch keine formellen Handelsbeziehungen unterhielten. Während seiner zweiten Moskau-Reise im Mai 1963 erhielt Beitz einen ungewöhnlichen Anruf. Partei- und Regierungschef Nikita Chruschtschow wollte ihn persönlich kennenlernen. Eine schwarze Limousine brachte Beitz in den Kreml. Chruschtschow bot seinem Gast keinen Tee an – redete aber zwei Stunden lang bemerkenswert offen über politisch heikle Fragen. Der Kremlchef sagte sinngemäß zu Beitz: Die UdSSR verfügt über die Rohstoffe, Deutschland über die Technik, und zusammen sind wir unschlagbar. Russland wolle seine ökonomische Rückständigkeit mit Hilfe westlicher Firmen verringern. Dann schimpfte er über das Röhrenembargo. Die deutsch-sowjetischen Wirtschaftsbeziehungen waren ein halbes Jahr zuvor bei einem besonders lukrativen Projekt durch ein Ausfuhrverbot der Regierung für Pipelinerohre zurückgeworfen worden. Dieses Verbot folgte einem geheimen Beschluss der NATO, die in der Abhängigkeit westlicher Länder von sowjetischen Öllieferungen eine Gefahr für die eigene Verteidigung und die Industrie sah. Außerdem sollte der Warschauer Pakt daran gehindert werden, seine Energieversorgung mit westlicher Technologie zu modernisieren. Mehrere deutsche Großkonzerne wurden hart getroffen. Doch Kanzler Adenauer forderte – analog zum Röhrenembargo –, noch ein zusätzliches Weizenembargo gegen die von Missernten geplagte UdSSR einzuführen.

»Wir sind kein Kind, dem man die Hose herunterziehen und es verhauen kann ... es kann selbst einen derartigen Fußtritt austeilen, dass ihr nicht mehr aufstehen werdet«, tönte Chruschtschow. Doch Beitz war mutig genug, dem zweitmächtigsten Mann der Welt Paroli zu bieten. Es waren fast zwei Jahre seit dem Bau der Berliner Mauer vergangen und Beitz fragte Chruschtschow unverblümt, wieso seine Verwandten aus der DDR nicht hinauskönnten und er die Russlanddeutschen nicht ausreisen ließe. Es bedurfte aber noch eines Jahrzehnts, bis zwei Millionen deutsche Aussiedler tatsächlich den Weg über den Stacheldrahtzaun in ihre Heimat fanden.

Beitz war erst wenige Tage aus Moskau zurück, als der spätere Berater Willy Brandts, Egon Bahr, in einer Rede in Tutzing die neue Diplomatie des »Wandels durch Annäherung« verkündete. Die Ostverträge ebneten den Weg zum Röhrengeschäft wenige Jahre später. Die UdSSR orderte große Mengen an Stahlblech, Spezialmaschinen und Stahlröhren für den Bau von Interkontinentalpipelines sowie chemischen Verarbeitungsfabriken. Deutschland stieg zum wichtigsten Handelspartner Moskaus auf, doch Zahlungsbilanzprobleme der Sowjets erforderten bereits 1970 eine Kopplung der Röhrenproduktion an Gegenlieferungen von Erdgas. Das Erdgas-Röhren-Geschäft wurde zum Symbol einer unübersehbar vorteilhaften Zusammenarbeit. 1975 wurde die Konferenz für Sicherheit und Zusammenarbeit in Europa (KSZE) ins Leben gerufen – auch ein Produkt der Politik des Wandels durch Verflechtung. Der KSZE-Vertrag verpflichtete die Sowjetunion zur Einhaltung demokratischer Grundrechte. Der Westen erhielt, wenn auch nur vage, Einflussmöglichkeiten auf die sowjetische Innenpolitik. 1981 kam es erneut zu Differenzen mit den USA, als zwischen der Ruhrgas AG und der Sojusgasexport ein Erdgas-Röhren-Folgevertrag abgeschlossen werden sollte. Die Deutschen wurden der Blauäugigkeit bezüglich einer drohenden energiepolitischen Abhängigkeit von der Sowjetunion bezichtigt. Washington verwies auf die Proliferationsverbote der sogenannten COCOM-Liste, die den Technologietransfer nach Russland mit immer detaillierteren Verboten einschränkte. 1984 stieß der Welthandel auf unüberbrückbare politische Barrieren. Fast jedes elektronische Werkzeug konnte zu einem militärstrategischen Objekt erklärt und vom Export ausgeschlossen werden. Bonn beharrte indessen auf dem Prinzip der Ostpolitik, denn der Wandel durch Handel hatte politische Auswirkungen auf die gesellschaftliche Situation in der DDR.

Mit der Machtübernahme Michail Gorbatschows veränderte sich die Atmosphäre, die Supermächte begannen abzurüsten, aus Konfrontation wurde breite Kooperation. 1991 zerbrach die Sowjetunion, viele etablierte Wirtschaftskontakte rissen ab und Moskau war plötzlich zahlungsunfähig. Eine wichtige Rolle bei der Aufrechterhaltung der Wirtschaftskooperation mit dem strauchelnden Russland spielte der 1952 gegründete Ost-Ausschuss der Deutschen Wirtschaft unter Vorsitz des Stahlhändlers Otto Wolff von Amerongen. Er war das wichtigste Gremium, über das jahrzehntelang deutsch-sowjetische Handelsgespräche geführt und verbindliche Zahlungs- und Lieferbedingungen vereinbart wurden. Der Ost-Ausschuss war zum verlängerten Arm der Bundesregierung und für die Russen zum akzeptablen Partner geworden. So entstand in den wechselseitigen Wirtschaftsbeziehungen eine Tradition, die den Zerfall der Sowjetunion überlebte.

Es war der Verdienst von Klaus Mangold, der 2000 die Nachfolge von Otto Wolff übernahm, dass sich der Ost-Ausschuss als Koordinator der neu gegründeten Russisch-Deutschen Strategischen Arbeitsgruppe zur Kooperation in Wirtschaft und Finanzen manifestieren konnte. Russlands Wirtschaft wuchs immer stärker und Mangold riet Kanzler Gerhard Schröder und seiner Nachfolgerin Angela Merkel, das Russlandgeschäft langfristig anzugehen. Mangold positionierte geschickt deutsche Firmen auch auf anderen postsowjetischen Märkten, vor allem in Zentralasien, indem er konstruktive Geschäftsbeziehungen zu den dortigen Machthabern pflegte und Autokraten vom Schlage des Weißrussen Alexander Lukaschenko von der Notwendigkeit, ihr Land einem Wandel durch Handel zu unterziehen, überzeugte.

In Deutschland ist das Interesse an der Ostpolitik weit ausgeprägt. Jemand, der in allen politischen Streitgesprächen zur engen Partnerschaft mit Russland mahnt, ist der »Patriarch« der deutschen Ostpolitik, Egon Bahr. Er würdigte die deutsche Wiedervereinigung als Glücksgriff der Geschichte, denn die Entwicklung hätte durchaus aus dem Ruder laufen können. Kritiker bezeichnen dies als unnötigen Dankbarkeitskomplex der älteren Politikergeneration. Ein gestandener Politiker wie Bahr weiß jedoch, dass aufgebautes Vertrauen durch falsche Pflege schnell verloren geht.

Nach Meinung von Ex-Verteidigungsminister Volker Rühe würde eine russische NATO-Mitgliedschaft die europäische Sicherheit festigen. Auch der ehemalige Kanzlerberater Horst

Teltschik sowie der Vorsitzende der Münchner Sicherheitskonferenz Wolfgang Ischinger entwickeln ständig neue Ideen, wie der Westen und Russland strategisch kooperieren können. Ein traditioneller Ostpolitiker ist der Fraktionschef der SPD und Ex-Außenminister Frank-Walter Steinmeier. Er erfand als erster den Begriff der Modernisierungspartnerschaft, bevor ihn sich die EU auf ihre Fahnen schrieb.

Bundespräsident Christian Wulff, dessen Partei – die CDU – der Ostpolitik der deutschen Sozialdemokaten in den Siebzigerjahren kritisch gegenüberstand, würdigte im Dezember 2010 in Polen den Kniefall von Bundeskanzler Willy Brandt am Mahnmal des Warschauer Ghettos. Für die Aussöhnung mit den Opfern des deutschen Angriffs sei die Ostpolitik das richtige Mittel gewesen. Heute findet die Idee der Ostpolitik positive Resonanz auch innerhalb der anderen Volksparteien.

Bundeskanzler a.D. Gerhard Schröder sitzt in seinem Büro im dritten Stock des Bundestagsgebäudes. Aus seinem Fenster schaut er geradewegs auf die russische Botschaft. Gestern war sein Geburtstag, Schröder lädt zu einem Gläschen Champagner ein. Alle Wege nach Russland führen durch dieses Büro. Schröder kennt Putin und die russische Führung wie kein anderer und Putin hört auf seinen Rat. Trotz der unfairen Kritik an seinem Russlandengagement in Deutschland weiß Schröder, dass er seine Anwaltsrolle für Russland in Europa noch viele Jahre weiterspielen wird.

Eindämmung oder Engagement Russlands?

Die deutschen Politiker, die sich 1990 in der politischen Verantwortung befanden, werden die einzigartige Wandlung Russlands vom Gegner zum Freund niemals vergessen. Wenn es nach ihnen gegangen wäre, hätte Russland damals an Europa angekoppelt werden müssen. Nachdem in der Ära Helmut Kohls und Boris Jelzins die Aussöhnung erfolgreich abgeschlossen wurde, öffnete die Schröder-Putin-Allianz einem vereinten

Europa eine weitere Perspektive. Zwischen Deutschland und Russland bahnte sich eine Energieallianz nach dem Muster der französisch-deutschen Montanunion aus den Fünfzigerjahren an. Wie damals über Kohle und Stahl sollten Russland und Deutschland über die Öl- und Gasschiene zusammengeschweißt werden.

Die Männerfreundschaften zwischen den Bundeskanzlern und den russischen Präsidenten halfen die Gräben zwischen beiden Ländern zu schließen. Vor allem sollten sich die Zivilgesellschaften vernetzen. Der im Jahr 2000 geschaffene Petersburger Dialog sollte diese Entwicklung vertiefen. Er wurde aber schnell zum Spiegelbild für das ambivalente Verhältnis der Völker zueinander. Einerseits beförderte der Dialog den Jugendaustausch, initiierte Bildungs-, Forschungs- und Kulturprojekte, diskutierte aktuelle Sicherheitsprobleme in vertrauensvollen Runden, stieß die Gründung des bilateralen Rohstoffforums an, ermöglichte das gegenseitige Kennenlernen von Journalisten und schuf ein Gesprächsforum für deutsche NGOs und russische Bürgerrechtler. Andererseits wurde der Petersburger Dialog zum Ort inhaltlicher Auseinandersetzungen über den richtigen Umgang mit Russland: Rücksichtnahme auf russische Befindlichkeiten bei heiklen Menschenrechtsfragen, um gute Wirtschaftsbeziehungen zu erhalten (Schweigen für Gas) oder strenge Demokratieerziehung mit der Moralkeule?

Auch 20 Jahre nach der Wende muss konstatiert werden, dass für die Masse der Deutschen Hollywood, McDonalds und der amerikanische Lebensstil attraktiver sind als das in der Sowjetnostalgie verharrende Russland. Diejenigen, die erwartet hatten, dass sich zwischen Deutschen und Russen dieselbe Art von Annäherung entwickeln würde wie nach dem Zweiten Weltkrieg zwischen Deutschland und Frankreich, wurden bitter enttäuscht. Russen und Deutsche sind durch unterschiedliche Lebenserfahrungen getrennt. Deutschland ist stolz darauf, statt eines menschenunwürdigen Kommunismus eine soziale Marktwirtschaft erschaffen zu haben, um die es überall auf der Welt beneidet wird. Das Russlandbild ist in Deutschland von Raketen, Panzern und Spionen geprägt. In fast jeder deutschen Familie herrschen versteckte oder offene Ängste vor einem feindlichen Russland vor, die jahrhundertelang Bestand hatten. Die Westdeutschen waren in den Achtzigerjahren die reichste Nation in Europa und imstande, die marode DDR aufzukaufen. Obwohl die Wiedervereinigung mehr Geld verschlang als geplant, verfügte Berlin über finanzielle Kapazitäten, sofort das nächste Megaprojekt anzugehen – die Währungsunion und die Einheit Europas. Das strauchelnde Russland galt dagegen als Verlierer des Kalten Krieges.

Solange Russland vom Westen isoliert war, schien es noch verlockend und entdeckungswürdig. Nach dem Fall der Mauer verflog die Romantik. Zwar hatten sich Deutsche und Russen kennengelernt, aber daraus entstand keine Freundschaft. Die meisten Deutschen fanden das Bemühen Russlands, sich auf der Weltbühne wieder als starker Nationalstaat zu positionieren, wenig reizvoll. Die gutmütigen Deutschen wollten den Russen auf dieselbe Art Demokratie beibringen, wie sie sie nach 1945 von den Alliierten gelernt haben. Das Problem: Die stolzen Russen trotzten den Belehrungen. Voller Mitleid schickten Deutsche Anfang der Neunzigerjahre tonnenweise Hilfsgüter, Lebensmittelkonserven und Secondhandkleidung nach Russland, als dort die Läden leer waren. Nachdem die Rufe »Gorbi, Gorbi« nach der Wiedervereinigung verhallt waren, verspürten die Deutschen Verärgerung und einen gewissen Neid gegenüber den neureichen Russen, die nicht so aussahen, als ob sie ihr Leben lang geschuftet hatten, dennoch in den teuersten Skigebieten, Jachthäfen und Nachtclubs mit Geld um sich warfen und sich in die teuersten Wohngegenden deutscher Städte einkauften. Eine aktuelle Forsa-Umfrage zeigte, dass die Mehrzahl der Deutschen China und die USA als Handelspartner vor Russland sahen. Zwar wollten drei Viertel der Deutschen eine Energieallianz mit Russland, doch die Würdigung Russlands als Handelspartner und Zukunftsmarkt entsprach nicht den Chancen, die das Land aufgrund seines Ressourcenreichtums bot.

In Russland verlief die Wahrnehmung umgekehrt. Die Sowjetunion, in der Jalta-Nachkriegsordnung zur Supermacht aufgestiegen, konnte ihrer Bevölkerung nur einen Bruchteil des westlichen Wohlstands bieten, aber die Menschen fühlten eine soziale Absicherung, es herrschte Vollbeschäftigung und es existierten gute Bildungseinrichtungen. Der Sozialismus erschöpfte sich in leeren Phrasen, die der Machterhaltung des Systems dienten, an die aber niemand glaubte. Viele Menschen waren jedoch patriotisch gesinnt und stolz auf die technischen Errungenschaften ihres Landes. Westliche Vorstellungen von einem scheinbar unbändigen Freiheitsdrang der Sowjetvölker waren übertrieben. Die Russen sehnten sich zwar nach westlichem Wohlstand – wollten aber nicht Teil des Westens werden.

Während des Zusammenbruchs der Sowjetunion erhofften sich die Russen vom reichen Nachbarn Deutschland die größte Hilfe für ihre schwierige Modernisierung, deshalb unterstützte Gorbatschow die deutsche Wiedervereinigung mehr als Deutschlands westliche Verbündete. Das deutsche Feindbild verschwand nach der Wiedervereinigung aus dem russischen Denken. Naiv waren aber die abenteuerlichen Vorstellungen einiger Russen, wonach Deutschland Russland helfen würde, seinen Großmachtstatus zurückzubekommen. Als Deutschland von Russland die Rückgabe der im Zweiten Weltkrieg von der Roten Armee erbeuteten Kunstgegenstände forderte, erwiderte Moskau, Deutschland habe von Russland ein viel wichtigeres Geschenk erhalten: Die Zustimmung zur deutschen Einheit. Die russische Öffentlichkeit betrachte die geraubten Kunstgegenstände als angemessene Entschädigung für das während der Invasion der Nationalsozialisten angerichtete Unheil. Umso erstaunlicher war die Tatsache, dass Deutschland, nach den Weißrussen, zur Lieblingsnation der Russen nach dem Kalten Krieg wurde – das dokumentieren regelmäßige Meinungsumfragen der letzten Jahre. Deutschland ist heute der mit Abstand begehrteste Modernisierungspartner Russlands – vor China, Japan und den USA. Andere europäische Länder werden in Russland nicht als potenzielle Modernisierungspartner wahrgenommen. Hätte Deutschland seinen einzigartigen Stellenwert in Russland strategisch klüger nutzen müssen? Stattdessen verlor Deutschland seinen Ruf als das Land mit der besten klassischen Ostforschung. Das Interesse an einer nachhaltigen Beobachtung der östlichen Nachbarn ist verschwunden, das Russland-Monitoring wird heute vornehmlich in Polen betrieben. Immer weniger Politiker zeigen sich bereit, ihre Karriere mit Russlanderfahrung zu schmücken.

Nach dem Zerfall der Sowjetunion wurde in Russland alles aus dem Westen importiert – die politische Kultur, das kapitalistische Wirtschaftssystem, die Technologie, die Luxuswaren. Der Nachholbedarf am »Leben wie im Westen« war nicht zu stillen. Russland drängte nach Westen, Hunderttausende Russen verließen ihr Land, um sich eine neue Existenz auch in Deutschland aufzubauen. Sie kamen hier an mit ihrer andersgearteten Mentalität, schimpften auf die Gefühlsarmut der Leistungsgesellschaft, machten jedoch keinen Bogen um das deutsche Sozialsystem. Viele reiche Russen sind mit ihren Familien längst nach Berlin, Hamburg oder München übergesiedelt, wo das Leben komfortabler ist als in Moskau.

Der Beitritt der ehemaligen Warschauer Pakt-Staaten in die NATO und die EU zu Beginn des 21. Jahrhunderts schwächte zunächst die deutsche Ostpolitik. Die Neuankömmlinge traten aus ihrer Überzeugung heraus nämlich nicht in eine neue, sondern in die alte NATO ein, die im Kalten Krieg gegen die russische Bedrohung gerichtet gewesen war. Sie wollten von Versöhnung wenig hören, denn sie meinten, im Gegensatz zum »naiven Westen«, das wahre imperiale Gesicht Russlands zu kennen. Dass die russische Perestrojka der Auslöser für den Zerfall des kommunistischen Ostblocks gewesen war, hatten sie aus ihrem Gedächtnis gestrichen. Natürlich verspürten sie auch Schadenfreude über den gestrauchelten Erzfeind. Und bei einigen kam Rachsucht dazu. Sie hatten unter dem kommunistischen Regime gelitten und wollten es Russland jetzt heimzahlen, das ja selbst gelitten hat. Solange Russland noch schwach war, wollte man ihm tüchtig vors Schienbein treten.

Die Regeln der EU erforderten den Konsens aller Mitgliedsstaaten in der europäischen Außenpolitik. Deutschland musste seine Ost- oder Russlandpolitik mit anderen EU-Ländern absprechen. Die mittelosteuropäischen Staaten betrachteten sich als Opfer der europäischen Tragödie der Jalta-Ordnung und wollten nun Teil der europäischen Erfolgsstory werden. Die ehemaligen Warschauer Pakt-Staaten weigerten sich zu verstehen, dass die von Deutschland und Frankreich geforderte Rücksichtnahme auf russische Interessen bei den vorangegangenen NATO-Erweiterungsrunden kein ängstliches Nachgeben, sondern verantwortungsvolle Europapolitik war. In Wirklichkeit waren die Mittelosteuropäer so geschützt wie noch nie und profitierten vom amerikanischen Nuklearschirm in gleicher Weise wie Westeuropa im Kalten Krieg. Manchmal schien es, als ob manche mittelosteuropäischen Politiker Russland zu aggressiven Gegenreaktionen provozieren wollten, um von den USA und der NATO zusätzliche Sicherheitsgarantien zu erhalten. Es entstand der Eindruck, dass der Westen ein wiedererstarktes Russland nicht willkommen hieß, sondern als Gegner ansah.

Natürlich war Russland auch selbst schuld an der Misere. Russland ließ die Mittelosteuropäer spüren, dass es ihnen das Überlaufen übel nahm. Moskau strich einigen Ländern Handelspräferenzen, reduzierte den Transit über deren Territorium. Statt einen Dialog darüber zu führen, wie man die Sicherheitsängste zerstreuen könnte, reagierte Moskau aggressiv auf jegliche Kritik. Im November 2010 empfing Präsident Medwedew eine Gruppe internationaler Experten der Münchner Sicherheitskonferenz in seiner Moskauer Residenz. Das Gespräch über die Zukunft Europas verlief außergewöhnlich offen. Man trank Tee und Medwedew gab zu, dass die russische Haltung, ausschließlich auf die Westeuropäer zu setzen, korrigiert werden müsse. Er selbst wolle sich stärker auf Polen und die baltischen Länder zubewegen. Noch hat kein Präsident Russlands das Baltikum besucht.

Der Irak-Krieg 2003 verdeutlichte die drohende Spaltung des gerade vereinten Kontinents in ein »altes« und ein »neues« Europa. Während Deutschland und Frankreich sich gegen einen Militärangriff auf den Irak aussprachen, weil sie dem fingierten Kriegsgrund – Besitz von Massenvernichtungswaffen – misstrauten, überboten sich die Mittelosteuropäer in Treueschwüren an die Adresse der USA. Der Konflikt wurde dadurch verschärft, dass Paris und Berlin sich mit Russland verbündeten. Laut damaliger Meinungsumfragen war der »gefühlte Abstand« der Deutschen zu Russland kaum größer als der zu den Vereinigten Staaten (Allensbach-Analyse). Putin war damals in Deutschland populärer als Bush.

Deutsche Ostpolitik im neuen Gewand?

Berlin, Moskau und Paris hatten noch in den Neunzigerjahren die sogenannte Trojka gegründet – einen Mechanismus für einen vorsichtigen sicherheitspolitischen Dialog mit dem von anderen europäischen Institutionen ausgeschlossenen Russland. Im Irak-Krieg wuchs die Trojka jedoch, ohne es zu wollen, zu einer eigenständigen Sicherheitsinstitution heran. Die Trojka-Länder übertrafen von ihrer Gesamtbevölkerung her die Einwohnerzahl der USA. Sie wären theoretisch in der Lage gewesen, die NATO zu unterminieren. Die amerikanische Außenministerin Condoleezza Rice erzählte Jahre später, Washington wäre bereit gewesen, den Deutschen alles zu verzeihen, nur nicht die gemeinsame Front gegen Amerika, ausgerechnet mit dem Erzfeind Russland. Der Irak-Krieg bedeutete vorerst das Ende der Trojka. Deutschland und Frankreich durften den Bündniskonflikt nicht zu weit treiben, um den Zusammenhalt der transatlantischen Gemeinschaft nicht zu gefährden.

Dass sich im selben UN-Sicherheitsrat Deutschland und Russland beim Libyen-Krieg 2011 wieder in Opposition zu den USA und der neuen westlichen »Kriegskoalition« begaben, war kein Zufall. Moskau und Berlin hatten, ohne jegliche Absprachen, die gleiche Analyse parat: Ein unüberlegter Krieg innerhalb der islamischen Welt konnte sehr schnell zu unvorhersehbaren Folgen führen. Der Eindruck, dass der Westen für Ölinteressen kämpfte, hätte kaum verwischt werden können. Die deutschen Medien entrüsteten sich: Deutschland habe sich in eine Reihe mit Russland und China gestellt, wo die deutsche Außenpolitik eigentlich gar nicht hingehöre. Berlin habe, so Ex-Verteidigungsminister Volker Rühe, einen strategischen Fehler von historischer Dimension begangen. Die Folgeereignisse zeigten, dass Bundeskanzlerin Angela Merkel und ihr Außenminister Guido Westerwelle richtig reagierten. Ohne es zu wollen, schuf sich die deutsche Diplomatie dadurch eine neue Vertrauensbasis im Verhältnis zu den BRICS-Staaten, die den Krieg ebenfalls nicht unterstützten. In einer zukünftig multipolaren Welt konnte das nur von Nutzen sein.

Doch zurück zu den Anfangsjahren der neuen EU. In Georgien und der Ukraine fanden 2003/2004 sogenannte bunte Revolutionen gegen korrupte und autoritäre Machthaber statt, die die geopolitische Karte Europas veränderten. Der russische Einfluss wurde aus beiden Ländern verdrängt. Georgien und die Ukraine galten nun in den Augen des Westens als künftige Demokratien und durften mit einem baldigen Beitritt zur NATO rechnen. 2005 verlor Schröder die Bundestagswahl. Kurz zuvor war es ihm noch gelungen, das Projekt der Ostseepipeline zu besiegeln, die russisches Gas in Umgehung der mittelosteuropäischen Transitstaaten direkt nach Deutschland pumpen sollte. Der Vertrag wurde im letzten Moment in Berlin unterschrieben. In Polen und anderen von dieser Entscheidung betroffenen Ländern gab es einen Aufschrei der Entrüstung. Das Nord Stream-Projekt wurde mit dem Hitler-Stalin-Pakt verglichen, Estland und Schweden begannen offen, die Pipelinepläne zu torpedieren. Auch die US-Regierung äußerte sich gegen den Bau von Nord Stream.

Die neue Bundeskanzlerin Merkel distanzierte sich zwar öffentlich von einer »Russlandpolitik zu Lasten der Mittelosteuropäer«, versuchte das angespannte Verhältnis zu den USA mit Sätzen wie »mit Amerika leben wir in einer Schicksalsgemeinschaft, ob Russland einmal unser Freund wird, muss sich erst noch zeigen« zu korrigieren und ließ verlauten, sie werde auf dem Weg nach Moskau in Warschau haltmachen. In Wirklichkeit verstand Merkel aber die historische Verantwortung deutscher Politik nicht nur gegenüber den Polen, sondern auch gegenüber den Russen und blieb in ihrer Realpolitik den Grundsätzen ihrer Vorgänger, was eine Einbindung Russlands anging, treu.

2006 erfolgte der erste russisch-ukrainische Gaskrieg, der verheerende Folgen für den Energiedialog mit Russland haben sollte. Polen warb für die Gründung einer Energie-NATO zur Eindämmung Russlands. Warschau paralysierte mit seinem Veto das Partnerschafts- und Kooperationsabkommen zwischen der EU und Russland. Damit wurde die Errichtung von »gemeinsamen Räumen« zwischen der EU und Russland blockiert. Jeder Versuch deutscher Diplomatie unter Außenminister Steinmeier, die krisenbewährte deutsche Ostpolitik als Mittel zur Entspannung des sich verschlechternden Verhältnisses EU – Russland anzuwenden, stieß bei den mittelosteuropäischen Nachbarn auf Widerstand. Ohne mit anderen Verbündeten Rücksprache zu halten, entschied Washington 2007, eine Raketenabwehr in Polen und Tschechien aufzustellen. Moskau fühlte sich durch das Vordringen der NATO an seine unmittelbaren Grenzen herausgefordert und durch die Raketenabwehr in seiner atomaren Abschreckungskapazität geschwächt.

Im Frühjahr 2008 fand in Bukarest ein historischer NATO-Gipfel statt. Die USA und die neuen NATO-Mitgliedsländer schlugen vor, der Ukraine und Georgien einen Militäraktionsplan anzubieten, der beiden Ländern bald die Tür in die NATO geöffnet hätte. Ein wütender Putin soll in einer geschlossenen Sitzung erklärt haben, dass die NATO-Mitgliedschaft für die Ukraine die unmittelbare Spaltung des Landes zur Folge hätte. Kiew sei die Wiege des russischen Staates. Es wäre absurd, wenn eines Tages von ukrainischem Boden aus die NATO ihre Waffen auf Russland richten würde. Deutschland und Frankreich widersetzten sich einer baldigen Aufnahme der beiden ehemaligen Sowjetrepubliken in die NATO. Offiziell hieß es, die Ukraine und Georgien seien aufgrund innenpolitischer Widerstände noch nicht reif für die NATO. Inoffiziell spielte natürlich der Faktor Russland eine Rolle.

Eine NATO-Erweiterung zu diesem Zeitpunkt hätte nicht mehr, sondern weniger Sicherheit für Europa bedeutet, weil sie unvorhersehbare Folgen für das Verhältnis zur Atommacht Russland gehabt hätte. Die Chance der Errichtung einer europäischen Sicherheitsarchitektur mit Russland sollte gewahrt und nicht leichtfertig durch das kurzfristige Befriedigen fragwürdiger individueller Schutzinteressen aufs Spiel gesetzt werden. Die Meinungsumfragen in Deutschland gaben Merkel recht, nur 15 % der Befragten sympathisierten mit einem NATO-Beitritt Georgiens.

Das Veto Frankreichs und Deutschlands war folgerichtig. Nur drei Monate nach dem Negativbescheid versuchte Georgien durch eine Militäraktion die abtrünnige Republik Süd-Ossetien in Bruch des Völkerrechts gewaltsam zurückzugewinnen. Nach heutiger Sachlage scheinen rechtsgerichtete Teile der damaligen Bush-Regierung den georgischen Präsidenten Michail Saakaschwili zum Angriff ermuntert zu haben. In der Ukraine kam es zum Machtwechsel und die neue russlandfreundliche Führung nahm den Antrag für einen NATO-Beitritt offiziell zurück. Russland hätte die klare und mutige Haltung der Bundesrepublik stärker würdigen müssen. Der Georgien-Krieg dauerte zwar nur fünf Tage, hätte jedoch noch ein gefährliches Nachspiel haben können. Einige NATO-Staaten forderten eine Bestrafung Russlands. Die USA legten die Arbeit des NATO-Russland-Rates auf Eis und forcierten den Aufbau der Raketenabwehr in Mittelosteuropa. Glücklicherweise spielte sich der Georgien-Konflikt während der EU-Präsidentschaft Frankreichs ab. Paris übernahm, mit Unterstützung Berlins, die Friedenssicherung. Die EU bewies, dass sie regionale Konflikte auf dem eigenen Kontinent selbständig ohne die USA lösen konnte.

Die Sorge vor einer Eiszeit blieb bestehen. 2009 entwickelte die tschechische EU-Ratspräsidentschaft eine reformierte Version der Ostpolitik. Sie schloss Russland einfach aus und konzentrierte sich auf Russlands westliche Nachbarn – die slawischen und südkaukasischen Länder. Großbritannien, Schweden und Polen galten als Architekten der EU-Strategie der Östlichen Partnerschaft. Der Vorsitzende der Heinrich-Böll-Stiftung, Ralf Füchs, erklärte den Sinn der östlichen Nachbarschaftspolitik so: Die alte Ostpolitik sei obsolet geworden, eine Konzentration ausschließlich auf Russland falsch. Ziel sei ein individueller Ansatz für jede der ehemaligen Sowjetrepubliken. Die Östliche Partnerschaft sollte der werteorientierten EU-Außenpolitik die Türen nach Osten öffnen. Über die Förderung zivilgesellschaftlicher Einrichtungen in den Mitgliedsländern würden die autoritären Systeme vor Ort ausgehebelt werden.

Das offizielle Berlin verband seine Hoffnungen in der Weltfinanzkrise mit Moskau. Der Exportweltmeister sah große Expansionschancen auf dem russischen Markt, der sich von der Krise schnell erholte. Bundeskanzlerin Merkel, zuvor russischen Investoren gegenüber ablehnend eingestellt, bemühte sich nun redlich um sie. Als die russische Regierung auf der Suche nach Spitzentechnologie aus dem Westen für die Modernisierung der eigenen Wirtschaft ihr Augenmerk auf den angeschlagenen Automobilkonzern Opel richtete und die staatliche Sberbank als Käufer an die Tür klopfte, gab die Kanzlerin dem Deal ihren Segen. Die Bundesregierung wusste, dass die Sberbank als staatliches Kreditinstitut nicht pleitegehen konnte. Im Wahlkampf hatte die Sicherung von Arbeitsplätzen oberste Priorität. Der Traditionshersteller Opel hätte danach mit dem zweitgrößten russischen Automobilkonzern Gas fusioniert. Deutschland hätte hochwertige Technologie geliefert, die Automobile wären gemeinsam in Russland hergestellt worden, um dann entweder auf dem einheimischen Markt verkauft oder ins Ausland exportiert zu werden.

Volkswagen hat für diesen Zweck ein eigenes Produktionswerk in Kaluga errichtet. Von Erfolgen in der Automobilherstellung angespornt, kamen weitere deutsche Unternehmen nach Russland. Metro eröffnete mehr als 90 Einkaufshäuser auf dem russischen Markt, Siemens baute mit Simara eine gemeinsame Eisenbahnfabrik auf. Trotz heftiger Kritik vonseiten der USA beschloss Siemens, im Bereich der Atomindustrie mit Rosatom zusammenzuarbeiten. Russische Firmen expandierten auch nach Deutschland. Ein dem Konzern Gasprom nahestehender Investor zeigte Interesse an den insolventen Wadan-Werften in Mecklenburg, Russland erwarb eine deutsche Uranentsorgungsanlage und der Mischkonzern Sistema wollte als Hauptaktionär beim bayerischen Chiphersteller Infineon einsteigen. Merkel sicherte den Geschäften ihre Unterstützung zu.

Doch es kam anders. Die Kanzlerin hatte zum Jubiläum des Falls der Mauer gerade in Washington eine umjubelte Rede voller Treueschwüre auf die USA gehalten. Kaum war sie wieder in der Heimat angekommen, erfuhr sie, dass die Amerikaner Opel doch nicht verkaufen wollten. Der amerikanische Eigentümer von Opel, General Motors, vereitelte das Geschäft in letzter Minute. Merkel war überrumpelt. Offensichtlich spielten, wie in Ostgeschäften in den Jahrzehnten zuvor, politische Sentiments eine Rolle: Westliche Spitzentechnologie sollte nicht nach Russland verkauft werden. Dabei hätte der Opel-Deal die Bedeutung eines großen strategischen Projektes in den deutsch-russischen Beziehungen, ähnlich dem Erdgas-Röhren-Geschäft, erlangen können. Anstelle von Opel fand

Putin für den größten Transport- und Bushersteller Gas später andere strategische Partner: Daimler, VW und General Motors.

Strategische Partnerschaft in Aktion?

Im April 2010, kurz vor Ostern, stürzte die Maschine des polnischen Präsidenten Lech Kaczinski mit mehr als 100 nationalen Würdenträgern an Bord im dichten Nebel beim Landeanflug auf den Flughafen von Smolensk ab. Die polnische Delegation befand sich auf dem Weg nach Katyn, wo sie den 70. Jahrestag der Ermordung von 20.000 polnischen Offizieren durch den stalinistischen Geheimdienst begehen wollte. Die russische Führung begriff sofort das gesamte Ausmaß der polnischen Tragödie.

Katyn war in den letzten Jahren zum Inbegriff der russisch-polnischen Feindseligkeiten geworden. Ein falsches Wort, eine falsche Geste – und das sowieso schon zerrüttete Verhältnis der beiden Staaten wäre für immer zerstört. Putin erschien sofort am Unglücksort, kniete neben dem polnischen Amtskollegen Donald Tusk nieder und bekreuzigte sich in Gedenken an die Verunglückten. Russland zeigte bemerkenswertes Fingerspitzengefühl, Trauer und ehrliche Anteilnahme an der tiefen Trauer der polnischen Nation. Viele Polen waren erstaunt angesichts der Solidarität der Russen und zollten Respekt. Die äußerst negativen Ressentiments gegenüber Russland verschwanden, nachdem Medwedew die letzten verschlossenen Staatsarchive über das Massaker von Katyn öffnen ließ. Die russische Öffentlichkeit, zuvor über Katyn von den eigenen Medien einseitig informiert, erfuhr nun die ganze Wahrheit über den Massenmord Stalins. Die Tragödie von Smolensk beendete den offenen Streit zwischen Warschau und Moskau auf europäischer Bühne und ebnete den Weg für die langersehnte Versöhnung.

Ganz Europa staunte über die positive Kehrtwende. Polen verwandelte sich von einem Tag auf den anderen vom glühenden Verfechter einer Eindämmungspolitik gegenüber Russland zum Befürworter einer Anbindung Russlands an Europa. Der neugewählte polnische Präsident Bronislaw Komorowski schlug vor, Moskau in das Weimarer Dreieck, eine deutsch-französisch-polnische Führungsgruppe für europäische Sicherheitsfragen, einzuladen. Polen hatte auch gegen eine Neuauflage der deutsch-französisch-russischen Trojka, die sich nach fünf Jahren 2010 in Deauville traf, nichts einzuwenden. Außenminister Sikorski sagte in Warschau, Polen werde aus der deutschen Russlandpolitik Lehren ziehen. Bis zu diesem Zeitpunkt galt Polen als Kritiker deutscher Russlandpolitik.

Bundeskanzlerin Merkel genoss es förmlich, mit dem russischen Präsidenten an der Seite die Bühne des Petersburger Dialogs zu betreten. Medwedew war kein Putin, er teilte keine Seitenhiebe an die Deutschen aus. Möge den deutsch-russischen Beziehungen Medwedew noch lange erhalten bleiben, schien man Merkels Gesichtsausdruck ablesen zu können. Neben ihr wirkte der junge Kremlchef natürlich, sympathisch, vor allem modern. Kein Zweifel, er verkörperte die Zukunft des immer weltoffener werdenden Russlands. Berlin setze sich als ehrlicher Makler bei der Einbindung Russlands in die europäische Sicherheitsarchitektur wieder in Szene. Merkel ging offensiv auf Medwedew zu, auch mit dem Hintergedanken, ihn gegenüber Putin zu stärken. Zwei Jahre waren seit dem Berliner Aufruf Medwedews für eine neue euroatlantische Sicherheitsarchitektur vergangen und die Kanzlerin entschied, Russland beim Wort zu nehmen.

Wenn man den Kaukasus außen vor lässt, ist der seit 20 Jahren eingefrorene Transnistrien-Konflikt das größte ungelöste Territorialproblem auf europäischem Boden. Der Fluss Dnestr trennt das östlich gelegene Transnistrien, das früher Teil der Ukraine war, vom westlichen Hauptteil Moldawiens – der früheren rumänischen Provinz Bessarabien. Transnistrien, mehrheitlich von Ukrainern und Russen bewohnt, hatte sich nach der Auflösung der Sowjetunion von Moldawien abgespalten. Russland entsandte eine Friedenstruppe, die, gegen den Willen der internationalen Gemeinschaft, bis heute dort stationiert ist. Moldawien gilt als EU-Beitrittskandidat, doch das Land muss zunächst seinen Territorialstreit lösen. Die Konfliktlösung ist kompliziert, denn die moldawische Zentralmacht liebäugelt mit einer Wiedervereinigung mit Rumänien. Bukarest verteilt freigiebig rumänische Pässe an die Bewohner Moldawiens. Transnistrien, das nicht unter Rumäniens Kontrolle fallen will, klammert sich an die Schutzmacht Russland.

Bei einem Arbeitstreffen auf Schloss Meseberg, 70 Kilometer von Berlin entfernt, schlug Merkel Medwedew die Schaffung eines außen- und sicherheitspolitischen EU-Russland-Komitees vor. Dies war ein mutiger Vorschlag der Kanzlerin, weil er mit den europäischen Verbündeten nicht abgesprochen war. Deutschland konnte leicht in Verdacht geraten, hinter dem Rücken der Mittelosteuropäer mit den Russen Geheimdiplomatie zu betreiben. Merkel eröffnete Russland die Chance, im Rahmen des neu aufgestellten Komitees einen Weg zur gemeinsamen europäischen Sicherheitsordnung zu suchen. Sie unterbreitete der russischen Seite gleich einen konkreten Vorschlag zur inhaltlichen Gestaltung des Sicherheitsdialogs. Zum Testfall der Kooperation sollte die vor den Toren der Europäischen Union liegende Separatistenrepublik Transnistrien werden. Deutschland machte damit den zweiten Vorschlag einer territorialen Friedenslösung für postsowjetische Konflikte. Außenminister Steinmeier hatte einen Monat vor dem Georgien-Krieg 2008 eine ähnliche europäische Vermittlungsinitiative für Abchasien gestartet. Ohne Erfolg.

Im Auswärtigen Amt hieß es, der Transnistrien-Konflikt wäre leichter zu lösen als andere eingefrorene Konflikte im postsowjetischen Raum. Sollte Russland seine Militärpräsenz in Moldawien beenden, wären die Voraussetzungen für den so wichtigen KSE-Vertrag wieder erfüllt. Der Westen würde dann neutrale Friedenstruppen vor Ort stationieren, um einen Militärkonflikt wie den in Süd-Ossetien auszuschließen. Doch Russland weigerte sich, seine Truppen abzuziehen. Wenn NATO-Friedenstruppen Russlands Platz in Moldawien einnehmen würden, hätte Moskau seine Rolle als Ordnungsmacht in der Region verloren. Für Moskaus Geopolitiker inakzeptabel. Nach Ansicht des russischen Außenministers Sergej Lawrow sollte sich Transnistrien im Falle einer rumänisch-moldawischen Wiedervereinigung der Ukraine anschließen.

Gleichzeitig verstanden russische Politiker sehr wohl, dass für Deutschland und die EU im »gemeinsamen Nachbarschaftsraum« der Schlüssel zur Sicherheitsarchitektur lag. Die Europäer wollten jede theoretische Möglichkeit einer Wiederkehr des russischen Imperiums ausschließen. Russland ärgerte sich darüber, durfte sich jedoch kein Scheitern von Meseberg leisten, denn dann wäre der gerade begonnene Dialog über die gemeinsame euroatlantische Architektur sofort wieder beendet gewesen.

Im November 2010 reiste Putin als Ehrengast zum Wirtschaftsforum der *Süddeutschen Zeitung* nach Berlin und schlug dort die Schaffung einer Freihandelszone zwischen der EU und Russland vor. Es war schon das dritte Mal, nach seiner Reichstagsrede 2001 und seinem Auftritt auf der Münchner Sicherheitskonferenz 2007, dass Putin von deutschem Boden aus neue politische Offerten an den Westen machte. Klar – Deutschland war und blieb Russlands bevorzugter Partner. Putin fasste seinen Vorschlag folgendermaßen zusammen: Die EU wäre im Prozess einer unumkehrbaren De-Industrialisierung, praktisch auf dem Weg zu einer reinen Dienstleistungsgesellschaft ohne Produktionsstätten. Russland dagegen würde gerade seine Industriebasis modernisieren und sei auf technologische Zusammenarbeit mit dem Westen angewiesen. Russland wolle eine zweite Industriebasis Europas werden, dafür benötige es aber für seine Produkte den freien Zugang zum EU-Markt. Dies sei im Rahmen einer Freihandelszone zu bewerkstelligen. Merkel reagierte erstaunlich unwirsch auf Putins Vorschlag und mahnte zunächst den Beitritt Russlands zur WTO an. Ohne Rechtssicherheit und ein gemeinsames Wertefundament seien Verhandlungen über das Binnenmarktangebot Phantasie. Merkel lud Putin zwar anschließend ins Kanzleramt zu einem ausgedehnten Abendessen ein, doch die russische Elite empörte sich über die schroffe öffentliche Abfuhr. Man fragte sich, ob Putin in Deutschland ein Glaubwürdigkeitsproblem hatte.

Putin interessierte sich später bei Mangold ausführlich dafür, welche praktischen Vorteile sich deutsche Firmen auf dem russischen Markt im Falle der Errichtung einer Freihandelszone versprechen könnten. Natürlich hätten diese von der

Marktöffnung stärker profitiert, denn, anders als Russland, verfügten sie über hochwertige wettbewerbsfähige Produkte, die von Einfuhrzöllen, lästigen Tarifen und Zertifikaten befreit worden wären. Russland schien zu großen Zugeständnissen bereit. Das Land benötigte zur eigenen Modernisierung dringend die technologische Zusammenarbeit mit dem fortschrittlichen Deutschland – um jeden Preis.

Zur selben Zeit startete Deutschland eine eigene Initiative in Richtung Russland. Bundespräsident Wulff und Außenminister Westerwelle reisten nach Russland, um für eine Rechtszusammenarbeit zu werben. Berlin versuchte die Modernisierungspartnerschaft mit griffigem Inhalt zu füllen. Natürlich sei klar, so Medwedew, dass dahinter wieder die Belehrung Russlands in Sachen Demokratie stehe. Aber die Initiative sei von der deutschen Diplomatie so klug verpackt worden, dass er sie unterstütze. Die Deutschen erklärten, alles müsse im Einvernehmen entwickelt werden. Fragen des Wirtschaftsrechts gerieten in den Vordergrund – verständlicherweise, denn es war im ureigensten deutschen Interesse, Russland im Kampf gegen die Korruption zu helfen.

In fast 30 Jahren Trennung von Ost- und Westeuropa durch die Berliner Mauer forderte der freie Westen lauthals deren Abriss. Den Menschen in Osteuropa sollten Freiheit und Freizügigkeit gewährt werden. Doch haargenau zum 50. Jahrestag des Baus der Berliner Mauer fing die EU an, an ihrer Ostgrenze Stacheldrahtzäune gegen unliebsame Migranten zu errichten. Amerikaner, Japaner, Israelis, Albaner, Bürger Lateinamerikas und Nordafrikas gelangen visafrei in die EU. Russen dagegen stehen vor den westlichen Botschaften nach Einreisepapieren Schlange und müssen sich demütigenden Prozeduren unterziehen.

Russland hat schon vor zehn Jahren seine Bereitschaft erklärt, Visa für EU-Bürger abzuschaffen. Deutschland wäre gut beraten, die Federführung bei der Abschaffung der Visapflicht für russische Bürger bei Einreise in die EU zu übernehmen. Natürlich müssen die technischen Voraussetzungen wie der generelle Besitz fälschungssicherer biometrischer Pässe, Vereinbarungen über die Rückführung illegaler Migranten sowie lästige Registrierungspraktiken geregelt werden. Danach würde eine beiderseitige Abschaffung der Visapraxis die letzten Mauern im Osten des Kontinents einreißen. Die Gesellschaften der EU-Länder und Russlands würden so eng miteinander verflochten wie noch nie in der Geschichte. Dies wäre der konstruktivste Beitrag, den der Westen zur Bildung einer russischen Zivilgesellschaft leisten könnte.

Während sich die EU eine Zusammenarbeit mit Russland nur auf der Basis einer Wertegemeinschaft vorstellen kann, haben Deutschland und Russland in der Vergangenheit auch jenseits einer werteorientierten Politik erfolgreich kooperiert. Doch innerhalb der EU braucht Berlin für seine Russland-Realpolitik mehr Vertrauen von den EU-Ländern, die aus ihrer historischen Erfahrung mit einem russischen Feindbild vorbelastet sind.

4 WER REGIERT RUSSLAND?

Was steckt hinter dem Smolny-Netzwerk?

Ausgangspunkt für das Verständnis der gegenwärtigen Herrschaft in Russland ist Smolny – einer der symbolträchtigsten Orte der russischen Geschichte. Der kirchliche Gebäudekomplex war im 19. Jahrhundert als Kloster konzipiert worden. Stattdessen wurde dort ein Internat für adlige Mädchen eingerichtet. Historische Bedeutung erlangte Smolny als Sitz der bolschewistischen Regierung nach der Oktoberrevolution 1917. Hier befand sich Lenins Stabquartier, wo der Revolutionär, aus Deutschland nach Russland eingeschleust, vor bald 100 Jahren die Machtergreifung vorbereitete. Nach dem Regierungsumzug nach Moskau wurde Smolny zum Sitz der örtlichen Kommunistischen Partei. Die ausländischen Besucher werden gerne in den linken Teil des Gebäudes geführt. Über eine Treppe gelangen sie in das spartanisch eingerichtete Arbeitszimmer von Lenin, das als Museum dient. Wenige der Besucher wissen, dass 75 Jahre nach Lenin im rechten Gebäudetrakt ebenfalls russische Geschichte geschrieben wurde. Nach dem Zusammenbruch des Kommunismus wurde Smolny Sitz der Sankt Petersburger Stadtregierung. Von 1990 bis 1996 arbeiteten dort, entlang eines langen Flurs in nebeneinanderliegenden Büroräumen eine Gruppe unscheinbar wirkender Männer mit farblosen Biographien, die kurze Zeit später Russland verändern sollten. Russland nahm kaum Notiz von diesen Stadtbeamten des Komitees für Außenwirtschaftsbeziehungen und dessen Chef Putin. Unbekannt waren auch die Namen seiner Mitarbeiter. Warum auch – wer konnte zu diesem Zeitpunkt erahnen, dass sich im Außenwirtschaftskomitee der Personenkreis organisierte, der zehn Jahre später die gesamte Macht im russischen Staat an sich reißen würde.

Die Biographien der Mitglieder des Smolny-Netzwerks ähnelten einander. Wladimir Putin war die Spinne im Netz. Er studierte in den Siebzigerjahren an der Rechtsfakultät der Leningrader Staatsuniversität. Anatoli Sobtschak war einer seiner Dozenten. Nach dem Studium ging Putin zum KGB, wurde zum Agenten der Auslandsaufklärung ausgebildet und 1985 für fünf Jahre in die DDR entsandt, wo er Zeuge des Zerfalls des kommunistischen Regimes wurde. Ohne die deutsche Wiedervereinigung abzuwarten, kehrte Putin in die Heimat zurück – doch auch dort kollabierte das System, der Staat und mit ihm der Geheimdienst. Putins Karriere schien am Ende, bis ihn sein ehemaliger Professor Sobtschak, gerade zum Oberbürgermeister gewählt, zum Außenhandelschef seiner Stadtregierung bestellte. Die UdSSR zerfiel, die alte Parteielite wurde vertrieben. Ein bunt zusammengewürfelter Haufen von Menschenrechtsaktivisten, kommunistischen Wendehälsen und politikunerfahrenen Intellektuellen saß plötzlich im Stadtparlament und versuchte Sobtschaks Regierung im Sinne der neuen Gewaltenteilung – Russland war ja eine Demokratie geworden – zu kontrollieren. Putin fühlte sich in ihrem Kreis fremd, weil die Demokraten ihm als ehemaligen KGB-Agenten misstrauten. Im Außenwirtschaftskomitee herrschte Chaos. Infolge der nationalen Wirtschaftskatastrophe brachen das öffentliche Leben und die Versorgung der Stadt Sankt Petersburg allmählich zusammen. Die Moskauer Zentrale konnte nicht helfen, sie befand sich selbst im Überlebenskampf. Putin verkaufte damals wertvolle Rohstoffe nach Westen, vielmehr tauschte er sie gegen Lebensmittel. Diese am Rande der Legalität durchgeführten Geschäfte kosteten ihm später beinahe die Karriere. Korruptionsvorwürfe aus jener Zeit verfolgten ihn noch lange.

Putin verließ sich im Außenwirtschaftskomitee auf junge Profis – zum Beispiel auf den 25-jährigen aufstrebenden Juristen Dmitri Medwedew, der ihn in allen kniffligen Rechtsfragen beriet, sowie den 30-jährigen Igor Setschin, der in den Achtzigerjahren als Mitarbeiter der sowjetischen Agentur für Waffen- und Technologieexporte tätig gewesen war. Er hatte während der »Befreiungskriege« in Mosambik und Angola – die beiden letzten UdSSR-Klienten im Kalten Krieg in Afrika – die Länder mit Waffen beliefert. Mit seiner »speziellen« außenwirtschaftlichen Erfahrung und seinen Französisch- und Portugiesisch-Kenntnissen konnte Setschin dem deutschsprachigen Putin als wichtige Ergänzung dienen. Inoffiziellen Angaben zufolge war Setschin, wie Putin, noch während seines Studiums an der Leningrader Staatsuniversität vom Auslandsaufklärungsdienst angeworben worden. In den folgenden 20 Jahren sollte Setschin nicht mehr von Putins Seite weichen.

Nominell arbeitete die von Putin zusammengestellte Gruppe von Juristen und Volkswirten mit Beziehungen zu den Geheimdiensten für den Oberbürgermeister Sobtschak. Der populäre Rechtswissenschaftler galt, gleich nach Präsident Boris Jelzin, als treibende Kraft für demokratische Reformen im postkommunistischen Russland. Anders als Jelzin war Sobtschak kein politischer Zerstörer, kein lupenreiner Demokrat und kein Verfechter des Zerfalls der Sowjetunion. Jelzins Chefreformer Anatoli Tschubajs bezeichnete Russland einmal als »liberales Imperium«. Die Idee stammte von Sobtschak, einem durchtriebenen Machtmenschen, der zwar an ein liberales und freies Russland glaubte, seine Reformpolitik jedoch durch Einbindung alter Geheimdienststrukturen abzusichern suchte. Unter seiner Ägide wurde in Sankt Petersburg ein politisches System erschaffen, das sich zehn Jahre später auf das gesamte Land ausdehnte. Es bestand aus einer Symbiose von liberalen marktwirtschaftlichen Reformern, neuen kapitalistischen Unternehmern sowie Geheimdiensten und verknüpfte politische Macht mit Geld und Kontrolle über die strategischen Industriezweige.

Den Reformern oblag die Zerstörung des alten Sowjetsystems; sie mussten die Privatisierung des Staatseigentums in geordnete Bahnen lenken, die Regeln für das Funktionieren der Marktwirtschaft etablieren und nicht zuletzt westliche Investoren ins Land holen. Aus den Reformern rekrutierten sich die neuen Unternehmer und Banker, die zwischen Stadtregierung und Geschäftsstrukturen lavierten, dabei immer ihre politischen Netzwerke nutzend. Die dritte Gruppe im politischen Establishment des damaligen Sankt Petersburg waren aktive und ehemalige Geheimdienstoffiziere – entsorgte Spione mit nüchternem Realitätssinn und finanziellen Ambitionen. Letztere besaßen des Öfteren entsprechende Sprachkenntnisse und Auslandserfahrung, die andere Bewerber vermissen ließen. Sobtschak benötigte das funktionierende Netzwerk der Geheimdienste, um mit der gefährlichen Mafia fertig zu werden, die offene Machtansprüche stellte und die Transformation im Land ernsthaft bedrohte. Viele der Geheimdienstoffiziere, die zu jener Zeit über Putin Eintritt in die Stadtregierung erlangten, stiegen zu erfolgreichen Unternehmern im postsowjetischen Sankt Petersburg auf.

1996 verlor Sobtschak die Bürgermeisterwahlen, Putins Team wurde offiziell aufgelöst, doch das Smolny-Netzwerk blieb intakt. Fünf Jahre später saßen sie alle wieder vollzählig versammelt um ihren Chef herum – diesmal im Kreml. Medwedew und Setschin wurden stellvertretende Leiter der Präsidialadministration und übernahmen die Mandate von Aufsichtsratsvorsitzenden in den staatlichen Energiekonzernen Gasprom und Rosneft. Putins anderer Stellvertreter, Alexej Miller, verwaltete den lukrativen Handelshafen von Sankt Petersburg, bekam danach den Posten des Generaldirektors aller nordrussischen Ölpipelinesysteme und wurde schließlich Chef von Gasprom. So wie der schweigsame Miller bahnten sich zahlreiche andere Petersburger Manager den Weg an die Spitze der Staatskonzerne. Darunter waren auch unzählige Geheimdienstoffiziere, wie Wladimir Jakunin (Eisenbahn), Sergej Tschemesow (Rostechnologii) oder Viktor Iwanow (Diamanten), die Putin an die Moskwa folgten, die alten Oligarchen verjagten und ihre eigene Machtpyramide errichteten. Putin erklärte den Jelzin-Oligarchen nach seiner Machtübernahme, dass sie sich aus der künftigen Politik herauszuhalten hatten, falls sie ihre Finanzimperien behalten wollten.

Der Oligarch Wladimir Gusinski kam als erster hinter Schloss und Riegel, sein Medienimperium wurde ihm von Gasprom abgenommen. Boris Beresowski flüchtete, nicht ohne seine Firmen an den Jungoligarchen Roman Abramowitsch abzugeben. Dieser veräußerte sie an Gasprom, ganz wie es der Kreml befahl. Das Smolny-Netzwerk etablierte sich in Moskau mit rasender Geschwindigkeit, seine Mitglieder wurden immer mächtiger und vor allem immer reicher.

Die Transformation unter Putin unterschied sich von ihrer Terminologie her von der in der Jelzin-Ära. Begriffe wie Reformen, Demokratie, Meinungsfreiheit, die durch die Ereignisse der Neunzigerjahre in den Augen der Bevölkerung kompromittiert schienen, ersetzte die Putin-Mannschaft durch »Modernisierung«, »Stabilität«, »nationaler Konsens«. Für Putins Lehrmeister Sobtschak, der kurz vor der Machtübernahme Putins an Herzversagen starb, war das »gelenkte System« kein Selbstzweck, sondern ein notwendiges Zwischenstadium für den späteren geordneten Übergang zur Demokratie und dem »liberalen Imperium«.

Welchen Deal schlossen Putin und Medwedew?

Medwedew lernte seinen Mentor Putin 1990 an der Sankt Petersburger Staatsuniversität kennen. Medwedew studierte Rechtswissenschaften an der gleichen Fakultät, wo Putin anderthalb Jahrzehnte zuvor abgeschlossen hatte. Putin machte ihn zu seinem persönlichen Referenten im Außenwirtschaftskomitee der Stadtregierung von Sankt Petersburg. Hauptberuflich arbeitete Medwedew in seinem eigens gegründeten Holzverarbeitungsunternehmen. Sein erstes offizielles politisches Amt bekleidete Medwedew erst im November 1999 – in Moskau, wo er nach dem plötzlichen Aufstieg Putins zum Premierminister dessen stellvertretender Kanzleichef und, nach Putins Aufstieg zum Präsidenten, stellvertretender Leiter, danach Leiter der Kremlregierung wurde, bevor er über das Sprungbrett des Ersten Vize-Regierungschefs ins Präsidentenamt gelangte. Er hatte niemals ein Ministerium oder eine Region geleitet, seine Qualifikation für das oberste Staatsamt basierte ausschließlich auf dem langen persönlichen Treuedienst für Putin. Eine solche Karriere war unüblich, doch sie wies Parallelen zum Werdegang Putins unter Jelzin auf.

Dreieinhalb Jahre erlebte das russische Fernsehpublikum jeden Abend dasselbe Ritual. Der Präsident und der Premierminister überboten sich im Eifer des Regierens. Der Präsident schwang den Dirigentenstab in seinem Kremlbüro. Tagtäglich instruierte er seine Minister. Der Premier fuhr kreuz und quer durch das Reich und demonstrierte Volksnähe. Der Premier präsentierte sich als über alle relevanten Themen informiert, interessiert, dazu sportlich und draufgängerisch, wenn es um die Durchsetzung staatlicher Interessen ging. Der Präsident pflegte dagegen eher das Image des gewissenhaften Staatsmannes, der vorrangig um die Einhaltung der Gesetze besorgt war. Die in solchen politischen Ränkespielchen geübten Regisseure achteten peinlichst genau darauf, dass die jeweiligen TV-Berichte keinen von beiden bevorteilten. Das Fernsehen zeigte kaum Berichte von Sitzungen, in denen der Premier dem Präsidenten gegenüber eine untergeordnete Rolle einnahm. Der Premier erstattete dem Präsidenten keinen öffentlichen Bericht, nur ganz am Anfang wurde eine Zusammenkunft der beiden im Kreml gezeigt, bei der – alle staunten – der Premier auf seinem früheren Chefsessel Platz nahm, während der neue Präsident sich ihm gegenüber setzte – dorthin, wo ansonsten Untergebene zum Rapport bestellt werden. Gemeinsame Auftritte erlebten die Fernsehzuschauer auf der Skipiste in Sotschi, wo Putin seine sportliche Überlegenheit unter Beweis stellen konnte.

Die Frage, wer von beiden Russland tatsächlich regiert, beherrschte die Medien ständig. Formal wurde Russland von Medwedew regiert. In Wirklichkeit aber lenkte Putin die Geschicke des Landes. Zumindest war er der Schiedsrichter zwischen den mächtigen Gruppen. Doch alles, was Putin sagte, geriet sofort zum Leitfaden für die Politik des Landes. Seine Person ragte über allen Institutionen und ein ganzes 140-Millionenvolk befand sich unter der Suggestion eines einzelnen

Akteurs. Niemand kannte die Absprache, die 2007 zwischen Putin und Medwedew getroffen wurde. Die einen vermuteten, dass Medwedew fest versprechen musste, abzutreten, falls Putin das Zepter wieder in die Hand nehmen wollte. Ohne diese Versprechen hätte Putin Medwedews Kandidatur 2007 niemals unterstützt. Andere wiederum glauben, dass Putin sich der Bürde des Präsidialamtes für immer entledigt hätte und stattdessen das Land – wie einst der chinesische Reformer Deng Xiaoping – nur noch hinter den Kulissen regieren wollte. Wer Putin direkt fragte, bekam als Antwort zu hören, ihm sei der ganze Gipfelzirkus in der Weltpolitik zuwider, um die Außenpolitik solle sich Medwedew kümmern. Er, Putin, wolle sich nur auf das wirklich Wichtige konzentrieren – die Energiepolitik.

In Wirklichkeit mischte sich Putin jedoch in die gesamte russische Politik ein. Die Existenz des überdimensionalen Premiers konnte, falls diese Form von Doppelherrschaft weiter existierte, das konstitutionelle Amt des Präsidenten dauerhaft beschädigen. Weder Putin noch Medwedew strebten die Umwandlung Russlands von einer Präsidial- in eine Parlamentsrepublik an. Für Irritationen sorgte aber eine Verfassungsänderung, die Medwedew, kaum Präsident geworden, sogleich bei Parlament und Verfassungsgericht durchboxte. Danach sollte der Präsident künftig nicht für vier, sondern für sechs Jahre gewählt werden. Niemand zweifelte daran, dass die Initiative für die Änderung des Grundgesetzes von Putin kam. Medwedew hatte keine Autorität, einen solchen Schritt anzuordnen. Die Herrschaftselite verstand dies als Signal, dass Putin für 2012 seine Rückkehr plante, um dann zwei Amtsperioden hintereinander bis 2024 zu regieren. Auf diese Pläne angesprochen, entgegnete Putin halb im Ernst, halb im Spaß, er und Medwedew hätten die Machtfrage bis 2035 geregelt. Das Tandem würde ständig zwischen Präsidentenamt und Premierministerposten rotieren und vier volle Legislaturperioden regieren. 2035 wäre Putin 83, Medwedew 70.

Putin schien auf die 100-prozentige Loyalität Medwedews zu vertrauen. Eigentlich wäre Putin gerne noch ein drittes Mal Präsident geworden, doch die alte Verfassung verbot eine dritte Amtszeit in Folge. Freilich stand Putin eine Rückkehr in den Kreml nach einmaligem Aussetzen wieder offen. Er brauchte nur einen Lückenfüller für eine Legislaturperiode zu finden – und für diese Rolle fand er keinen geeigneteren als seinen langjährigen treuen Kanzleichef Medwedew. Doch der künftige Fahrplan musste genau abgesprochen werden. So verwunderte es nicht, dass Medwedew in seiner ersten Amtshandlung seinen Gönner zum Premierminister ernannte. Alle Personalfragen mussten zwischen Präsident und Premier abgesprochen werden. Nach der Verfassung waren dem Staatschef die Schlüsselressorts für Verteidigung, Inneres, Äußeres und Sicherheit unterstellt. Während der Präsidentschaft Putins erschienen diese Würdenträger jeden Samstag zum Rapport. Unter Medwedew fanden keine regelmäßigen Sitzungen dieses Gremiums statt. Der Eindruck entstand, dass diese »Gewaltminister« auch weiterhin Putin dienten. Medwedew saß im Kreml wie eingebunkert, ihn umringten Putintreue Kreaturen, vornehmlich aus den Geheimdiensten.

Drei Jahre lang vermochte es Medwedew nicht, einen seiner eigenen Vertrauensmänner an die Schaltstellen der Macht zu setzen. Dagegen stützte sich Putin in der Kaderpolitik auf die Partei Einheitliches Russland, der er persönlich vorstand. Medwedew zeigte keine Sympathien für Einheitliches Russland und bezichtigte sie sogar des unlauteren Wettbewerbs bei Regionalwahlen. Er kritisierte das Monopol der Partei und äußerte die Hoffnung auf das Entstehen einer politischen Alternative. Kein Wunder, dass die Partei der Macht nur zu Putin emporblickte und Medwedew ignorierte. Doch Einheitliches Russland war stark, die Partei besaß eine absolute Mehrheit in der Staatsduma und in fast allen regionalen Parlamenten. Medwedew konnte zwar einige alteingesessene Gouverneure entlassen, doch deren Nachfolger wurden wiederum aus dem Pool von Einheitliches Russland rekrutiert. Theoretisch oblag der Kremlpartei auch die Aufgabe, die Kandidatenkür für die nächste Präsidentschaftswahl vorzunehmen. Auf die Partei durfte sich Putin verlassen. Sie würde ihn ohne zu Zögern unterstützen, falls er wieder in die Kremlgemächer einziehen wollte.

Doch zur großen Überraschung vieler Beobachter entwickelte Putins Zögling Medwedew als Präsident ein eigenes

Programm, das sich von den Ideen Putins unterschied. Medwedew besaß, anders als die Geheimdienstler um Putin herum, eine liberale Gesinnung. Das war schon zuvor aufgefallen. Medwedew hatte als einziger Spitzenpolitiker im Kreml 2002 die Verhaftung Chodorkowskis kritisiert. Anfang 2007, ein Jahr bevor er Präsident wurde, sprach er auf dem Weltwirtschaftsforum in Davos von der Notwendigkeit einer Integration Russlands in die Weltwirtschaft und erteilte der Politik des Protektionismus in seinem Land eine Absage. Das war mutig, denn er widersprach damit dem damals in Russland vorherrschenden Zeitgeist. Putin hatte seinen Kanzleichef nach diesem internationalen Auftritt heftig gerügt und Zweifel an Medwedews Eignung zum Präsidenten erhoben. Warum wählte er ihn dann trotzdem? Putin musste klar sein, dass Medwedew als Präsident der russischen Politik einen liberalen Anstrich geben würde. Manche Beobachter schlossen nicht aus, dass Medwedews Ernennung mit sorgfältigem Blick auf den Westen erfolgte. Russland musste sich, ob es wollte oder nicht, wirtschaftlich modernisieren, und benötigte dazu den technisch höher entwickelten Westen. Ähnlichen Überlegungen folgten übrigens 25 Jahre zuvor die Politbüro-Greise in der UdSSR, als sie den Jüngsten aus ihrer Riege, den 50-jährigen Gorbatschow, an die Parteispitze beorderten. Gorbatschow sollte als Sympathieträger gegenüber dem Westen punkten. Medwedew würde eine ähnliche Rolle spielen.

Doch wie gedemütigt musste sich Medwedew vorkommen, als ihm Putin vom ersten Tag an den Handlungsspielraum eingrenzte. Einem Journalisten vertraute Putin an, wie sehr ihn die zweitrangige Stellung des Premiers nervte. Nichts gefiel ihm – die Qualifikation seiner Mitarbeiter, das Niveau seiner Gesprächspartner, die Reichweite seiner Entscheidungen. So versuchte er, ganz in der Art eines Alpha-Rüden (vergleiche WikiLeaks), Medwedew zu dominieren. Als der frischgebackene Präsident Medwedew nach Frankreich fahren wollte, um mit der französischen EU-Präsidentschaft zu verhandeln, stieß ihn der untergeordnete Premier einfach beiseite und erschien selbst in Paris. Ausländische Politiker wie Barack Obama versuchten Medwedew gegen Putin zu unterstützen, doch der Schuss ging nach hinten los. Ihnen wurde erklärt, dass künftig ein Besuch bei Putin für jeden Staatsgast obligatorisch war. Nicht von ungefähr stufte das US-Magazin *Forbes* in seiner Liste der mächtigsten Politiker der Welt Putin unter den ersten fünf ein. Medwedew kam nur auf Platz zwölf.

Drei Jahre lang wurde Medwedew auch in der eigenen Elite und Bevölkerung nur als Putins Double wahrgenommen. Man hörte ihm zu, weil Putin mit dem Zeigefinger auf ihn gedeutet hatte. An Medwedews Stelle hätte sich jeder andere Politiker befinden können, entscheidend war allein Putins Autorität. Der Präsident unter Putin schien austauschbar. Doch Medwedew kämpfte sich langsam nach oben. Minister und Abgeordnete, die es sich zur Gewohnheit machten, während der Ansprache des Präsidenten miteinander zu tuscheln und nicht zuzuhören, rügte er. Nach zwei Jahren beschwerte sich Medwedew auf einer Regierungssitzung, dass seine Anordnungen zu 80 % ignoriert würden. Medwedew wusste, wo sich das Haupthindernis befand – in den Chefetagen der Staatskonzerne, wo sich Putins Geheimdienstoffiziere erfolgreich eingenistet hatten. Medwedew verlangte die Umwandlung der Staatsmonopole in moderne Aktiengesellschaften, setzte sogar Fristen. Doch nichts geschah. Die Bürokratie widersetzte sich arrogant den Befehlen des Staatschefs, weil Putin anderer Meinung war.

Putins Waffen waren die staatlichen Fernsehkanäle. Über diese hatte er eine größere Kontrolle als der neue Kremlchef. Medwedew musste, um seine Botschaften an die Öffentlichkeit zu bringen, auf das Internet ausweichen. So kommunizierte er mit seinen Wählern über Blogs.

Passen zwei Zaren auf einen Thron?

2009 veröffentlichte Medwedew im Internet einen revolutionären Artikel mit dem Titel »Russland vor«. Dort setzte er sich kritisch mit dem maroden Wirtschaftssystem und den Demokratiedefiziten in seinem Heimatland auseinander. Putin hielt nichts vom Internet. Seiner Meinung nach waren die meisten Internetveröffentlichungen »reine Pornographie«.

Weil er die operative Arbeit der Regierung nicht in die gewünschte Richtung lenken konnte, konzentrierte sich Medwedew auf die Verbesserung der Rechtsstaatlichkeit. Er rief zur rigorosen Bekämpfung von Rechtsnihilismus und Korruption auf. Auf diesem gefährlichen Feld war ein Zusammenstoß mit Putin unvermeidbar. Als Putin sich öffentlich für eine harte Bestrafung Chodorkowskis aussprach, kritisierte ihn Medwedew scharf: Kein noch so hochstehender Staatsbeamter hätte das Recht, sich in ein laufendes Verfahren einzumischen. Heftig wandte sich Medwedew gegen die praktizierte Telefonjustiz. Das zweite Gerichtsverfahren gegen Chodorkowski demonstrierte in abstruser Weise, wie unabhängige Gerichte durch Telefonate mit ihren Vorgesetzten zur willkürlichen Rechtsprechung gezwungen werden.

Medwedew wollte Chodorkowski so rasch wie möglich begnadigen, denn er sah, wie die skandalöse Handhabung der Jukos-Affäre durch ein »gelenktes« Gericht dem Image seines Landes abträglich war. Im Gericht verteidigten sogar einige reformorientierte Minister Chodorkowski aktiv, doch der Richter bestrafte den Oligarchen so hart, wie es die Staatsanwaltschaft forderte. Offensichtlich wollten diejenigen Politiker, die Chodorkowski zur Strecke gebracht hatten, zunächst ein klares Schuldbekenntnis vom Verurteilten, erst danach könnte eine Amnestie erfolgen. Sie wollten Chodorkowski politisch zerstören, damit er sie später nicht mehr in der Rolle eines Oppositionsführers herausfordern konnte. Das überharte Vorgehen gegen Chodorkowski beinhaltete aber gleichzeitig eine Warnung an alle anderen Oligarchen, sich aus der Politik herauszuhalten.

Medwedew konnte das bestehende Putin-System, an dessen Erschaffung er als Chef der Kremlregierung regen Anteil gehabt hatte, nicht ernsthaft infrage stellen. Aber er legte gegen zahlreiche Gesetze, die von Hardlinern in der Duma immer wieder aufs Neue für den Ausbau des autoritären Systems entworfen wurden, sein Veto ein. Gesetze zur Stärkung der Geheimdienste und zur schärferen Kontrolle von Nichtregierungsorganisationen ließ er von der Legislative überarbeiten. Er ließ auch ein Gesetz zur Einschränkung der Versammlungsfreiheit neu schreiben. Medwedew sympathisierte auf seine Art mit den liberalen Oppositionsparteien. Während Putin die Liberalen mit Vorliebe als Schmarotzer und Diebe titulierte und ihnen jegliches Recht auf Proteste absprach, setzte Medwedew durch, dass sie – auch wenn nicht im Parlament vertreten – ein jährliches Rederecht vor der Abgeordnetenversammlung erhielten. Medwedew kritisierte öffentlich das von Putin geschaffene System der gelenkten Demokratie. Putins Liebäugeln mit dem chinesischen Modell erteilte er eine Absage. Während die Partei Einheitliches Russland sich den für seine Ordnungspolitik berüchtigten Zaren Alexander III. zum Vorbild nahm, pries Medwedew aus Anlass des 150. Jahrestages der Abschaffung der Leibeigenschaft den »Befreier-Zaren« Alexander II. als Verfechter der Freiheit.

Gegen Mitte seiner Präsidentschaft fing Medwedew an, sich gegen das Patronatsgehabe seines Mentors zur Wehr zu setzen. In einem Interview erinnerte er an die Warnung Putins, das Präsidentenamt würde jeden Charakter verändern. Medwedew habe das anfangs nicht geglaubt, doch die Realität gebe Putin recht. Putin war seinerseits nie verlegen, Medwedew auf seine untergeordnete Rolle hinzuweisen. Gegenüber einer französischen Zeitung äußerte er sich folgendermaßen: »Falls ich in dringenden Fällen den Präsidenten anrufen muss, nehme ich den Hörer ab und sage: Dima, ich muss mit dir reden! Sollte er ein ähnliches Bedürfnis verspüren, so ruft er mich an und sagt: Ich möchte mit Ihnen sprechen.« Die Rangfolge war klar, Medwedew siezte seinen Gönner, während Putin den Präsidenten duzte.

Jedes Mal, wenn Putin das Gefühl beschlich, dass Medwedew sich zu weit von ihm emanzipierte, fand er Wege, ihn einzufangen. Sofort bremste er jeden Eifer, mit dem sich Medwedew dem Westen näherte. Als der Präsident in schwierigen Verhandlungen die letzten Hürden zur Mitgliedschaft in der WTO überwand und die Bereitschaft zeigte, künftig auf protektionistische Maßnahmen zu verzichten, ließ Putin per Regierungsbeschluss die Einfuhrzölle auf ausländische Automobile erhöhen. Putin erklärte, Russland würde nur »im Paket« mit Belarus und Kasachstan der WTO beitreten. Einen ratlosen stellvertretenden Wirtschaftsminister, der an einem Tag zwei unterschiedliche Handlungsanweisungen aus dem

Kreml und aus der Regierungszentrale erhielt, wies Putin an, die Befehle des Regierungschefs zu befolgen. Kein Wunder, dass der Westen, der diesen Machtkampf in Russland mit großer Sorge verfolgte, Putins Haltung als eine Absage an eine Integration in die Weltwirtschaft interpretierte.

Zum ersten großen Streit zwischen Medwedew und Putin kam es bei der Frage um die Rodung eines Waldstückes nördlich von Moskau, das für den Bau einer Autobahn notwendig war. Putin argumentierte, das Land brauche eine Autobahn zwischen Moskau und Sankt Petersburg. Naturschützer liefen gegen die Abholzung Sturm, die Protestbewegung wuchs und wurde immer lauter. Schließlich erhielt sie Zulauf von der liberalen Opposition, die mit Plakaten »Putin weg!« demonstrierten. Medwedew stoppte die Verlegung der Trasse durch den Naturpark und ordnete eine neue ökologische Expertise an. Der Moskauer Oberbürgermeister Juri Luschkow, dessen Ehefrau über ihren Konzern am überwiegenden Teil der lokalen Bauarbeiten verdiente, nahm Medwedews Entscheidung nicht hin und appellierte an Putin, seinen ehemaligen Kanzleichef in die Schranken zu weisen. In aller Öffentlichkeit begann Luschkow Medwedew vorzuführen. Dem Präsidenten blieb keine andere Wahl seine Autorität zu retten, als den resistenten Bürgermeister aus dem Amt zu jagen. Putin war gegen einen personellen Kahlschlag; als Medwedew sich durchsetzte, kam ihm Putin bei der Nominierung des Nachfolgers für Luschkow zuvor und präsentierte mit seinem treuen Stabschef, Sergej Sobjanin, den neuen Oberbürgermeister.

Jetzt hatte Medwedew Blut geleckt. Luschkows Absetzung sollte nur der Beginn einer Strafaktion gegen unbeugsame höhere Beamte werden. Medwedew begann auch in anderen Gewaltministerien auszumisten. Er stellte eine Liste von 600 jüngeren Frauen und Männern zusammen, mit denen er die alten Kader ersetzen wollte. Der umfangreichste Personalwechsel gelang ihm im Justizministerium. Damit konnte er wenigstens die Dritte Gewalt im Staat reformieren. Als Nächstes war das Innenministerium auf seiner Liste. Dort wechselte Medwedew mehr als die Hälfte der Führung aus. Die in Verruf geratene Miliz wurde in Polizei umbenannt, die Strafen für Bestechung wurden drastisch erhöht. Nach dem Tod des Geschäftsmannes Sergej Magnitski in Untersuchungshaft setzte er hohe Beamte der nationalen Strafvollzugsbehörde kurzerhand auf die Straße. Schließlich wollte er sich der Spitze des Eisbergs der Korruption annehmen und die Ställe der als unantastbar geltenden Staatskonzerne säubern. Doch Putin hielt seine schützende Hand über sie. Medwedew musste einen Umweg einschlagen, indem er von den Regierungsbeamten zunächst einmal verlangte, dass sie ihren Privatbesitz offenlegten. Diese taten es und es kam heraus, dass Medwedew mit umgerechnet 75.000 Euro pro Jahr weniger verdiente als Putin, der umgerechnet 125.000 Euro einstrich. Putin gefielen diese Säuberungsaktionen überhaupt nicht und er kritisierte Medwedew: Macht solle nicht durch Ernennungen und Entlassungen demonstriert werden. Oftmals wären die Nachfolger ungeeigneter als die Geschassten.

Medwedew waren die Hände gebunden. Er verfügte in Wirklichkeit kaum über effektive Machtsteuerungsinstrumente. Putin kontrollierte die Medien, das Personal und zu allem Überfluss auch noch die Staatsfinanzen. Er langte mit beiden Händen in den mit Petro-Dollar prall gefüllten Reservefonds, verteilte Staatsgelder nach eigenem Gutdünken, rettete ohne Absprache mit Medwedew die gestrandeten Staatskonzerne und regierungsnahen Oligarchen aus der Finanzkrise. Mit jedem dieser Schritte wuchs die Staatskontrolle über die Wirtschaft. Medwedews Modernisierungsprojekt drohte zu scheitern. Putin gefiel sich in der Rolle des Sozialzaren. Mit einem Federstrich erhöhte er die Renten um 30 %, mit dem anderen finanzierte er den Wiederaufbau von in der Brandkatastrophe zerstörten Wohnsiedlungen. Mit der dritten Unterschrift rettete er einen gestrauchelten Fußballklub vor dem Bankrott. Mit drohendem Zeigefinger verpflichtete Putin die Energiebosse des Landes, die Benzinpreise zu senken, am selben Tag besuchte er unangekündigt einen Moskauer Supermarkt und veranlasste dort die sofortige Rücknahme unberechtigter Lebensmittelpreiserhöhungen. Im Stahlwerk von Pikalowo ließ Putin den reichsten Mann des Landes, Oleg Deripaska, vor sich strammstehen, bis er ihm einen Füllfederhalter zuwarf und befahl, die Weiterbeschäftigung des Fabrikpersonals mit seiner Unterschrift zu garantieren.

Im kleinen Kreis erzählte Putin, wie er bei seiner plötzlichen Inspektionsreise nach Kamtschatka von einer aufgebrachten Menschenmenge auf den erbärmlichen Zustand ihrer Wohnungen aufmerksam gemacht wurde. Daraufhin sei er sofort in das Armenviertel geeilt und habe die notwendigen Anweisungen gegeben, die Wohnungen zu renovieren. Als Putin den verantwortlichen Bürgermeister zur Rechenschaft ziehen wollte, sei dieser panikartig aus dem Fenster gesprungen. Während eines anderen Besuchs im Krankenhaus von Jekaterinburg wurden als Vorsichtsmaßnahme alle Kranken weggeschafft und stattdessen Ärzte und Sanitäter in die Betten gelegt. Putin merkte den Schwindel nicht. Was er merkte war, dass er seine Kompetenzen überstieg, doch das Land steckte in der Finanzkrise und er ließ es sich nicht nehmen, den Volkshelden zu spielen. Natürlich sicherte er sich damit die notwendige Unterstützung in der Bevölkerung.

Im Fernsehen wurde Putin zum täglichen Star. Er zeigte sich von immer neuen Seiten. Mal berief er eine Konferenz zum Schutz des Tigers mit viel Prominenz aus Hollywood ein. In Sibirien betäubte er eigenhändig einen Tiger für eine medizinische Untersuchung. Zuvor jagte er einen Wal im Pazifik. Während der Waldbrände flog er als Kopilot ein Löschflugzeug. Auf einer Benefizveranstaltung sang er einen englischen Schlager und klimperte auf dem Klavier. Medwedew bereiste ebenfalls Provinzen, besuchte Kirchen, Schulen, Sanatorien, Forschungslabore, Supermärkte, Apotheken, lobte, bestrafte korrupte und unfähige Beamte, Fabrikmanager, Ladenbesitzer. Doch Putin war Medwedew immer eine Nasenlänge voraus. Nachdem Putin die Ölfirmen zur Senkung der Benzinpreise verpflichtet hatte, befahl Medwedew seinerseits den Stromlieferanten, die Tarife zu senken. Auf Anraten seiner Frau kümmerte sich der Präsident besonders um Kinder. Den Problemen der jüngsten Generation widmete er sogar eine ganze Rede zur Nation. Doch sein Lieblingsfeld wurde die Außenpolitik. Hier konnte er gegenüber Putin punkten, denn die Staatsoberhäupter trafen sich zuerst mit ihm.

Wer gewinnt – Geheimdienste oder Reformer?

Medwedew reiste mehr ins Ausland als alle russischen Staatschefs vor ihm. Neben seiner obligatorischen Teilnahme an internationalen Gipfeltreffen repräsentierte er sein Land in den exotischsten Ecken der Erde, eröffnete russische Kulturtage, inspizierte das Silicon Valley und verärgerte die Japaner mit seiner Landung auf den felsigen Kurilen-Inseln, die Tokio beansprucht. Er reiste viel nach China und Deutschland, nach Lateinamerika, Afrika und in die arabischen Länder. Während der Georgien-Krise handelte er mit Nicolas Sarkozy, der 2008 die EU repräsentierte, geschickt einen Waffenstillstand aus, der keine Forderungen nach einer Rückgabe von Abchasien und Süd-Ossetien enthielt. Mit Obama unterzeichnete er in Prag feierlich den Start III-Vertrag. Wo er allerdings gegenüber Putin wieder den Kürzeren zog, waren die internationalen Sportveranstaltungen. Es war Putin, der nach der Winterolympiade 2014 in Sotschi nun auch die Fußballweltmeisterschaft 2018 nach Russland holte. Für die Russen waren dies die eigentlich ausschlaggebenden Erfolge der Diplomatie, die stolz machten.

2010 kamen die Risse innerhalb der Herrschaftselite offen zu Tage. Die verunsicherten Beamten vermochten die subtilen machtpolitischen Verstrickungen im System der Doppelherrschaft nicht mehr zu durchschauen. Russland wurde aus zwei gegensätzlichen Kommandozentralen befehligt. Einige Medwedew-Vertraute, frustriert über den ausgebliebenen eigenen Machtaufstieg, versuchten ihrem Chef den Rücken zu stärken. Igor Jürgens konstruierte an seinem Institut für Moderne Entwicklung (INSOR) für den Präsidenten ein liberales Regierungsprogramm nach dem anderen, in denen er die sofortige Übernahme europäischer Normen für die Wirtschaft empfahl. Weitere Elemente des Programms waren die Unabhängigkeit der Gerichte und ein demokratischer Umbau des politischen Systems. Das Kernstück der Modernisierung sollte eine Reform der Sicherheitsstrukturen und in der Außenpolitik ein Beitritt zur NATO werden. Medwedew, Schirmherr des

INSOR, sollte das ausgearbeitete Programm als eigene Wahlplattform übernehmen.

Eigentlich hätte Medwedew seinen Vertrauten Jürgens zum Vizepremier für Modernisierung befördern müssen, doch die Realität sah anders aus. Medwedew ließ sich auch von seinen eigenen Leuten nicht so richtig in die Karten blicken. Manche Liberale vermuteten sogar, der Reformeifer des Präsidenten habe nachgelassen. Vor allem Jürgens wählte immer wieder die Vorwärtsverteidigung und appellierte sogar direkt an Putin, Medwedew 2012 den Vortritt zu lassen. Eine Wiederkehr Putins sei für Russland ein Rückschritt in die Breschnew-Ära. Auch Medwedews Pressesprecherin, Natalja Timakowa, schlug in die gleiche Kerbe. Auf die Frage, warum die Modernisierungspolitik so langsam voranschreite, sagte sie, eine solch ambitionierte Agenda sei in nur einer Legislaturperiode nicht zu realisieren. Dem Putin-Team missfiel diese Aussage, sie wurde als Kampfansage interpretiert.

Nach Jahresbeginn 2011 musste die Entscheidung, wer von den beiden 2012 kandidieren würde, kommen. Die schicksalhafte Entwicklung nahm seinen Lauf. Zunächst kam US-Vizepräsident Joe Biden nach Moskau. Er überschüttete Medwedew mit Komplimenten und riet Putin in einem Vieraugengespräch von einer Präsidentschaft ab. Der Premier tobte. Danach folgte die Libyen-Krise. Medwedew wies das Außenministerium an, bei der UN-Resolution für den Militäreinsatz gegen Gaddafi im UN-Sicherheitsrat nicht dagegen zu stimmen. Damit unterstützte Russland, obwohl es sich der Stimme enthielt, den NATO-Krieg gegen den libyschen Diktator. Ein sichtlich aufgebrachter Putin nannte Russlands Haltung im UN-Sicherheitsrat einen Fehler und bezeichnete die NATO-Bombardements als Kreuzzug. Und siehe da – Medwedew rügte Putin in aller Öffentlichkeit dafür. Der Premier gab klein bei.

Je näher der Zeitpunkt der Präsidentschaftswahlen heranrückte, umso nervöser reagierte die Herrschaftselite. Zwei Stellvertreter Putins, Igor Schuwalow und Alexej Kudrin, griffen ins Kampfgeschehen ein. Kudrin forderte eine faire und freie Durchführung der nächsten Parlamentswahlen. Das war ein Wink mit dem Zaunpfahl an die Adresse von Einheitliches Russland. Während sich Kudrin offen auf die Seite Medwedews schlug, diffamierte Schuwalow die liberalen Medwedew-Berater als Provokateure. Medwedew selbst wurde aus dem nationalistischen Lager scharf angegriffen. Einer der Chefideologen der russischen Nationalisten, Alexander Dugin, appellierte an Putin, Medwedew zu entmachten, weil dieser die nationalen Interessen des Landes an den Westen verrate. Putin stehe für Russlands Wiederauferstehung, Medwedew für die Rolle eines westlichen Hilfssheriffs. Medwedew sei eine Karikatur aus den Neunzigerjahren, er hätte, anders als Putin, keine Legitimität im Volk, er solle auf seinem iPod spielen, aber bitte nicht im Kreml. Andere nationalistische Publikationen suchten in Medwedews Stammbaum nach jüdischen Wurzeln und verwiesen auf die Tatsache, dass Medwedews Cousin in die USA emigrierte.

Derweilen hatte der Westen die Lust an der russischen Tandempolitik verloren. Dort hatte man von Medwedew mehr erwartet. Die meisten westlichen Analytiker betrachteten ihn als eine Marionette Putins. Er sei einfach zu viel von dem schuldig geblieben, was er seinen Anhängern versprochen hatte. In welchem Stadium befand sich beispielsweise die von ihm betriebene Idee eines Mehrparteiensystems? Wo war die versprochene Aufklärung der vielen spektakulären Morde an Journalisten und Menschenrechtlern während seiner Präsidentschaft?

Die Soziologin Olga Kryschtanowskaja war sich sicher, dass sich Putin und Medwedew an Meinungsumfragen orientierten. Moskau traf Vorsorge, um auf mögliche Proteststimmungen reagieren zu können. Die Umfragedienste der Kremlregierung untersuchten ständig das Meinungsbild in der Bevölkerung bezüglich des Tandems. Ziel war es, die Stimmungslage für die Kandidaten des Präsidentschaftswahlkampfes auszukundschaften. Demnach konkurrieren Putin und Medwedew tatsächlich miteinander! Eigentlich hätte der Amtsinhaber selbst darüber befinden müssen, ob er erneut kandidieren wollte. Doch Putin machte deutlich, dass das erste Zugriffsrecht bei ihm lag. Medwedew wollte dies schließlich nicht akzeptieren.

Medwedew verhielt sich lange Zeit loyal bis zur Selbstaufgabe. Putin und Medwedew wussten beide, dass ein offenes

Zerwürfnis die existierenden Konflikte innerhalb der Herrschaftselite noch verschärfen würde. Doch die Konflikte in der Führung waren nicht mehr aufzuhalten, so sehr sich beide auch bemühten. Die Silowiki (Vertreter der Sicherheitsorgane) fühlten sich immer noch als die wahren Herren im Staat. Diese Gruppe wurde von Igor Setschin angeführt. Putins langjähriger Büroleiter galt als Drahtzieher der autoritären Regierungspolitik. Unbestritten ist, dass die Zerschlagung des Jukos-Konzerns unter der Federführung von Setschin geschah und er als Rosneft-Aufsichtsratschef am Aufkauf von Jukos-Unternehmensteilen profitierte. Er machte allen vor, wie der Staat sich auf dem Umweg über die Geheimdienste die in den Neunzigerjahren abhandengekommene Kontrolle über die strategischen Industriebereiche zurückholen konnte.

Das zweite Lager bestand aus Reformpolitikern wie Finanzminister Kudrin (der Putin Mitte der Neunzigerjahre einen Job in Moskau beschaffte, als dieser nach der Wahlniederlage Sobtschaks arbeitslos wurde), Justizminister Alexander Konowalow, Sberbank-Präsident German Gref sowie dem Präsidentenberater für Wirtschaftsfragen Arkadi Dworkowitsch. Letztere konnten wenig ausrichten, denn ihnen fehlten die nötigen Machtinstrumente. Die Konservativen verfügten mit der Partei Einheitliches Russland über die Hoheit im Parlament. Medwedew und Setschin bildeten die eigentlichen Gegenpole in der Politik. Beide Männer saßen im Petersburger Außenwirtschaftskomitee noch im selben Büro. Der Bruch zwischen beiden muss im Zuge der Zerschlagung von Jukos und der Rückkehr Russlands zum Staatsmonopolismus erfolgt sein. Der Krieg zwischen Medwedew und Setschin wurde vor allem über Personalintrigen geführt. Setschin versuchte 2007 eine Präsidentschaftskandidatur Medwedews durch Lancieren von kompromittierenden Materialien über dessen Reformmannschaft zu verhindern. Ein Stellvertreter des Reformministers Kudrin wurde verhaftet. Das Medwedew-Lager ließ im Gegenzug das Gerücht verbreiten, Setschin und seine Silowiki würden bei Privatunternehmen Schutzgelder erpressen. Es kam zu heftigen Auseinandersetzungen innerhalb der Geheimdienste. Putin wählte Medwedew zum Nachfolger, stärkte aber auch Setschin, indem er ihn zum Vizepremier machte.

Der Konflikt Setschin – Medwedew wiederholte sich 2011, dem Jahr der Weichenstellung für die Präsidentschaft, nach dem gleichen Schema. Diesmal versuchten Medwedews Leute, Setschin der »Telefonjustiz« in den Fällen Chodorkowski sowie des aus Russland vertriebenen Direktors von Hermitage-Capital, William Browder, zu überführen. Außerdem flog eine kriminelle Organisation führender Staatsanwälte auf, die illegale Spielcasinos unterhielt. Setschin suchte die Flucht nach vorne und verteidigte sich mittels Interviews in der westlichen Presse. Wenige Tage später kanzelte Medwedew Setschin in aller Öffentlichkeit ab, weil dieser den Anstieg der Strompreise im Land nicht verhinderte. Als der siegessichere Setschin seine Firma Rosneft in eine strategische Kooperation mit dem Ölmulti BP führen wollte, platzte plötzlich der Deal. BP besaß in Russland ein Gemeinschaftsunternehmen mit einigen mächtigen russischen Oligarchen – die TNK-BP. Dieser russische TNK-Vorstand sah in der BP-Allianz mit Rosneft seine Rechte verletzt, klagte vor dem internationalen Stockholmer Wirtschaftsgericht und gewann. Es war klar, dass die staatstreuen Oligarchen sich niemals gegen einen solch mächtigen Mann wie Putin-Freund Setschin vorgewagt hätten, wenn sie nicht von noch höherer Stelle gedeckt worden wären. Offensichtlich stand Medwedew hinter der Klage. BP war unfreiwilliges Opfer des Machtkampfes geworden. Setschin lag am Boden, Medwedew setzte nach. Er wiederholte seine Anordnung, nach der hohe Regierungsbeamte die Aufsichtsratsposten in den Staatskonzernen räumen mussten, um die enge Verflechtung zwischen Politik und strategischen Wirtschaftszweigen aufzulösen, denn sie behinderte jegliche Wirtschaftsreformen. Und siehe da – Setschin, gegen den sich Medwedews Befehl im Besonderen richtete, verließ seinen Posten im Rosneft-Aufsichtsrat. Am Tag des Rückzugs von Setschin sahen die Fernsehzuschauer einen zerknirschten Putin. Hatte Medwedew mit der Entmachtung Setschins seine Chancen auf eine Fortsetzung seiner Präsidentschaft erhöht? Putin vielleicht sogar in die Schranken verwiesen?

Am 12. April 2011 feierte Russland den 50. Jahrestag des ersten bemannten Weltraumflugs von Juri Gagarin. Ein wahrhaftig historischer Tag, der in Russland immer einen Aufbruch symbolisierte. Tags zuvor war Setschin aus Rosneft ausgeschieden. Medwedew ging nach diesem Etappensieg sofort erneut in die Offensive und beschrieb in einem Interview mit dem chinesischen Fernsehen Putin als rückwärtsgerichtet. Zehn Jahre Putin-Herrschaft hätten Russland zwar stabil gemacht, doch jetzt benötige das Land eine zukunftsträchtigere Vision. Gleichzeitig meldete Medwedew öffentlich seine Ambitionen für die nächste Präsidentschaft an. Medwedew wollte die Entscheidung schneller herbeiführen als es Putin angenehm war. Das staatliche Fernsehen verschwieg Medwedews Ankündigung.

Am nächsten Tag trat Putin vor die Kameras und sagte, Medwedew und er wollten beide antreten. Die Entscheidung müsse aber vertagt werden, sonst komme in den Machtapparaten Chaos auf. Die Beamten sollten sich noch einige Monate bis zum Wahlkampf auf ihren Job konzentrieren. Putin war sich seiner Sache sicher. Er befehligte die Partei der Macht, die Mehrheit der Bevölkerung stand hinter ihm und er kontrollierte den größten Teil der staatlichen Medien. Über den Energiekomplex konnte er auf die notwendigen Ressourcen für seine Wahlkampagne zurückgreifen. Doch auch Medwedew konnte, als amtierender Präsident, einen starken Wahlkampf führen.

Was passiert eigentlich in Russland, wenn Putin unverhofft das Zeitliche segnet?, fragte unvermittelt ein europäischer Institutsdirektor in einer internen politischen Beratungsrunde in Berlin. In keiner anderen Großmacht dieser Welt hängt das Schicksal des Landes so von einer Führungsperson ab wie in Russland. Russland ohne Putin – für viele Analysten kaum vorstellbar. Könnte das von Putin hinterlassene Vakuum sofort von Medwedew und liberaleren Kräften aus der Nachwuchselite gefüllt werden? Im Verlauf der Tandemherrschaft kamen immer wieder Gerüchte von einem dritten Kandidaten auf. Putin, so hörte man, wolle Spaß am Leben haben und gedenke auf das stressige Präsidialamt nun doch zu verzichten, das Land aber, wie gehabt, aus der zweiten Reihe zu regieren. Doch Medwedew schien ihm inzwischen zu eigensinnig für ein Fortbestehen im Kreml zu sein. Präsident solle ein dritter Mann werden, damit Putin ihn ähnlich wie Medwedew dirigieren könne. Wer konnte aber ein zweiter Medwedew werden? Etwa Sobjanin, der frischgebackene Bürgermeister von Moskau.

Im Sommer 2011 betrat ein weiterer Akteur die Bühne. Putin erlaubte dem zweitreichsten Oligarchen Russlands, Michail Prochorow, sich an die Spitze der liberalen Partei »Gerechte Sache« zu stellen. Prochorow sollte die demokratisch gesinnten Kräfte im Land bündeln; seine Partei wurde jedoch aus dem Kreml und der Regierung »gelenkt«. Putin ließ eine neue »Volksfront« ins Leben rufen, die linke, rechte und zentristische Kräfte in eine gemeinsame Wahlplattform integrieren sollte. Putin wollte in seinem Bemühen, seine Macht langfristig abzusichern, kein Risiko eingehen. Das Smolny-Netzwerk hatte Russland fest im Griff. Auf die Frage eines Fernsehzuschauers, wann er sich denn aus der Politik zurückziehen wolle, antwortete Putin lapidar: »Darauf könnt ihr lange warten!«

Medwedew dachte anders. In zahlreichen schlaflosen Nächten überlegte er, wie er Putin davon überzeugen könnte, ihm – Medwedew – 2012 wieder den Vortritt zu lassen. Medwedew hielt sich für den moderneren Politiker.

5 WIE ABHÄNGIG SIND WIR VON RUSSLAND?

Die neue Rohstoffweltordnung

Während der Libyen-Krise 2011 explodierte der internationale Ölpreis und erreichte die Marke von 140 US-Dollar pro Barrel. Die Benzinpreise für westliche Autofahrer brachen alle Rekordmarken. Wird Autofahren bald zum Luxus?, fragten sich verärgerte Menschen an den Tanksäulen. Im Wüstenstaat Libyen fiel die Hälfte der Ölförderung von einem Tag auf den anderen weg. Ausländische Energiekonzerne flogen ihre Mitarbeiter aus dem Land aus. Ein Flächenbrand von Nordafrika über den Nahen auf den Mittleren Osten – eine Region, die über 68 % der Öl- und 44 % der weltweiten Gasreserven verfügt – war nicht mehr auszuschließen. Die Volkswirtschaften in Europa, gerade der Finanzkrise entronnen, wurden mit der Gefahr ernsthafter Engpässe konfrontiert. Die NATO intervenierte in den libyschen Bürgerkrieg. Niemand konnte ausschließen, dass der in die Ecke gedrängte libysche Diktator Gaddafi verbrannte Erde hinterlassen und seine Ölraffinerien mutwillig zerstören würde. Die Welt erlebte die vierte Militäroperation gegen einen islamischen Staat seit dem Ende des Ost-West-Konflikts. Der NATO-Einsatz in Libyen, siebtgrößter Ölproduzent der Welt, markierte möglicherweise die Vorstufe weiterer globaler Rohstoffkonflikte, die in Zukunft noch folgen konnten. Die arabische Welt war in einem Aufruhr wie noch nie in ihrer jüngsten Geschichte. Der Westen musste sich darauf einstellen, dass sich in einigen OPEC-Staaten die oberste Entscheidungsebene verändern könnte – mit weitreichen Folgen für die Weltpolitik.

Erinnerungen wurden wach an die Aussagen von Bundespräsident Horst Köhler im Jahre 2010. Der deutsche Staatschef sagte damals, angesichts der neuen globalen Bedrohungen müsse die Bundeswehr bereit sein, lebenswichtige Rohstoffrouten auf dem Erdball zu sichern, wenn nötig, auch mit militärischem Einsatz. Daraufhin wurde Köhler von allen Seiten attackiert. Der Verunglimpfte ging entnervt von Bord. Dabei hatte er nur in die Kristallkugel geschaut. Der russische Premier Putin ließ es sich nicht nehmen, seinen Triumph auszukosten. Statt Medwedew erschien er auf dem Höhepunkt der Libyenkrise höchstpersönlich zum EU-Russland-Gipfel in Brüssel. Den verdutzten EU-Verantwortlichen führte er vor Augen, wie Europa in der Rohstoffweltordnung von morgen auf die Energielieferungen aus Russland angewiesen sei. Libyen brennt – Russland kassiert, schrieb eine Tageszeitung. Russland verdiente am Ölexport wieder die gleichen astronomischen Summen wie vor der Finanzkrise. Dem Kommissionspräsidenten Jose Manuel Barroso blieb keine Wahl, als zähneknirschend gute Miene zum bösen Spiel zu machen. Putin nutzte den Moment der Schwäche Europas, um für eine Marktöffnung für russische Unternehmen zu werben. Statt sich auf die kontraproduktive Erziehung seiner östlichen Nachbarn zur Demokratie zu konzentrieren, sollte die EU endlich den Mehrwert einer pragmatischen Realpolitik im Verhältnis zu Russland begreifen.

Der Dekan der Moskauer Higher School of Economics, Sergej Karaganow, solidarisierte sich mit dem Regierungschef. Im Artikel »Russland im Glück« in der *Rossijskaja Gaseta* behauptete er, sein Land habe nach den permanenten Katastrophen des 20. Jahrhunderts endlich eine goldene Zukunft vor sich. Dank der Tatsache, dass in den Neunzigerjahren der Energiekomplex des Landes nicht in private Hände abgegeben wurde, halte Moskau jetzt ein wichtiges Instrument der Weltherrschaft in den Händen. Schon heute sei Russland, aufgrund seiner Rohstoffvorkommen, die drittstärkste Macht der Erde. Die weiter fortschreitende Globalisierung, die zur Erschaffung eines riesigen kapitalistischen Wachstumsmarktes geführt habe, erzeuge eine in der Geschichte der Menschheit noch nie da gewesene Nachfrage nach Energieträgern, Mineralien und seltenen Metallen – traditionelle Exportprodukte Russlands. Laut Karaganow verfügt Russland auch über die größten Süßwasserreservoire der Erde – ein Mangelprodukt in Asien. Dass Wasser schon in kürzester Zeit, angesichts der dramatischen Klimaveränderungen auf dem Globus, zu einer begrenzten Ressource werden könne, sei vielen Menschen nicht bewusst.

Früher hieß es, das große Territorium sei Russlands Fluch. Nach dem Platzen der Blase der »New Economy« (NASDAQ) um die Jahrtausendwende und dem zehn Jahre später erfolgten Einbruch des kapitalistischen Weltfinanzsystems kann niemand ernsthaft verneinen, dass Bodenschätze und die Größe des Territoriums wieder zu den wichtigsten geopolitischen Aktiva eines Staates geworden sind. Angesichts der wachsenden weltweiten Nachfrage nach Lebensmitteln und seinen riesigen landwirtschaftlichen Nutzflächen steigt Russland sukzessive zum zweitgrößten Getreidelieferanten der Welt auf. Überall wächst der Wohlstand und mit ihm der Fleischkonsum, die Viehzucht verschlingt immer größere Mengen Getreide. Die Lebensmittelpreise steigen, weil Nahrungsmittel knapper werden. Die USA und die EU stellen ihre Agrarwirtschaft auf die Produktion von Biobrennstoffen um und in China fällt Jahr für Jahr die Ernte schlecht aus. Russland profitiert indirekt von dieser Entwicklung. Was für ein Kontrast zum Kommunismus! Damals musste die Sowjetunion Getreide aus dem Westen importieren, weil die Planwirtschaft die eigene Bevölkerung, trotz fruchtbarer Böden, nicht ernähren konnte. Jetzt lautet die Losung: Russisches Brot für die Welt!

Russland steht das Glück zur Seite. Am Ende des vergangenen Jahrhunderts versetzte der Ölpreiskollaps – der Ölpreis fiel auf unter 20 US-Dollar pro Barrel – nicht nur der Sowjetunion den Todesstoß, sondern auch den demokratischen Reformen der Neunzigerjahre. 2000 richtete der hohe Ölpreis die russische Wirtschaft wieder auf und machte Russland 2011 zu einer Energiesupermacht. Jetzt will Moskau, anders als vor 20 Jahren, der große Gewinner der globalen Umbrüche sein. Der Besitz des zweitgrößten Atomwaffenarsenals der Welt entscheidet heute weniger über den Großmachtstatus eines Landes als vielmehr sein Wirtschaftspotenzial. Russland wird seine Rohstoffe gezielt nutzen, um sich in der multipolaren Welt als einer der wichtigsten Akteure zu behaupten. Sein politisches System mag, im Vergleich zur EU, keine positive Anziehungskraft entfalten, und auch den technologischen Vorsprung der entwickelten Industrieländer wird Russland nicht aufholen – aber sein Rohstoffreichtum macht das Land zu einem höchst einflussreichen Akteur. Russland ist durch Geschichte und Kultur untrennbar mit Europa verbunden. Natürlich auch durch Natur und Bodenschätze, muss man heute hinzufügen. Ohne russische Energie, Rohstoffe, Bodenschätze und den russischen Markt wird die EU ihren gegenwärtigen Wohlstand dauerhaft nicht sichern können. Waren Experten, die meinten, Rohstoffe hätten an Bedeutung verloren, weil die Welt sich auf regenerative Energiequellen umgestellt hätte, alle naiv?

Russland besitzt und liefert all die Rohstoffe, die für ein Funktionieren der EU-Wirtschaft benötigt werden. 40 % des nach Europa importierten Erdgases und 30 % des europäischen Ölbedarfs stammen aus der russischen Förderung. Nach der Nuklearkatastrophe in Japan könnte die zweite Wirtschaftsnation Asiens aus der Atomenergie aussteigen und in eine wachsende Abhängigkeit von Energieimporten fallen. Russland hat auch hier Glück im Unglück, denn es wird dann die Rolle des Energiehauptlieferanten Japans übernehmen müssen.

Von seinen Bodenschätzen her ist Russland das reichste Land der Erde, die bedeutendsten Rohstoffvorkommen lagern hinter dem Ural. Die Flächen des asiatischen Teils Russlands sind erst zu einem Zehntel geologisch erfasst. Vor allem unter dem Frostboden im Nordosten warten Bodenschätze unvorstellbaren Ausmaßes auf ihre Exploration. Auch hier war das historische Glück Russland hold. Nach dem Untergang des tatarisch-mongolischen Reiches vor 500 Jahren konnte sich das Zarenreich relativ schnell und ungehindert 6.000 Kilometer nach Osten bis zur Küste des Pazifischen Ozeans ausbreiten. Hätte Zar Iwan der Schreckliche die tatarische Hauptstadt Kasan 1552 nicht besiegt und Russlands Expansionsdrang nicht die Tore nach Asien aufgeschlagen, wäre Sibirien, eine der größten Schatzkammern der Welt, heute unter der Kontrolle einer islamischen Großmacht und von Europa abgeschnitten.

Laut einer Studie von Goldman Sachs wird Russland 2030 die fünftgrößte Volkswirtschaft der Welt sein – nach den anderen BRICS-Staaten, aber vor Deutschland. Rohstoffvorkommen bestimmen heute die Weltpolitik. Ressourcen sind eine geopolitische Ware, prahlte Putins Doktorvater, der Präsident der Montanuniversität Wladimir Litwinenko, auf dem deutsch-russischen Rohstoffforum. Ein anderer »Energiezar«, Waleri Jasew, verschreckte den Westen mit der Ankündigung, sein Land werde das gewonnene Rohöl nicht mehr zu 90 % exportieren, sondern zu 90 % selbst verarbeiten. Der Anteil des Exportes von Energieträgern am BIP solle von 60 % auf 30 % verringert werden.

Nach dem Gaskrieg zwischen Russland und der Ukraine 2006 und 2009 fällte die EU die grundsätzliche Entscheidung, sich von der Idee einer Energiealliance mit Russland zu emanzipieren und über die Entwicklung umweltgerechter Zukunftstechnologien und die Förderung regenerativer Energiequellen der Umklammerung durch Gasprom zu entfliehen. Umweltbewusste Häuslebauer, die sich Solarzellen aufs Dach montierten, glaubten über Sonnenenergie den lästigen Abhängigkeiten von Gas und Öl entronnen zu sein, ahnten jedoch nicht, dass die einheimische Industrie bei der Produktion der »grünen Technologie« in eine noch größere Abhängigkeit geraten würde – nunmehr vom Import seltener Rohstoffe.

Die umweltfreundliche Produktion, die Deutschland sich als klimapolitisches Ziel selbst auferlegt hat, benötigt Hochtechnologiemetalle und Seltene Erden. Letztere sind metallische Grundstoffe mit außergewöhnlichen Eigenschaften. Sie gelten als unentbehrlich etwa für Metalllegierungen und Spezialgläser. Die Bandbreite ihrer Verwendung reicht von Batterien über Mobiltelefone, Laser und Flachbildschirme bis hin zur Militärtechnik. Der weltweite Bedarf an Seltenen Erden betrug 2010 136.000 Tonnen, bis 2012 erhöht er sich auf 190.000 Tonnen. Der Markt ist seit 1997 um das Zwanzigfache gewachsen, denn ohne diese Rohstoffe können Industrienationen ihre ambitionierten klimapolitischen Ziele in der Industrie gar nicht erfüllen. Früher holte sich die westliche Industrie überall auf der Welt die Rohstoffe, die sie benötigte. Heute müssen die führenden Industrieländer plötzlich mit neuen rohstoffhungrigen Schwellenländern konkurrieren, die mit immer aggressiveren Methoden ebenfalls auf die Rohstoffmärkte strömen.

China expandiert nach Afrika, Südasien und Zentralasien, um sich die Zugänge zu den zu Hause benötigten Rohstoffen zu sichern. Entlang der Rohstoffrouten patrouillieren chinesische Militärschiffe. 80 % des von China importierten Rohöls erreicht das Land über Tanker durch die Straße von Malakka, eine Region, die seit Jahren durch politische Instabilität gekennzeichnet ist. Eberhard Sandschneider beschreibt in seinem Buch »Globale Rivalen« ausführlich, wie die asiatische Großmacht mit ihrer militärischen Aufrüstung und ihrem Rohstoffimperialismus in Konflikt mit westlichen Interessen gerät.

Ohne Russlands Rohstoffe kein Wirtschaftswachstum?

Schon der große Wirtschaftsreformer Deng Xiaoping hatte gesagt, der Nahe Osten habe Öl, China Seltene Erden. Heute bezeichnen chinesische Medien die Seltenen Erden als »Waffen der Wirtschaft des 21. Jahrhunderts«. Der rasante Anstieg der rohstoffintensiven Wirtschaft Chinas ist die eigentliche Ursache für die Verknappung der Rohstoffe. Ein Drittel der Seltenen Erden lagern in China. Gegenwärtig baut weltweit jedoch fast nur China die Seltenen Erden ab und exportiert sie nur in Teilen. Für Peking ist die Belieferung der eigenen Industrie prioritär, deshalb beschränkt das Land sukzessive seinen Gesamtrohstoffexport mit über 300 Exportzöllen. Bis

2020 sollen die chinesischen Rohstoffexporte massiv eingeschränkt werden. Das wäre eine Katastrophe für die westliche Elektroindustrie, denn ohne das aus China gelieferte Indium können keine Flachbildschirme produziert werden.

Der Westen schaut buchstäblich in die Röhre und fragt sich, was passiert, wenn westlichen Hightech-Unternehmen der Zugang zu wichtigen Metallen verwehrt wird? Tausende von Arbeitsplätzen sind in akuter Gefahr. Ein Schreckensszenario für den Wirtschaftsstandort EU! China betätigt sich als »Staubsauger« für Rohstoffe in Afrika. Das Reich der Mitte hat 100 Milliarden US-Dollar in die Rohstoffgewinnung Afrikas investiert und eine Million chinesische Arbeiter auf den Schwarzen Kontinent gebracht. Westliche Unternehmen fühlen sich aus zuvor sicheren Versorgungsmärkten herausgedrängt. Deshalb fehlt der deutschen Aluminiumproduktion heute ein Drittel der benötigten Rohstoffe.

Was passiert, wenn China in einen Konflikt mit dem Westen gerät und den Export von Seltenen Erden völlig einstellt? Die Lücke könnte entweder durch die Wiederaufnahme der Produktion am Mountain Pass in den USA, anderen Produktionsstätten in Australien und Kanada zum Teil geschlossen werden oder die europäischen Industrienationen müssen sich in die Arme Russlands werfen, wo die weltweit drittgrößten Bestände Seltener Erde liegen. Außer in Russland gibt es in Europa keine Vorkommen. Russland verfügt über sichere Vorräte von 19 Millionen Tonnen Seltener Erden. Die Lagerstätten liegen in den Erzminen im sibirischen Jakutien und auf der Kola-Halbinsel und werden im Kombinat Norilsk Nickel hergestellt, das den Oligarchen Wladimir Potanin und Oleg Deripaska gehört.

Früher prägten Militärs und Sicherheitspolitiker das Erscheinungsbild der Münchner Wehrkundetagung; seit 2010 sitzen die Vorstandsvorsitzenden der DAX-Konzerne auf der Konferenz in der ersten Reihe und hören den Debatten genau zu. Auch die westlichen Geheimdienste, früher eher an Rüstungsfragen interessiert, beschäftigen sich nun ausführlich mit den harmlos klingenden Rohstoffen wie Antimon (Brandschutzmittel für Kunststoffe), Cerium (Herstellung von Energiesparlampen), Chrom (rostfreier Stahl), Erbium (Glasfaserkabel), Flussspat (Kühlanlagen, Pharmazie), Gallium (Schaltkreise), Germanium (Glasfaser), Grafit (Brennstoffzellen in Kernreaktoren), Indium (Touchscreens), Iridium (UV-Sonnenbrillen), Kobalt (Akkus), Lithium (aufladbare Batterien), Magnesium (Gusslegierung), Neodym (Permanentmagnete), Niob (Stahlhärtung), Palladium (Brennstoffzellen), Platin (Herzschrittmacher, Katalysatoren), Ruthenium (Farbsolarzellen), Scandium (Handys), Tantal (Prothesen, Implantate), Wolfram (Rüstungsindustrie) oder Yttrium (Lasergeräte). Warum? Weil sie für die Konflikte der Zukunft stehen.

Nach Ansicht des Rohstoffstrategen des Bundesverbands der Deutschen Industrie (BDI), Ulrich Grillo, steigt der globale Bedarf an Hightech-Metallen in den Schlüsselbereichen wie Medizin, Telekommunikation, Verkehrstechnik in den nächsten 20 Jahren um das Sechsfache. Ohne Metallimporte kann Deutschland keine Dünnschicht-Solarzellen, keine Windkraftanlagen, keine Satellitennavigation, keine solarthermischen Kraftwerke, keine miniaturisierten Herzschrittmacher bauen. Deutschland wollte der Benzinabhängigkeit entfliehen. In zehn Jahren soll es eine Million Elektroautos geben, sie werden jedoch für den mit einer Lithium-Ionen-Batterie betriebenen Elektromotor einen größeren Kilogrammbedarf an Kupfer, Aluminium, Stahl, Nickel benötigen. Die grüne Automobilrevolution zwingt Hersteller, verstärkt Lithium und Kobalt einzukaufen. Mehr als die Hälfte der weltweiten Rohstoffproduktion erfolgt in Ländern, die von der Weltbank als instabil oder extrem instabil eingestuft werden. Bei Metallen stammen über 60 % der Produktion aus fragilen Staaten. 80 % der globalen Vorkommen von Lithium sind in Bolivien zu finden, das Land will aber die Ressource nicht mit anderen teilen. Die Hälfte der weltweiten Vorkommen an Kobalt liegt im Kongo, dort herrscht aber permanent Krieg. Kobalt ist für die Herstellung von verschleißfesten Legierungen unersetzlich.

Die hohe Volatilität der Rohstoffpreise ist das Ergebnis großer Unsicherheiten und einer steigenden Nachfrage. Nicht nur Amerikaner und Westeuropäer leben heute in Wohlstandsgesellschaften, sondern auch der gesamte ehemalige Ostblock, aber auch die Gesellschaften in den Schwellenländern China, Indien und Ländern Lateinamerikas verspüren Nachholbedarf.

Jährlich werden auf dem Weltmarkt Seltene Erden im Wert von zehn Milliarden Dollar verkauft. Im Durchschnitt sind die Preise in den letzten zehn Jahren ins Unermessliche gewachsen. Das weltweit erste kommerzielle Mobiltelefon wog in den Achtzigerjahren 800 Gramm und war so groß wie ein Ziegelstein. Die heutigen Standardgeräte sind kleiner als Zigarettenschachteln und wiegen weniger als 100 Gramm. Ohne das seltene Metall Tantal wäre ihre Herstellung unmöglich. Vor gut einem Jahrzehnt wurden weltweit eine halbe Milliarde Mobiltelefone verkauft, heute sind es fast anderthalb Milliarden Stück. Vor 20 Jahren war Tantal für etwa 65 US-Dollar pro Kilogramm zu haben, zehn Jahre später sprang sein Preis auf 400 US-Dollar. Seine Vorkommen schwinden. Am stärksten haben sich dabei die Preise für Ruthenium (1622 %), Rhodium (1042 %) und Iridium (373 %) erhöht. Die wachsenden Ansprüche von über neun Milliarden Menschen auf der Erde werden zu gravierenden Umverteilungskämpfen führen und die Rohstoffkrise kann die Weltwirtschaft in Mitleidenschaft ziehen.

Der außenpolitische Sprecher der CDU, Philipp Mißfelder, versammelte nach dem aufsehenerregenden Rohstoffkongress seiner Partei einige Berliner Wirtschaftsvertreter zum Brainstorming. Die Expertenrunde erörterte die bedrohliche Entwicklung auf den internationalen Rohstoffmärkten, die vorherrschenden Preisverzerrungen, die hohen Exporttarife sowie die Ausfuhrbarrieren. Die Abhängigkeiten seien nicht so dramatisch, der Westen müsse aber seine technologische Basis besser nutzen, um die Produzenten vom Sinn der Rohstoffpartnerschaften zu überzeugen. Ohne hochwertige Technologien aus dem Westen nützten den Förderländern ihre Schätze nicht. Beide Seiten sollten eine Reziprozität herstellen.

Die Europäische Kommission hat bei Rohstoffen allein 450 Ausfuhrzölle weltweit gezählt, 400 verschiedene Rohstoffe sind betroffen. Deutschland und die EU blicken auf der Suche nach verlässlichen Rohstoffpartnern nach Osten, wo sich die Schatztruhen Sibiriens und des Kaspischen Raums befinden. Aber auch dort sehen sich die deutschen Unternehmen mit zahlreichen Handelsbeschränkungen konfrontiert, die ihre Wettbewerbsfähigkeit schädigen. Vonseiten Russlands bestehen zahlreiche Ausfuhrbeschränkungen auf Rohstoffe und Schrotte, zum Beispiel der 50-prozentige Ausfuhrzoll auf Kupferschrott, der den Handel fast zum Erliegen gebracht hat. Ebenso gibt es bei einer Reihe weiterer Nichteisen-Metalle, Edelmetalle, Stahl sowie bei Holz in Russland hohe Ausfuhrzölle, die der deutschen Industrie beträchtliche Schwierigkeiten bereiten. Deutschland muss einerseits den Wunsch Russlands, seine Rohstoffvorkommen optimal für sich und die russische Industrie zu nutzen, akzeptieren, andererseits wird es versuchen müssen, Moskau zum Verzicht auf jegliche Exportzölle auf Rohstoffe zu bewegen. Russland wird wahrscheinlich darauf antworten: Lasst uns dann erst recht die von Putin vorgeschlagene Freihandelszone errichten, sie kann bestehende Hindernisse überwinden.

Im »rohstoffarmen« Deutschland ist man sich der Bedeutung des Rohstoffriesen Russland bewusst. Deutschland kann im Grunde seinen Industriestandort in Zukunft nur über strategische Partnerschaften mit Rohstofflieferanten wie Russland erhalten. Bei den für die industrielle Produktion unverzichtbaren metallischen Primärrohstoffen ist Deutschland zu 100 % auf den Rohstoffimport angewiesen. Rund 11 % der importierten Legierungsmetalle, 10 % der Nichteisen- und 4 % der Edelmetalle stammen aus Russland. Die hochwertigen russischen Metalle sind nicht nur der Schlüssel zur Umwelttechnologie, sondern werden für die Modernisierung der deutschen Stahlindustrie, der Luft- und Raumfahrttechnik und den Schiffbau benötigt. Deutschland will in der Tradition der Ostpolitik Russland mit modernen Maschinen und Anlagen beliefern. Die deutsche Bergbautechnik hat einen guten Ruf, auch bei der Sanierung erschöpfter Abbaugebiete könnten deutsche Firmen zur Modernisierung der russischen Rohstoffindustrie beitragen.

Der Umstand, dass Russland seine Wirtschaft endlich auch auf umweltfreundliche Standards umrüstet, kommt deutschen Technologieexporteuren sehr gelegen. Hier tun sich Horizonte einer neuen Form der wirtschaftlichen Verflechtung auf. Zum Beispiel mangelt es in Russland am effizienten Knowhow beim Abbau von Platin, das für die umweltfreundliche Automobiltechnologie von herausragender Bedeutung ist und ausschließlich im sibirischen Norilsk verarbeitet wird. Könnte Russland seine Ressourcen mit Deutschland teilen, um die notwendige Nachhaltigkeit beim Rohstoffmanagement zu erzielen? Deutschland hilft Russland aus Eigennutz bei der konkreten Verbesserung der Rohstoffverarbeitung. Seit 2009 existiert die Russisch-Deutsche Energieagentur RUDEA als bilaterales Kompetenzzentrum für Energieeffizienz und erneuerbare Energien in Industriebetrieben. So hilft deutsche Technik Russland, seinen Energieverbrauch bis 2020 um 40 % zu senken. Je intensiver diese Modernisierungspartnerschaft, umso mehr wird Deutschland am Umwelttechnologieexport nach Russland verdienen.

In den letzten Jahren hat sich die deutsche Industrie aus der internationalen Rohstoffförderung zurückgezogen. Man konsumiert statt zu produzieren, doch Veränderungen stehen an. Nun heißt es, keine Zeit zu verlieren und deutsche Konzerne als Partner für den Umbau der russischen Industrie hin zu mehr Energieeffizienz auf dem russischen Markt zu platzieren. Deutsche Konzerne werden nicht umhinkommen, ihre Produktion dort anzusiedeln, wo die Rohstoffzufuhr gewährleistet ist. Deutschland ist aufgrund seiner hohen Umweltauflagen für die Unternehmen ein zu teurer Produktionsstandort geworden, in Zukunft kann die Rohstoffveredelung in Russland erfolgen, dann wären beide Seiten das Problem der Zölle und Tarife los. Eine funktionierende strategische Partnerschaft im Bereich der nichtenergetischen Rohstoffe würde aber auch die künftige Liefersicherheit dieser Rohstoffe nach Deutschland garantieren. Rohstoffe aus Russland und Eurasien müssen nicht über weite und gefährliche Transportwege nach Europa geholt werden. Sie liegen vor unserer Haustür.

Im Sommer 2011 feierte die Schanghai Organisation für Zusammenarbeit ihr zehnjähriges Bestehen. Die kasachische Botschaft organisierte aus diesem Anlass eine Konferenz in Berlin. Aus Astana kam der Vertreter des einflussreichen Wohlstandsfonds angereist. Er und andere Sprecher aus Zentralasien machten deutlich, dass sich die Schanghai Organisation für Zusammenarbeit ihrer Bedeutung als Verwalter der wichtigsten Rohstoffvorkommen der Welt immer bewusster werde. Westliche Analytiker, die diese Organisation bis dato nicht ernst nahmen, gerieten auf der Konferenz ins Grübeln.

Wie gefährlich ist die neue Rohstoffweltordnung?

Europa spürt zum ersten Mal seine Rohstoffarmut. Seine Importabhängigkeit ist viel ernsthafter als angenommen. Der breiten Öffentlichkeit ist das Problem noch gar nicht bewusst. Die reichhaltigsten Bodenschätze auf der Erde befinden sich entweder in fragilen Staaten oder in Ländern mit einem autoritären Kapitalismusmodell. Diese Länder operieren mit milliardenschweren Staatsfonds, erdrücken die Konkurrenz und zwingen transnationale Konzerne in die Rolle von Juniorpartnern der eigenen Staatsunternehmen. Diese Staatsfonds sind nicht nur für Konzerne, sondern auch für einige kleinere und mittlere Staaten existenzbedrohend. Um den globalen Rohstoffmarkt mit »seinen Gesetzen des Dschungels« (Nicolas Sarkozy) zu bändigen, benötigt die EU dringend eine Rohstoffstrategie, der sich europäische Politiker und Unternehmen unterwerfen. Dazu gehören verlässliche Importeure, nationale Rohstoffagenturen, Rohstofffonds, die strategische Vorräte anlegen, globale Marktrichtlinien und nicht zuletzt institutionalisierte Rohstoffpartnerschaften. Frankreich und Deutschland wollen die Initiative in der Runde der G-20 auf den Weg bringen. Strategische Vordenker in der EU überlegen, ob man angesichts der beschriebenen Herausforderungen eine europäische Rohstoffholding, unterstützt von Banken und Konzernen, sowie einer staatlichen Minderheitsbeteiligung ins Leben rufen sollte.

Die westlichen Demokratien wollen sich gegen Marktmissbrauch vonseiten der Produzenten und Finanzspekulanten zur Wehr setzen und ihren schwindenden Einfluss auf den Welthandel mit Rohstoffen stoppen. Schon heute werden Versuche unternommen, die Rohstoffproduzenten über eine Modifizierung der WTO-Regeln wieder in den alten liberalen Wertekodex zurückzupressen. Die EU will ihre Rohstoffpartnerschaften mit Ländern wie Russland, China, Brasilien, Chile, Peru, Südafrika und anderen mit strengeren Auflagen verknüpfen. Doch kann eine Rohstoffdiplomatie nach dem Prinzip »Rohstoffe gegen Werte« in der Weltordnung von morgen

Bestand haben? Der westliche Wunsch, Rohstoffexporteure wie Russland zu einer »guten Regierungsführung« und umweltschutzverträglichem Rohstoffabbau zu verpflichten, ist nachvollziehbar, aber kaum realisierbar. EU-Binnenmarktkommissar Michel Barnier klagt: Die demokratischen Prozesse laufen langsamer als die Marktentwicklung.

Die Zeiten, in denen Russland nur Rohstoffanhängsel des Westens war, sind vorbei. Der Westen kann Russland nicht mehr ausschließlich als Steigbügelhalter für die Mehrung seines Wohlstands betrachten. Eine künftige europäische Rohstoffholding muss auf Gleichberechtigung basieren, die nicht nur eigennützige Ziele verfolgt, sondern gegenseitige Interessen wahrt und zum beiderseitigen Wohlstand führt. Idealerweise sollte das größte und ressourcenreichste europäische Land – Russland – in diese Strategie eingebunden sein. Eine europäische Beteiligung am Konzern Norilsk Nickel liegt im westlichen Interesse.

Im Osten gibt es für Deutschland noch weitere Kandidaten einer Rohstoffpartnerschaft. Kasachstan, Mitglied der von Russland angeführten »eurasischen« Zollunion, könnte künftig zum wichtigsten Rohstoffpartner Deutschlands bei der Nachschubsicherung mit begehrten Seltenen Erden werden. Bundeskanzlerin Merkel hat sich beim kasachischen Präsidenten Nursultan Nasarbajew für eine direkte Beteiligung führender deutscher Konzerne an Rohstoffförderprojekten in Zentralasien mit dem Ziel eines exklusiven Zugangs zu diesen Rohstoffen eingesetzt. Die Kasachen wollen in den Genuss des traditionsreichen deutschen Osthandels kommen und ihre lukrativen Rohstoffe gegen deutsche Maschinenanlagen eintauschen.

In früheren Jahrhunderten haben europäische Imperien die Kolonien Afrikas, Asiens und Lateinamerikas ausgebeutet. Nun müssen sie sich gegen einen aufkommenden Rohstoffimperialismus vonseiten Chinas, einiger afrikanischer und lateinamerikanischer Staaten sowie möglicherweise bald Russlands verteidigen. Der zur neuen Stärke wiedererwachte Staatskapitalismus schärft inzwischen seine eigenen Folterwerkzeuge gegen diejenigen, die ihre Spielordnung mit neuen WTO-Bestimmungen aushebeln möchten.

An dieser Stelle richtet sich der Blick wieder auf China, dem möglichen neuen Gegenspieler des Westens. China betreibt keine werteorientierte Außenpolitik. Das Reich der Mitte kauft sich beliebig in die Rohstofflagerstätten anderer Kontinente ein. Ob das Investitionsland demokratisch oder autoritär-korrupt ist – diese Werte interessieren das pragmatische China nicht. Während Lebensmittel und Rohstoffe in China selbst zur Neige gehen, macht das Land Jagd auf Bodenschätze in Afrika, Gas in Zentralasien und Öl in Sibirien. Weder die Amerikaner noch die Europäer vermochten in den vergangenen 20 Jahren die zentralasiatischen Länder aus der Umklammerung durch die Russen herauszubrechen, die Chinesen taten es still und leise, praktisch über Nacht. Nun saugen sie über eigene Pipelines das zentralasiatische Gas aus.

China ist eine strategische Partnerschaft mit Kasachstan eingegangen, dem größten Uran-Förderer der Welt. China plant neue Atomkraftwerke und braucht dafür Uranerze. Kasachstan besitzt 15 % der globalen Vorkommen. Mit hohem Tempo verläuft Chinas Eindringen in den Bereich der kasachischen Metallurgie. Das wachsende Interesse Chinas an der Aluminiumproduktion ist vor allem mit Pekings Bestrebungen zur Entwicklung der Luft- und Raumfahrtindustrie zu erklären. Darüber hinaus hat sich China in den Energiesektor dieses Landes fest eingekauft und erschließt inzwischen selbst mehrere Erdöllagerstätten in Kasachstan. Nach dem Aufkauf des staatlichen Konzerns MangystauMunaiGaz durch die China National Petroleum Corporation (CNPC) kontrolliert Peking fast 30 % der kasachischen Erdölfördermenge. China könnte bestrebt sein, Russland dessen angestammte Hemisphäre streitig zu machen. China ist nicht alleine auf der Suche nach zentralasiatischem Uran. Iran benötigt diese Erze für sein Nuklearprogramm und erhält sie in großen Mengen aus Tadschikistan. Dafür baut Teheran in dem unterentwickelten Land Wasserstaudämme.

Zu den Rohstoffkonflikten von morgen gehört zweifellos der Kampf ums Wasser. Um diesen Rohstoff wird in 20 Jahren stärker gestritten werden als heute um die fossilen Brennstoffe. Wasser wird künftig zu einer kommerziellen Handelsware und in einigen Wüstenländern teurer sein als Benzin.

Mehr als 40 % der Weltbevölkerung (2,5 Milliarden Menschen) leben in Gegenden mit steigendem Wassermangel. Ein gefährlicher Wasserkonflikt spielt sich seit Jahren in Kaschmir ab. Indien entnimmt dort größere Wassermengen aus den Gebirgsflüssen und bedroht die Wasserversorgung der dichtbesiedelten pakistanischen Provinz Pundschab. Ähnlich verfährt Israel mit Wasserspeichern auf den seit 1967 okkupierten Golan-Höhen.

Im postsowjetischen Raum sind Wasserkonflikte seit dem Zerfall der UdSSR an der Tagesordnung. Die Ressourcen der zentralasiatischen Staaten sind ungleichmäßig verteilt. Kasachstan, Usbekistan und Turkmenistan sind wegen ihres Zugriffs auf Öl und Gas reich, Kirgisistan und Tadschikistan besitzen kein Öl und Gas und sind deswegen arm. Sie kontrollieren aber die gesamte Wasserversorgung Zentralasiens, weil sich die beiden Flüsse Amudarja und Syrdarja auf ihren Territorien befinden. In früheren Jahrzehnten, als die Region noch von Moskau zentralistisch regiert wurde, mussten die Gebirgsländer Kirgisistan und Tadschikistan die durch ihre Staudämme gespeicherten Wassermassen der Baumwollernte und dem Obstanbau in den flacher gelegenen Ländern zur Verfügung stellen. Als Gegenleistung erhielten sie Öl und Gas. Diese Reziprozität ist seit der Unabhängigkeit dieser Staaten gestört. Kirgisistan und Tadschikistan verstehen nicht, warum sie für den Bezug von Gas Weltmarktpreise bezahlen sollen, ihr Wasser jedoch kostenlos abgeben müssen. Dabei schaltet Usbekistan bei Handelskonflikten den Gebirgsländern oft das Gas ab. Im Gegenzug erhöhen Letztere die Speicherkapazitäten ihrer Dämme im Sommer, um im Winter Strom für den eigenen Gebrauch herzustellen. Tadschikistan und Kirgisistan bauen neue Elektrizitätswerke, um Strom auch nach Afghanistan und Pakistan zu verkaufen. Für die flacher gelegenen Länder bleibt von den großen Wassermassen im Sommer nur ein Rinnsal für die Landwirtschaft übrig. Der Aralsee im Norden Usbekistans ist ausgetrocknet.

Den Führern der Sowjetunion waren die Wasserprobleme Zentralasiens wohlbekannt. Deshalb wurden ernsthafte Planungen vorangetrieben, sibirische Flüsse in südliche Richtung umzuleiten und das Kaspische Meer sowie den Aralsee mit frischem Wasser zu füllen. Das Jahrhundertprojekt wurde aus ökologischen Überlegungen verworfen, nach der Loslösung Zentralasiens von Russland verschwand es scheinbar in der Schublade. Inzwischen plant China auf seinem Territorium gigantische Flussumleitungsprojekte von Nord nach Süd – ohne Rücksicht auf die Risiken von klimatischen Veränderungen und vor allem auf seinen westlichen Nachbarn Kasachstan. Denn nach der geplanten Umleitung des Flusswassers des Irtysch in die wasserarme Region Xinjiang (Uigurien) würde Kasachstans Wasserhaushalt dramatisch sinken. Nicht ausgeschlossen ist, dass Russland sich bald als Wassersupermacht betrachten und den Export seiner Süßwasserreservoirs aus Sibirien wieder ins Auge fasst – um es als Instrument für die Wiedererrichtung seiner südlichen Interessensphäre zu nutzen.

In der internationalen Presse steht viel über den Rohstoffkampf in der Arktis geschrieben. Am Polarkreis leben zwar nur 1,5 % der russischen Bevölkerung, aber dort werden 11 % des BIP erwirtschaftet und 22 % der Energieträger gefördert. Seit die Angaben sich bestätigt haben, wonach in der nordsibirischen Taiga und Tundra riesige Erdgas- und Erdölfelder auf ihre Ausbeutung warten, muss davon ausgegangen werden, dass auch in der Arktis und ihrem Schelf gigantische Lagerstätten schlummern. Geologen vermuten, dass 25 % aller weltweiten Reserven an Hydrokarbonaten, 4 % aller Ölreserven sowie wertvolle Mineralien wie Gold, Titan und Diamanten in der Arktis lagern. Es steht heute fest, dass allein in Russlands eisigem Norden mit 50 Billionen Kubikmeter ein Drittel aller Erdgasreserven der Welt konzentriert sind. Es übersteigt den geschätzten Vorrat der Kaspischen Region um das Doppelte. In der Barentssee und der Petschora-Bucht im äußersten Nordosten lagern fast ebenso viele Erdölreserven wie im Nahen Osten.

Der Nordpol ist lange Zeit eine Terra incognita gewesen. Die dort gelagerten Rohstoffvorkommen waren äußerst schwer zu fördern. Vor einigen Jahren hat man eine Förderung von Öl und Gas am Nordpol als utopisch angesehen. Nun sind erstens die Energiepreise dermaßen angestiegen, dass sich eine Investition in diese schwierige Förderungsstruktur lohnte. Zweitens konnte man jetzt aufgrund der dramatischen Klimaerwärmung in diesem Teil der Erde die tief unter der Eisfläche liegenden »Energiereservoire der Menschheit für das dritte Jahrtausend« leichter abbauen und ihren Abtransport realisieren. Russland war nicht der einzige Akteur, der von der Eisschmelze am Nordpol profitieren wollte. Der Rohstoffappetit der anderen Anrainer der Arktis – die USA, Kanada, Norwegen und Grönland – wurde ebenfalls geweckt. Auch die EU dachte ihre Energieversorgungssicherheit durch Zugänge zu den Öl- und Gasreserven der Arktis verbessern zu können. Doch das Hissen der russischen Fahne in vier Kilometer Tiefe auf dem Meeresgrund verdeutlichte die Ansprüche Russlands auf seinen Teil des Nordpols. Nach geologischen Erkenntnissen russischer Forscher reicht der nordsibirische Lomonosow-Festlandsrücken weit in die Tiefe des Meeres. Somit befinden sich alle im Festlandsrücken gelagerten Bodenschätze nicht unter internationaler Kontrolle, sondern im Besitz Russlands. Nach internationalem Recht durfte Russland diese Rohstoffe fördern, was dem Land ermöglichte, seinen fast unerschöpflichen Reserven weitere Gasfelder hinzuzufügen. Der gefährlichste Streit drohte Moskau mit Norwegen. Seit dem Zweiten Weltkrieg konnten sich beide Staaten nicht über den Verlauf ihrer Grenze am Nordpol einigen. Doch 2010 vermochten Oslo und Moskau eine Übereinkunft über das 175.000 Quadratkilometer große Gebiet zu erzielen und eine einvernehmliche Grenzregelung zu treffen.

Neben der Energieförderung gewinnt der Norden eine immer größere Bedeutung für die Schifffahrt. Warum, so fragen sich politische Beobachter, konkurrierten die USA, die EU, Russland und China so um das kleine Island? Der Vulkanstaat ist das Tor zur Arktis. Dort beginnt die Nordostpassage von Europa nach Asien. Das Polareis schmilzt und öffnet der neuen transozeanischen Schiffsroute, die den Welthandel im 21. Jahrhundert genauso bestimmen wird wie der Suez- und der Panama-Kanal im 20. Jahrhundert, den Weg. Die Nordostpassage verkürzt die Route von Asien nach Europa um 3.500 Seemeilen und um ganze zehn Tage. Piraterie, wie im Indischen Ozean, wird es hier nicht geben. China hat Interesse an Island als globalem Logistikstandort für chinesische Exporte über die Arktis nach Europa.

Russland, entlang dessen 10.000 Kilometer langer Nordküste der Seeweg verläuft, gewinnt eine geopolitische Schlüsselstellung. Das Land wird an dem internationalen Transit durch Polarmeer verdienen, das bald weniger Eis enthalten wird. In der bislang menschenleeren Gegend wird eine neue moderne Infrastruktur in Form von Häfen, Terminals und Hotels entstehen, um den internationalen Schiffsverkehr zu unterstützen. Nach dem Zerfall der UdSSR gab es im Westen Pläne, den Haupttransitweg von Europa nach Asien als eine moderne Seidenstraße quer durch den Kaukasus und Zentralasien zu legen. Die Nordostpassage hat diesen Plan jetzt obsolet gemacht.

Software made in Asia?

Im Spätsommer 2010 betätigte Putin tagelang eigenfüßig das Gaspedal. In Chabarowsk bestieg er einen knallgelben Lada und fuhr mit dem Wagen 2.500 Kilometer durch Sibirien nach Tschita, also fast bis an den Baikalsee. Natürlich wurde der Premier von einem Riesentross von Begleitfahrzeugen mit Ministern, Gouverneuren, Bodyguards und Journalisten eskortiert. Alle paar Stunden machte die Wagenkolonne an einem öffentlichkeitswirksamen Platz halt. Putin entstieg dann dem Lada, gab Interviews und schaute in den Provinzstädten entlang der Wegstrecke nach dem Rechten. Die westliche Presse hatte für die Show-Aktion nur Hohn und Spott übrig. Tatsächlich diente die PR-Veranstaltung aber mehreren wichtigen Zwecken. Der russische Automobilhersteller Nummer eins, Awtowas, erhielt kostenlose Reklame durch den Staat. Die Regierung demonstrierte zum wiederholten Male, dass sie die technologische Neuausrichtung der heimischen Automobilindustrie als eine der Schlüsselkomponenten ihrer Modernisierungspolitik betrachtete. Das zu sehen war auch für ausländische Fahrzeughersteller wichtig. Der Absatz für Lada-Fahrzeuge stieg nach Putins Reise um 55 %.

Zweitens diente die lange Autofahrt der Inspektion der neuen Trasse, die irgendwann einmal den Osten und den Westen des Riesenlandes miteinander verbinden soll. Die fehlende Infrastruktur im unterbesiedelten Sibirien bereitet dem Kreml seit Jahren erhebliches Kopfzerbrechen. Die Regierung will den Exodus aus den wirtschaftsschwachen Gegenden Sibiriens und des Fernen Ostens unbedingt stoppen und den Trend umkehren. Angesichts der Ausrichtung Russlands nach Asien soll im Osten Russlands eine neue wirtschaftliche Infrastruktur aus dem Boden gestampft werden, mit zahlreichen neuen Arbeitsplätzen. Zwei bis drei Millionen Russen müssen in den nächsten Jahren aus dem westlichen in den östlichen Teil des Landes umziehen. Putins populistische Fahrt »hoch auf dem gelben Wagen« war aber auch als warnender Fingerzeig an China gedacht. In Russland wird oft über die drohende chinesische Einwanderung nach Sibirien und in den Fernen Osten gesprochen – einer buchstäblichen Invasion, der der Kreml angeblich nichts entgegenzusetzen hat. In Wirklichkeit wandern mehr Russen aus Sibirien nach China aus als Chinesen nach Russland.

In letzter Zeit wird viel geschrieben über eine mögliche chinesisch-russische Allianz mit dem Ziel der beschleunigten Transformation der Weltordnung von einer unipolaren zu einer multipolaren. Hinweise auf diese Ziele finden sich in der Nationalen Sicherheitsdoktrin 2020. Während der Westen Russland seit den Neunzigerjahren zur Demokratie erziehen möchte, in der Frage der Energieversorgung auf die Erfüllung westlicher Standards drängt und russischen Großmachtambitionen mit potenziellen neuen NATO-Mitgliedschaften entgegenzuwirken versucht, bietet Peking seinem nördlichen Nachbarn eine konfliktlose Partnerschaft auf allen Ebenen. Der Energieproduzent Russland diversifiziert inzwischen seine Öl- und Gasexporte von Europa nach Asien. Schon in wenigen Jahren könnte China zum wichtigsten Abnehmer russischer Bodenschätze und Energieträger werden. Die dafür notwendige Infrastruktur für den Transport wird gerade errichtet. In der sich neu abzeichnenden Konstellation wird jedoch China, nicht Russland, der stärkere Partner sein und seine Präsenz in Ostasien und der Pazifik-Region ausbauen.

China hilft Russland aus der Krise. Die USA sprechen von einem Neustart in den Beziehungen mit Russland. Doch Russland und China entwickeln schon ein neues Betriebssystem: Das von Russland und China gemeinsam geführte Bündnis der Schanghai Organisation für Zusammenarbeit, das nach dem Rückzug des Westens aus dem Mittleren Osten die Stabilisierung Afghanistans und des Iraks übernehmen muss. Die Armeen Russlands und Chinas trainieren gemeinsam gegen terroristische Angriffe. Mit den NATO-Ländern führt Russland keine solchen großangelegten Manöver durch. Im nächsten Schritt wollen Moskau und Peking die Kontrolle über die Ölversorgung aus dem Persischen Golf gewinnen. China dürfte russische Ambitionen auf die Kontrolle noch unerforschter Kohlenwasserstoffvorkommen in der Arktis unterstützen. Die westliche Energieversorgungssicherheit stünde vor völlig neuen Herausforderungen. Die Schanghai Organisation für Zusammenarbeit hat das Potenzial, zum bedeutendsten Bündnis Asiens aufzusteigen. Neben ihr entstehen unter Führung Moskaus weitere Foren und Organisationen, deren Verwirklichung man vor kurzem noch nicht für möglich hielt. Die Weltrohstoffordnung erfährt eine neue Institutionalisierung. Organisationen wie die BRICS und die Gas-OPEC entstehen, zu Unrecht belächelt vom Westen. Gerade die Gründung einer Gas-OPEC gilt nicht mehr als abwegig, auch bemüht sich Moskau um die Institutionalisierung eines Forums für die sogenannten BRICS-Staaten Brasilien, Russland, Indien und China. Die Organisation des kollektiven Sicherheitspakts (ODKB) und die Eurasische Wirtschaftsunion im Süden der ehemaligen Sowjetunion gewinnen an Gestalt. Vor dem Londoner G-20-Gipfel 2009 versuchten Moskau und Peking, die Idee einer neuen globalen Leitwährung auf die Tagesordnung zu setzen – faktisch als Angriff auf den US-Dollar. Moskau und Peking agieren im UN-Sicherheitsrat wie ein vertrautes Paar und haben über ihre Vetomacht den Hebel zur Kontrolle westlicher Außenpolitik in der Hand. Die Kriege in Kosovo und im Irak konnten sie nicht verhindern, einen Militärschlag gegen den Iran schon. In der Libyenkrise enthielten sich bei der Abstimmung über eine Militärintervention in der UNO alle BRICS-Staaten der Stimme. Russland und China werden auf die Ablösung der G-8 durch die G-20 drängen, in der die BRICS-Staaten stärker vertreten sind als die »alten«

Europäer, und Vorschläge zur Generalüberholung der WTO machen.

In der neu entstehenden Konstellation der Weltwirtschaft – der Rohstoffweltordnung – werden die staatskapitalistischen Länder Asiens die Krise nutzen, um die EU einzuholen. Die im Westen verbreitete Ansicht, Russland würde seine Identität gefährden, wenn es sich von Europa abwendet, ist nicht richtig. In Meinungsfragen aus den vergangenen Jahren bezeichneten die vom Westen schwer enttäuschten Russen nach Weißrussland und Deutschland immer wieder China als wichtigsten Verbündeten.

China und Russland entwickeln in ihren Beziehungen tatsächlich eine neue Software. Schritt für Schritt kaufen sich chinesische staatliche Energiekonzerne in die russischen und zentralasiatischen Energiekomplexe ein. Sie finanzieren und legen selbst die notwendigen Pipelines für den künftigen Transport von Erdgas und Erdöl aus Sibirien und dem Kaspischen Raum nach Asien. Peking will zur Drehscheibe für die Verteilung des russischen Gases in Asien werden. Während westliche Banken momentan keine Kredite an russische Energiekonzerne vergeben, steht China als großzügiger Kreditgeber für strategische Investitionen in Eurasien bereit. Und während Russland amerikanische Militärbasen aus Zentralasien verdrängt, muss es eine wachsende Präsenz chinesischer Interessen in seinem Hinterhof akzeptieren.

Russland ist heute eine Energiemacht ohne Wirtschaft und die EU eine Industriegroßmacht ohne Energiereserven. Soll China die Rolle der EU für Russland übernehmen? Das Bestehen der EU auf einer wertegeleiteten Außenpolitik gegenüber Russland, die Menschenrechten größere Bedeutung als pragmatischen Wirtschaftsinteressen einräumt, führt zu einer Entfernung Russlands von Europa. Der Partnerschaftswechsel zu China wird Jahre dauern. Aber er kann irreversibel werden. Das staatskapitalistische Wirtschaftsmodell der Russen und Chinesen könnte Vorbildcharakter für andere Volkswirtschaften bekommen. Russland und China wollen ihre üppig gefüllten Währungsreservefonds dazu nutzen, um im Westen auf Einkaufstour zu gehen. Beide Länder dürften sich bei der Reformierung der internationalen Organisationen künftig abstimmen. Für Asien wird der Schlüssel zu regionalen Konfliktlösungen nicht mehr in Washington liegen.

Russland sollte sich darüber im Klaren sein, was es von China als Gegenleistung für die Belieferung mit Rohstoffen und fossilen Energieträgern erwartet. Gemeinsame Bildungsprojekte werden die beiden Länder nicht verbinden, da sie unterschiedlichen Kulturen angehören. In der Vergangenheit war China der größte Abnehmer russischer Waffen, doch inzwischen errichtet das Reich der Mitte seinen eigenen modernen Militärkomplex und wird künftig auf russische Rüstungsimporte verzichten. Heute scheint Russland alles auf die chinesische Karte zu setzen, um eine multipolare Weltordnung zu kreieren. Doch China tritt nach außen hin nie als echter Verbündeter Russlands gegenüber dem Westen auf. Wegen Russland wird sich China weder mit der EU noch mit den USA anlegen. Die Interessen Chinas und Russlands konvergieren allerdings bei der Frage der Eindämmung des immer mächtiger werdenden islamischen Extremismus.

6 IST RUSSLAND EINE ENERGIESUPERMACHT?

Warum erzittern wir vor der Energiewaffe?

Der Helikopter startet pünktlich vom Flughafen der dänischen Insel Bornholm. Der kurze Flug über die ruhige Ostsee wirkt wie reine Routine. Der Pilot meldet Sichtkontakt mit dem Zielobjekt. Von oben erscheint das seetaugliche Pipelineverlegeschiff *Castoro Sei* wie eine Bohrstation mit ten im Meer. Zwei große Kräne ragen von der 1.500 Quadratmeter umfassenden Deckfläche nach oben. Dort herrscht reges Treiben. Man sieht, wie ein riesiges Transportschiff an der schwimmenden Station anlegt, vollbeladen mit frisch geschweißten Pipelineröhren, die jetzt auf das italienische Halbtaucherschiff verladen werden. Die *Castoro Sei* schaukelt dabei kaum auf der Meeresoberfläche, sie ist an jeder Seite durch ein jeweils 3.000 Meter langes Stahlseil mit einem parallel fahrenden Ankerschiff verbunden. In sichtbarer Entfernung patrouillieren dänische Polizeiboote. Unbefugte dürfen sich der Seebaustelle nicht nähern. Langsam kreist der Hubschrauber über der Station, der ohrenbetäubende Lärm des Propellermotors dröhnt in die Kabine und macht eine Unterhaltung unmöglich. Bald thront die

Sikorsky-Maschine auf der Landestelle des ungewöhnlichsten 125 Meter langen Schwimmkörpers, den man sich vorstellen kann.

Die Besucher steigen aus und werden aus ihren dicken Sicherheitsanzügen befreit. Die Besichtigung der neun Arbeitsstationen ist in der Tat beindruckend. Zunächst werden die 1,2 Meter breiten Pipelines zusammengeschweißt, die Schweißnähte gründlich geprüft und mit Kunststoffen beschichtet, danach erfolgt das langsame Eintauchen der fertigen Röhren in das kalte Ostseewasser. Die *Castoro Sei* schafft drei Kilometer Pipelineverlegung am Tag, die 300 Mann Besatzung arbeiten in mehreren Schichten rund um die Uhr. Die Verlegung der 1.200 Kilometer langen Nord Stream-Pipeline durch die Ostsee ist mit einem riesigen technischen Aufwand verbunden. Der Kapitän lädt die Gäste in die Kantine ein. Er lässt ein große Portion Hummer servieren, Alkohol ist auf dem Schiff strengstens untersagt. Bevor das russisch-deutsche Pipelinekonsortium mit der Arbeit überhaupt beginnen konnte, erzählt er, mussten strengste Umweltauflagen erfüllt werden. Mit Spezialgeräten wurde der Meeresgrund nach alten Minen, versunkenen Schiffen und sonstigem gefährlichen Müll abgesucht. Der Bau durfte, weil er eine solch große politische Brisanz besitzt, nicht den geringsten Umweltschaden verursachen. Auf dem Meeresboden wurden zahlreiche Objekte gefunden, die Forscher noch jahrelang beschäftigen werden. Ein zweites Pipelineverlegeschiff, die Solitaire, ist in finnischen Gewässern im Einsatz. Das Gas über die Pipeline wird ab Ende 2011 nach Deutschland fließen.

Am späten Nachmittag verlässt der Helikopter die *Castoro Sei*. Jetzt ist den Besuchern bewusst geworden, welch bedeutende Rolle das Erdgas für die westliche Energieversorgung spielt und welche technischen Meisterleistungen vollbracht werden müssen, um Sibirien mit Westeuropa zu verbinden. Wenn man alle Pipelines der Welt zusammenfügt, kommt man auf 25.000 Kilometer – einmal um die halbe Welt. 80 Millionen Tonnen Stahl wurden dafür benötigt. Der heutige Preis beläuft sich auf 1.500 Euro pro Tonne. Die Arbeit der Ingenieure ist technisch aufwändig, denn die Verlegung der Rohre geschieht meist über unwegsames Gelände oder über den

Meeresboden. Das alles hat einen unvorstellbaren Preis: mehr als zwei Millionen Euro kostet der Bau eines Pipelinekilometers! Die Mengen von Erdgas, das in Zukunft durch Pipelines befördert werden soll, sollen in den nächsten zehn Jahren um 30 % erhöht werden. Selbst wenn inzwischen das Erdgas vermehrt als Flüssiggas (LNG) mit Spezialtankern durch die Weltmeere oder mit Eisenbahnwaggons aus Sibirien nach Europa befördert werden kann, bleiben Pipelines die sicherste Transportmöglichkeit. Sind die neuen Mammut-Pipelines die Attribute der neuen Energiemacht Russland? Ja – und niemand kann bestreiten, dass Russland auf den globalen Energiemärkten eine zentrale Rolle spielt. Russland hat einerseits die Rohstoffe, die die Weltmärkte brauchen und besitzt gleichzeitig auch die Infrastruktur – wenn auch modernisierungsbedürftig –, um die Energieträger zum Endverbraucher zu transportieren. Andere Energiemächte, wie die zentralasiatischen Staaten, stehen in dieser Hinsicht erst am Anfang. Das Pipelinesystem des Mittleren Osten ist für Europa weniger verlässlich.

Zu Beginn einige wenige, aber wichtige Zahlen: laut der Internationalen Energieagentur IEA ist Russland der größte Gaslieferant, der zweitgrößte Erdölexporteur, der drittgrößte Verkäufer von Steinkohle und der viertgrößte Nuklearenergieproduzent der Welt. Russland produziert 11 % der globalen Energie. Wie abhängig sind wir von Russland?

Russland ist heute, was Lieferungen an die EU betrifft, der zweitgrößte Erdgaslieferant (hinter Norwegen) und der zweitgrößte Erdöllieferant (hinter Großbritannien). Aus Russland bezieht die EU die meiste Steinkohle nach Südafrika. Russland besitzt ein Viertel der weltweiten Erdgasreserven und ist für 20 % der weltweiten Gasproduktion verantwortlich. Zwei Drittel des geförderten Gases verbraucht das Land allerdings selbst, dem Export sind also deutliche Grenzen gesetzt. Dennoch: 27 % des auf den Weltmärkten verkauften Gases stammt aus Russland. Den Löwenanteil seines Erdgases und Rohöls liefert Moskau in die EU – jeweils rund 80 %. Der Rest geht in die ehemaligen Sowjetrepubliken und nach Asien. Russland hat die siebtgrößten globalen Erdölvorkommen. Es sitzt aber nicht auf seinen Reserven, wie die meisten OPEC-Staaten, sondern ist zu 13 % an der Weltölproduktion beteiligt. Damit konkurriert es mit Saudi Arabien um die Position des Ölexporteurs Nummer eins.

Seit den Neunzigerjahren, in denen der Ölförderung in Russland Investitionen fehlten und sie deshalb im allgemeinen Wirtschaftschaos versank, ist die Produktion wieder um 20 % angestiegen. Das gleiche Bild herrscht in der Gasindustrie: Dort stieg die Produktion um 14 %. Schließlich die Nuklearenergie: Sie verzeichnete seit den Neunzigerjahren einen Anstieg von 32 %. Zweifellos nutzt Russland sein gewaltiges Potenzial an Energieressourcen, um sich einen der vordersten Plätze in der Rohstoffweltordnung von morgen zu sichern. Russland will in Zukunft nicht nur die EU mit Energieträgern beliefern. Die Öl- und Gaslieferungen nach Asien, die heute nur 3 % des Gesamtexports ausmachen, sollen 2015 auf 18 %, beziehungsweise 2030 auf 30 % steigen. Kommt es dadurch für die Europäer zu Lieferengpässen?

Auf dem Papier wird die EU immer abhängiger von Russland. Der Weltverbrauch an Öl und Gas soll bis 2030 insgesamt um 35 % steigen, hauptsächlich wegen der Nachfrage aus China und Indien. In der EU liegt der Importbedarf an Erdgas heute bei 60 %, wird aber in 20 Jahren 80–90 % betragen, wenn die traditionellen Öl- und Gasfelder in Europa ausgeschöpft sind. Erdöl muss heute schon zu 83 % importiert werden. Eine radikale Kehrtwende im Abhängigkeitsverhältnis kann der Einsatz regenerativer (erneuerbarer) Energien bringen, doch der Weg bis zur Verdrängung fossiler Rohstoffe ist noch sehr weit.

Deutschland verbraucht mehr russisches Gas als andere EU-Länder. 42 % der deutschen Gasimporte kommen aus Russland, während im gesamten EU-Import russisches Gas nur 25 % ausmacht. Deutschland hat über diesen Zustand früher kaum geklagt. Erst nach den Gaskriegen zwischen Moskau und Kiew ist der Begriff Erdgas zum Synonym für Abhängigkeiten von Russland geworden. 40 Jahre lang hat die Öl- und Gasversorgung Westeuropas aus Sibirien reibungslos funktioniert. Das Vertrauen zwischen Lieferant und Konsument konnte durch nichts erschüttert werden. Die EU hätte durch die Energieallianz mit Russland ein wichtiges Integrationsprojekt im Osten Europas auf die Beine stellen können. Doch 2006 und 2009 schaffte es die Ukraine, zwischen Russland und der EU Zwietracht zu säen und die langjährigen Partner auseinanderzudividieren.

2006 wird möglicherweise als das Jahr in die Geschichte eingehen, in dem der Westen entschied, langfristig auf zusätzliches russisches Gas zu verzichten. Seitdem spricht kaum ein westlicher Politiker über die Energieallianz, die Putin den Europäern in seiner Rede im Bundestag 2001 unterbreitet hat. Auch die Tatsache, dass Russland die Erschließung der weltgrößten Erdgasvorkommen auf der Jamal-Halbinsel aufgenommen und sein aus acht Pipelinesystemen bestehendes Netzwerk nach Westen ausgeweitet hat, um die Verdopplung der Gaslieferungen in die EU zu gewährleisten, berührt den europäischen Verbraucher wenig. Die EU spricht nur noch von der Dringlichkeit einer Diversifizierung, der Reduzierung von Energieexportabhängigkeiten und der Einführung regenerativer Energien.

Eine Mitschuld an der negativen Entwicklung trägt die russlandkritische Community von Sicherheitsexperten im Westen, die während des Kalten Krieges Atomraketen und Gefechtsköpfe zählte, und später, um nicht arbeitslos zu werden, in der Energieproblematik ein willkommenes Thema für die Weiterbeschäftigung mit der europäischen Sicherheitsordnung fand. Die Energiedebatte in Europa wird unverhältnismäßig stark politisiert. Sie erzeugt Freund- und Feindbilder, die den Stereotypen des Kalten Krieges gleichen. Russland wird nicht als vertrauensvoller Geschäftspartner erachtet, sondern oft als Feind, der Europa mit der Energiewaffe bedroht. Das russische Pipelinenetz wird in den Medien als Krake bezeichnet, die Europa »in die Zange nehmen« möchte.

Die Ängste der Europäer sind maßlos übertrieben. Putin spielt nicht den Eroberer an der Spitze der Geheimdienste. Das russische Importgas macht im deutschen Gesamtenergiehaushalt knappe 15 % aus und kann zum Teil mit LNG-Flüssiggas-Lieferungen substituiert werden. In Wirklichkeit ist Russland von seinen 500 Millionen EU-Konsumenten stärker abhängig, als es auf den ersten Blick scheint, denn wenn die EU das Gas nicht kauft, leidet der russische Staatshaushalt. Aus diesem

Grund hat Russland mit seinen westlichen Partnern Langzeitverträge abgeschlossen. Der Konsument kann sich darauf verlassen, dass Moskau das Gas in den vertraglich abgeschlossenen Mengen liefert. Russland muss sich gleichzeitig darauf verlassen können, dass die bestellten Gasmengen von der EU auch abgenommen werden. Wenn Gas gefördert wird, muss es sofort verkauft werden, eine Lagerung ist kompliziert und teuer. Durch die Langzeitverträge finanziert der Westen praktisch die Gasprom-Investitionen in die Exploration.

Bundeskanzlerin Merkel befürchtet trotzdem eine wachsende Abhängigkeit von russischen Gaslieferungen. Sie konnte in der Finanzkrise beobachten, wie Moskau seine Position im postsowjetischen Raum ausgebau hat. Während der Westen händeringend nach liquiden Finanzmitteln suchte, standen russische wie chinesische Staatsfonds wie die Feuerwehr bereit, alle Brände zu löschen. Im CDU-Wirtschaftsrat monierte Merkel, dass sich die GUS-Staaten mit ihren Geldproblemen eher an Putin wenden als an die helfende Hand des IWF. Sie hatte das Gefühl, dass der Rubel in Osteuropa mit den Scheckbüchern des IWF konkurriert. Künftig könnte Russland auch noch Griechenland unter die Arme greifen.

Welche Energiestrategie verfolgt Russland?

Im Kalten Krieg schaute die Außenwelt mit großer Furcht auf den sowjetischen militärisch-industriellen Komplex. Den Beobachtern entging der Aufbau eines anderen Riesenkomplexes, der für die Entwicklung der UdSSR nicht minder wichtig war als die Rüstungsindustrie – der Energiekomplex. Dabei dienten Öl- und Gasexporte schon damals der Finanzierung des Status' einer militärischen Supermacht, der Unterstützung der Satellitenstaaten sowie der Finanzierung der kommunistischen Weltrevolution. Der sowjetische Energiekomplex bestand aus einem riesigen integralen Industrieimperium: unzählige Förderanlagen, Tausende Kilometer lange Transportsysteme, quer durch das Land verstreute Reservespeicher, Verbindungstrassen nach Ost- und Westeuropa, gigantische Ölverladungshäfen, geologische Institutionen und sogenannte strategische Energiereservoire, in denen die Exploration erst später stattfinden sollte. Nach dem Zerfall des Sowjetimperiums wurde das Energieimperium aufgelöst und fand sich in seinen Teilen in den neuen unabhängigen Staaten wieder. Den zentralasiatischen Ländern fielen lukrative Öl- und Gasfelder zu, Ländern wie der Ukraine und Belarus das strategische Transitmonopol für den Export der Energieträger nach Europa. Auch die ehemaligen Warschauer Pakt-Staaten gingen nicht leer aus, sie erwarben hochwertige Teile des auseinandergefallenen Energiekomplexes in Form von Durchleitungssystemen, Gasspeichern, Raffinerien und Verladehäfen. Jede Seite versuchte aus seinem Erbteil den größten Vorteil zu ziehen.

In den Neunzigerjahren lag der internationale Energiepreis am Boden, viele der Öl- und Gasfabriken waren mit ihrer veralteten Industriebasis und ihren verarmten Arbeitern eher eine Belastung für die Staaten als ein Pfund. In Russland wurden während der »wilden« Privatisierung die alten sowjetischen Ölbetriebe weit unter Preis an die neuen Oligarchen abgegeben. Kurz vor dem Ende der Jelzin-Ära entbrannte zwischen den Oligarchen und der Regierung ein Kompetenzstreit um den Gasmonopolisten Gasprom. Der damalige Ministerpräsident Viktor Tschernomyrdin, früher Energieminister der UdSSR, rettete dem Staat die Kontrolle über die bedeutendste Deviseneinnahmequelle des Landes. Doch weder die Regierung noch die neuen Firmenbesitzer besaßen in den Neunzigerjahren das notwendige Geld für die Modernisierung des Energiekomplexes. Die sinkende Förderung konnte nur mit ausländischer Hilfe gestoppt werden. Westliche Energiekonzerne wurden ins Land eingeladen, um zu investieren. Sie zierten sich zunächst wegen der Risiken. Um sie zu ködern, erteilte ihnen die Regierung Privilegien in Form von Steuerbefreiungen und Sondergenehmigungen bei der Ausbeutung der Ressourcen. Das ging so weit, dass der Staat in Verträgen mit ausländischen Mineralkonzernen für 25–30 Jahre auf eine Gewinnmarge verzichtete. Das weckte in der westlichen Geschäftswelt Appetit auf mehr. Würde Russland seine mineralischen Bodenschätze internationalisieren? BP kaufte in Südsibirien ein lukratives Gasfeld im festen Glauben, eines Tages Erdgas nach China zu verkaufen. Andere Ölmultis ließen sich so auf die Halbinsel Sachalin locken.

In den Sechziger- bis Neunzigerjahren des letzten Jahrhunderts befanden sich 85 % der Weltölreserven unter der Kontrolle transnationaler Konzerne. Doch dann folgte der Paradigmenwechsel. In Russland verhalf der unaufhörlich steigende Ölpreis dem Kreml zu einer neuen Energiestrategie, die Russlands gesamte Probleme aus den Neunzigerjahren lösen konnte. Zunächst wurde aus der sprudelnden Exportquelle ein Reservefonds angelegt, in den die Zusatzeinnahmen aus dem Energiegeschäft flossen. Die russischen Energielieferanten mussten ab einem Ölpreis von 15 US-Dollar pro Barrel eine 90-prozentige Exportsteuer an den Staat bezahlen. Ausländischen Konzernen wurden die Privilegien in der Ölförderung gestrichen, sie mussten sich nun mit der Rolle von Juniorpartnern begnügen. Jegliche Pläne einer Zerschlagung von Gasprom, die in den Neunzigerjahren konkrete Formen angenommen hatten, wurden beiseitegelegt. Die Oligarchen wurden aufgefordert, ihre in den Neunzigerjahren erstandenen Ölgesellschaften an die Staatskonzerne wie Gasprom oder Rosneft zurückzuverkaufen. Diejenigen, die dagegen opponierten, wurden entmachtet, vertrieben, oder – wie im Falle von Chodorkowski – enteignet. Die Staatsmacht sicherte sich wieder die Kontrolle über die strategischen Bereiche der Bodenschätze und Ressourcenausbeutung. Laut dem Finanzinstitut Trojka Dialog stieg der Staatsanteil an Erdöl- und Erdgasgesellschaften von 2004 bis 2007 von 32 % auf 47 %. Drei Jahre später lag er weit über 50 %. Der Staat bestimmte in Zukunft über strategische Investitionen, über Fragen der Energieversorgung des Auslands sowie über die Akkumulierung von Exporteinkünften. Der Staat kam in die beneidenswerte Lage, seine wirtschaftliche Sanierung, den einsetzenden Aufschwung und seine ambitionierten Militärausgaben nicht aus spärlichen Steuereinnahmen aus der Bevölkerung, sondern aus den unermesslichen Petro-Dollar finanzieren zu können. Putin konnte es sich sogar leisten, den weltweit niedrigsten Steuersatz von 13 % einzuführen.

Russische Politiker waren stets gute Schachspieler gewesen. So auch in der Energiepolitik. Den Strategen im Kreml war vollkommen klar, dass die in Russland im Überfluss vorhandenen Brennstoffe nur noch bis Mitte des 21. Jahrhunderts auf den Weltmärkten diese Art von Begehrlichkeit wecken würden. Danach werden die globalen fossilen Energiereserven langsam zur Neige gehen und die Menschheit wird den Strom aus der Steckdose und die Fahrleistung der Automobile mit anderen Energiequellen bewerkstelligen müssen. Doch in den nächsten 20 bis 30 Jahren kann Russland in einer Welt, die immer stärker von Rohstoffen und Energie abhängen wird, die Rolle einer Energiemacht spielen. Heute fördert Russland nur so viel Öl und Gas, wie es gewinnbringend weiterverkaufen kann. Im Nordteil des Kaspischen Meeres, im Osten Sibiriens und im russischen Teil der Arktis lagern die eigentlichen strategischen Reserven der Energiesupermacht, die nur dann gefördert werden sollen, wenn andere Quellen versiegen.

Die Energiestrategie Russlands ist bis 2030 festgelegt. Zu dem Zeitpunkt wird der Höhepunkt des Erdölzeitalters überschritten sein, danach werden fossile Brennstoffe keine wichtige Rolle mehr spielen. Bis zu diesem Zeitpunkt muss Russland den nationalen Rohstoffreichtum strategisch für seine Modernisierung nutzen und gleichzeitig seine Wirtschaft aus der Abhängigkeit vom reinen Rohstoffexport befreien. Zu den oben aufgezählten Maßnahmen kommen weitere. Die EU wird bis 2030 zusätzliche 200 Milliarden Kubikmeter benötigen. Russland will die notwendigen Mengen aus dem westlichen Teil Sibiriens über neue Pipelines liefern. Die Größenordnung des von den asiatischen Ländern in Zukunft benötigten Erdgases ist noch nicht genau errechnet worden und hängt von den Wachstumsperspektiven Chinas und Indiens ab. Russland ist bereit, seine Exportinfrastruktur ins südliche Asien auszurichten und den Kontinent mit Gas und Öl zu versorgen. Dafür benötigt das Land Milliardeninvestitionen in die noch kaum begonnene Förderung in Ostsibirien, auf Kamtschatka und am Nordpol. Gleichzeitig wächst in Russland die Wirtschaft um 4 % jährlich. Bis 2020 wird Russlands eigene Nachfrage nach Erdgas um 50 % steigen – parallel zum Anstieg der europäischen Nachfrage nach Gasimporten um 50 %. In China wird der Gasverbrauch von 6 % auf 13 % steigen. Also muss Russland seine Förderung verdoppeln, um sowohl eigene als auch ausländische Konsumenten zu befriedigen.

Gasprom kann jetzt schon seine Exportverpflichtungen aufgrund des hohen Inlandsverbrauchs nur durch den Aufkauf zusätzlichen Gases aus Zentralasien befriedigen. Im russischen heimischen Energiemix macht Erdgas 50 % aus. Die russische Regierung plant, die Inlandspreise drastisch anzuheben, dadurch den eigenen Verbrauch zu drosseln, aber zusätzliche Kapazitäten für den Export zu schaffen. Kohlenwasserstoffe sollen weiter für den lukrativen Export genutzt werden, die Binnennachfrage nach zusätzlicher Energie soll durch eine Erhöhung der Nuklearenergieerzeugung von 15 % im heutigen Energiehaushalt auf 25 % gestillt werden.

Die russische Energiestrategie sieht vor, künftig Öl und Gas im eigenen Land zu veredeln. Heute werden 90 % der Energieträger im Rohzustand ins Ausland veräußert. In den nächsten Jahrzehnten soll zuerst die eigene chemische Industrie von den nationalen Bodenschätzen profitieren. Der Rohölexport soll deshalb verringert werden. Das alles beantwortet allerdings noch nicht die Frage nach der notwendigen Vergrößerung des Fördervolumens. Die Erschließung neuer Gasfelder in Jamal und Schtokman verzögert sich aufgrund fehlender Technologien und Know-how. Russland kann die Modernisierung seines Energiekomplexes und die Steigerung seiner Erdgas- und Erdölförderung ohne ausländische Kooperation kaum bewerkstelligen. 2010 wurde deshalb der erneute Regierungsbeschluss gefasst, Joint Ventures mit finanzkräftigen, vor allem aber technologisch versierten ausländischen Ölmultis zu gründen. Die staatliche Ölgesellschaft Rosneft ging eine strategische Zusammenarbeit mit BP ein. Die russische Seite brauchte die technische Ausrüstung von BP, um im arktischen Schelf die Ölförderung zu starten. Gleichzeitig erhoffte sich die Staatsholding mit Hilfe des BP-Konzerns die Öffnung internationaler Märkte. Momentan befindet sich dieses Joint Venture noch in der Schwebe, doch Gasprom unterhält ähnliche Joint Ventures schon seit Jahren mit den deutschen Energiekonzernen BASF/Wintershall und E.ON/Ruhrgas, der italienischen ENI auf Jamal und der französischen Total sowie der norwegischen Statoil in Schtokman.

Zur Energiestrategie gehörte auch die Öffnung strategischer Erdöl- und Erdgasindustriezweige für ausländische Investoren. Die Erhöhung des Anteils ausländischer Direktinvestitionen in die russische Energiewirtschaft soll in den nächsten Jahren auf 12 % steigen. In letzter Zeit war von Putin zu vernehmen, dass der russische Energiesektor zu den liberalsten in ganz Europa gehöre. Laut Putin hat die Regierung die meisten Energieunternehmen von der Liste der nicht zu privatisierenden »strategischen Branchen« der Rohstoffförderung gestrichen. Diese unterlägen jetzt keinen Beschränkungen mehr.

Nach einer Phase der Konsolidierung des Energiekomplexes durch Verstaatlichungen kehrte Russland auf den Weg konstruktiver Zusammenarbeit mit westlichen Partnern zurück. Diese werden in den nächsten Jahren für Investitionen bei der Erschließung von mineralischen Rohstoffen dringend benötigt. Auch in Ostsibirien sollen Förderungen von der Steuer befreit werden. Typischerweise nahm die Regierung aber dort, wo es westlichen Unternehmen etwas gab, sofort wieder etwas weg. Ausländische Förderanlagen sollen künftig mit hohen Importzöllen belegt werden. Dadurch werden einheimische Maschinenbauer unterstützt.

Russlands Energieaußenpolitik

2010 befanden sich 65 % der Weltölreserven unter der Kontrolle von Staaten und Staatskonzernen großer Förderländer. Die europäischen transnationalen Konzerne wie Shell, British Petroleum (BP), Statoil Hydro und Total mussten die veränderten Spielregeln zähneknirschend akzeptieren und ließen Unternehmen wie Saudi Aramco, Gasprom, CNPC (China), NIOC (Iran) und PDVSA (Venezuela) den Vortritt. Die US-Konzerne schalteten indessen auf stur. Die europäischen Firmen wollten sich die Rekordgewinne in Zeiten des in schwindelerregende Höhen gestiegenen Ölpreises nicht entgehen lassen, die Amerikaner tobten, weil sie den geopolitischen Einfluss, den sie über ihre Unternehmen ausübten, verloren. Dabei hatten die USA im Mittleren Osten alles auf eine Karte gesetzt. Der Ex-Chef der US-Notenbank Alan Greenspan gab freimütig zu, dass es den Amerikanern im Irak-Krieg ums Öl ging. Die USA wollten ihren Konzernen den Zugriff auf das irakische Öl sichern. Die Vermutung lag nahe, dass im Libyen-Krieg 2011 die Franzosen und Engländer von ähnlichen Motiven geleitet wurden. Dies waren die Konturen der neuen Rohstoffweltordnung, in der die erfolgsverwöhnten westlichen Akteure nicht verlieren wollten.

In den Neunzigerjahren hatten Russland und die USA eine vielversprechende Zusammenarbeit im Energiesektor begonnen. Zu Beginn des 21. Jahrhunderts nahm sie konkrete Formen an. US-Konzerne zeigten Interesse an der Umrüstung russischer Terminals am Kaspischen Meer und in Murmansk für Flüssiggastransporte (LNG). Sie waren sogar bereit, strategische Ölpipelines für den Transport zentralasiatischer Energieträger über russisches Territorium bis ans Schwarze Meer zu bauen. Nach den Ereignissen vom 11. September 2001 waren in den Staaten des Persischen Golfs Turbulenzen zu erwarten. Pläne wurden geschmiedet, wie die Öl- und Gasreserven für die Versorgung des Westens auf russischem Territorium angelegt werden könnten. Der russisch-amerikanische Energiedialog verlief vertrauensvoller als der europäisch-russische. Jukos-Chef Chodorkowski erhielt vom Kreml den Auftrag, LNG-Exporte über den Atlantik auf den amerikanischen Kontinent zu organisieren. Jukos erwarb Ölterminals in Murmansk und im lettischen Ventspils. Die Verhaftung von Chodorkowski beendete abrupt jede Form der Energiekooperation.

Jahre später wurde Chodorkowski in einem Interview gefragt, warum er verfolgt werde. Der Oligarch äußerte selbst die Vermutung, dass seine Pläne einer Fusionierung mit einem amerikanischen Ölmulti den Kreml zum Ziehen der Notbremse veranlasst hätten. Chodorkowski vergaß zu erwähnen, dass er mit der russischen Regierung auch einen Riesenstreit um Öllieferungen nach China hatte. Der Oligarch wollte eigene Pipelines in das Reich der Mitte verlegen, um mit Jukos auf dem ungesättigten Markt Asiens zu expandieren. Der Kreml hatte diesbezüglich eigene Pläne. Kurz vor seiner Verhaftung im Oktober 2003 war Chodorkowski in Berlin und sprach auch im Bundeskanzleramt vor. Er hinterließ einen ambivalenten Eindruck. Einerseits versprach er in einer mit großem Applaus bedachten Rede in der Deutschen Gesellschaft für Auswärtige Politik, sich künftig dem Aufbau der russischen Zivilgesellschaft zu widmen. Andererseits bat er um deutsche Unterstützung im Kampf gegen den Kreml. Die Zerschlagung seines Konzerns markierte den Schlussstrich unter das Energiewirtschaftsmodell der Neunzigerjahre. In Zukunft führte der Zutritt zum russischen Energiesektor nur über den Kreml.

Die russische Energiebranche plagt heute ein Kommunikationsproblem. Die westlichen Länder würden sich gerne bei der Energiesupermacht engagieren, doch schon das äußere Erscheinungsbild der vor Selbstbewusstsein strotzenden neuen russischen Energiezaren, die fast alle noch aus dem alten Sowjetenergiekomplex stammen, ist wenig einladend. Kaum einer der russischen Entscheidungsträger spricht Fremdsprachen, die Manager wissen nicht, wie sie mit westlichen Medien umgehen sollen. Westliche Partner werden behandelt wie Untergebene. Auf russischen Öl- und Gaskonferenzen ist Diskussion unerwünscht, es wird auch nicht nach einem Konsens gesucht. Schuld sind stets die anderen. Die eigene Meinung wird dem Verhandlungspartner oder dem Auditorium aggressiv und ohne Widerrede aufgezwungen. Kein Wunder, dass sogar bei wohlwollenden westlichen Beobachtern der Eindruck entsteht, Russland freue sich darüber, andere energiepolitisch zu dominieren. Die zahlreichen westlichen PR-Firmen, die sich um die Verbesserung des russischen Images bemühen müssen, stöhnen jedes Mal, wenn ihre wohlgemeinten Ratschläge brüsk ignoriert werden. Wenn man russischen Konzernen nahelegt, vernünftige und transparente Lobbyarbeit in den westlichen Hauptstädten zu betreiben, winken sie ab: Mit dem politischen Fußvolk setzen wir uns nicht an den Tisch, wir wenden uns direkt an die Staatschefs.

Nachdem Russland den Energiekomplex auf eigenem Territorium wieder zentralisiert hatte, wurde der nächste Konsolidierungsschritt getan. Russische Konzerne wurden dazu animiert, sich in die Energieinfrastruktur der ehemaligen Sowjetrepubliken und Ex-Warschauer Pakt-Staaten einzukaufen. Den größten Erfolg in dieser Hinsicht verbuchte Russland in Belarus und Armenien. Schritt für Schritt übernahm Moskau dort die Kontrolle über die lokalen Produktionsstätten und Transitsysteme. Mit der Ukraine haben 2010 die Verhandlungen über eine Fusion des staatlichen NaftoGas-Konzerns mit Gasprom begonnen.

Der russische Gasmonopolist ist Miteigentümer der Gastransitpipeline durch Polen und die baltischen Staaten, strebt nach dem Besitz des strategisch bedeutenden Gasspeichers MOL in Ungarn und streckt, im Zuge der Verlegung der South Stream-Pipeline durch die Staaten des Balkans, seine Fühler nach den energierelevanten Industriestrukturen der Länder Ex-Jugoslawiens aus. In Deutschland ist Gasprom Kobetreiber des Joint Ventures Wingas, wodurch Russland sein Gas direkt an seine Kunden im Zentrum Europas liefern kann. Der russische Ölkonzern Lukoil fährt seit Jahren einen ähnlichen Expansionskurs in Mittelosteuropa, hat sich aber auch Anteile am Tankstellenmarkt in den USA gesichert. Gasprom ist daran interessiert, sich in die westeuropäischen Stadtwerke einzukaufen, um sein Gas vor Ort vermarkten zu können. Die EU betrachtet die Pläne misstrauisch.

Die Integration in die Produktionsstrukturen anderer Länder stärkt die strategische Bedeutung der Energiemacht Russland auf dem europäischen Kontinent. Widerstand ist bei den Einkaufstouren kaum zu vermeiden. Als die Litauer sich weigerten, ihre Ölraffinerie Mazeikiu Nafta an einen russischen Investor zu veräußern und sie stattdessen in polnischen Besitz übergab, beendete Russland die Rohölversorgung der Fabrik durch einen Lieferstopp. Das russische Rohöl läuft seitdem nicht mehr durch das baltische Pipelinesystem, sondern wird über den Sankt Petersburger Hafen verschifft.

Zu den interessantesten, aber gleichzeitig zwiespältigsten Figuren an der Spitze des wiedererstarkten Energieimperiums entwickelte sich Putins ehemaliger Büroleiter in Sankt Petersburg, Igor Setschin. Während der Präsidentschaftszeit Putins agierte er noch hinter den Kulissen der Kremlregierung. Außenstehenden war nur bekannt, dass Setschin als Aufsichtsratsvorsitzender von Rosneft zum Hauptkontrahenten

Chodorkowskis wurde. Offensichtlich arbeitete er im Auftrag Putins an der Verstaatlichung der Ölindustrie und kassierte die Filetstücke der einst größten privaten Erdölgesellschaft Jukos. Seit 2007 produziert Rosneft das meiste Erdöl in Russland und verfügt über eine Marktkapitalisierung von 100 Milliarden US-Dollar. Als Putin 2008 Ministerpräsident wurde, wechselte Setschin als Vizepremier für Energiefragen in die Regierung und wurde, neben Putin und Medwedew, zum drittmächtigsten Politiker. Der Mann, der zuvor jahrelang öffentliche Kontakte scheute, entwickelte sich über Nacht zum omnipräsenten »Energieaußenminister«. Wie kaum ein anderer russischer Politiker bereiste er die Welt – insbesondere potenzielle Energiepartnerländer Russlands.

Setschin führte mehrere Verhandlungen mit OPEC-Staaten, platzierte russische Ölkonzerne und Gasprom in den Energiemärkten Mittel- und Lateinamerikas, organisierte für eine russische Baufirma den Vertrag zur Verlegung einer Pipeline aus Ägypten über Jordanien und Syrien in die Türkei, brachte russische Investoren mit Energiepartnern in Vietnam und Singapur zusammen, überzeugte afrikanische Diktatoren davon, russischen Firmen Zugänge zu lukrativen zukünftigen Energiemärkten zu gewähren und wurde ebenfalls zum Verhandlungsführer russischer Energielobbyisten bei der EU in Brüssel. Das russische Fernsehen zeigte Setschin im Beduinenzelt Gaddafis, am Krankenbett des kubanischen Staatsführers Fidel Castro, in freundschaftlicher Umarmung mit dem Präsidenten von Venezuela, Hugo Chavez, sowie beim Teetrinken mit arabischen Scheichs am Persischen Golf. Setschin, in den Achtzigerjahren als Militärdolmetscher in Afrika stationiert, bereitete die ab 2005 einsetzende Großexpansion russischer Energiekonzerne – staatlicher und privater – auf allen Kontinenten der Erde vor. Für Konzessionen im Erdöl- und Erdgasgeschäft versprach Russland den interessierten Staaten günstige Kredite, moderne Waffen und den Bau von Atomkraftwerken.

Ausländische Geheimdienste interessierten sich außerordentlich für Setschins Fernreisen, denn sie dokumentierten, was die russische Energieaußenpolitik in der Praxis bedeutete. Einige Male schlugen die USA Alarm, vor allem als

Setschin daranging, andere erdgasexportierende Länder zur Gründung eines neuen Kartells – der Gas-OPEC – zu überreden. US-Senator Richard Lugar drohte 2006 Russland indirekt mit einer Energie-NATO, die die Energieversorgungssicherheit des Westens, falls erforderlich, sogar mit militärischen Mitteln verteidigen würde. Der Sicherheitsexperte der amerikanischen Heritage Foundation, Ariel Cohen, schrieb im *Wall Street Journal*: »Westliche Politiker sollten verstehen, dass Afrika für sie verlorengeht. Medwedew bereiste Ägypten, Nigeria, Namibia und Angola auf der längsten Tour, die jemals ein russisches Staatsoberhaupt durchgeführt hat. Anders als Präsident Obama, der nach Afrika reist um über die globale Erderwärmung zu lamentieren, diente der russische Besuch der Inspektion von Öl, Gas, Diamanten und Uran.«

Besonders erschrocken zeigten sich die USA von den Plänen Russlands, Pipelines aus Zentralafrika über die Sahara nach Europa zu legen. Damit würde die Abhängigkeit des Westens von russischen Energieimporten weiter ansteigen, argumentierten sie. Vor allem das russische Umwerben Algeriens und Libyens, einer Gas-OPEC beizutreten, alarmierte die Vereinigten Staaten. Man dürfe, so die strategische Community in Washington, Afrika nicht den Russen und Chinesen überlassen, denn diese würden von dort die Rohstoffe aussaugen, den Kontinent durch Waffenlieferungen aufrüsten und die schwarzafrikanischen Herrscher korrumpieren. Die werteorientierte Außenpolitik der EU würde dadurch an Einfluss und Bedeutung verlieren.

Drohen Pipeline-Kriege?

Mitte der Neunzigerjahre schrieb Putin seine Doktorarbeit. Dort entwarf er eine Vision. Russland müsse seine Wirtschaft auf der Macht seiner mineralischen Bodenschätze aufbauen. Russland brauche Konzerne, die auf der Basis des Konzepts staatlich-privater Partnerschaften mit den transnationalen Korporationen konkurrieren könnten. Der Leser der Dissertation findet sich schnell in der heutigen Realität wieder. Der

Streit um die Verlegung neuer Pipelines aus den Öl- und Gasförderregionen der ehemaligen Sowjetunion hat am Kaspischen Meer die Konturen der Geopolitik vergangener Weltimperien angenommen. Das neue *Great Game* liest sich wie ein spannender Kriminalroman. Ein wesentliches Element des einstigen sowjetischen Energiekomplexes sind die Pipelines. Moskau möchte, dass sein Pipelinemonopol bestehen bleibt und keine alternativen Transportrouten in Umgehung seines Territoriums entstehen. Deshalb kauft es den Staaten Zentralasiens deren Energieträger ab, um sie im Westen als eigenes Gas zu vermarkten. Dies funktionierte solange erfolgreich, bis Russland von den Transitländern, der Ukraine und Belarus, Weltmarktpreise für sein Öl und Gas verlangte. Logischerweise forderten die zentralasiatischen Staaten im Gegenzug ebenfalls Weltmarktpreise für ihre Energielieferungen.

Niemand konnte sich vor 20 Jahren eine Verselbstständigung der sowjetischen »islamischen Kolonien« vorstellen. Als die Loslösung Realität wurde, stellten die neuen Besitzer der Öl- und Gasressourcen fest, dass die wenigen Pipelines, die ihr kostbares Gut auf die Weltmärkte bringen konnten, alle über Russland führten. Nach dem Zerfall der Sowjetunion prallten am Kaspischen Meer die Energieinteressen Russlands, der USA, der EU, Chinas und des Iran aufeinander. Die USA und die EU verfolgten das Ziel, die Region aus der russischen Umklammerung zu befreien und neue Pipelines über den Kaukasus nach Europa zu legen. Die alternativen Pipelinebaupläne zogen sich unendlich hin. Die territorialen Konflikte im Nord- und Südkaukasus verzögerten den Abtransport des kaspischen Öls und Gases. Russland wehrte sich mit aller Macht gegen den Verlust seines Transitmonopols, zwei Attentate auf den damaligen georgischen Staatschef Eduard Schewardnadse zeugten davon, mit welcher Rücksichtslosigkeit die geopolitischen Auseinandersetzungen geführt wurden. Erst 2005 wurde die von den USA so vehement unterstützte Baku-Ceyhan-Pipeline endlich in Betrieb genommen, die 800.000 Barrel pro Tag (1 % der Weltölproduktion) an aserbaidschanischem Öl, in Umgehung Russlands, über Georgien an die türkische Mittelmeerküste transportiert. Zehn Jahre später soll, parallel zur Öltransittrasse, die von der EU geförderte Nabucco-Pipeline 30 Milliarden Kubikmeter Gas pro Jahr über die Türkei nach Europa pumpen. Neben 10 Milliarden Kubikmeter aserbaidschanischen Gases könnten zusätzlich turkmenisches Gas und nordirakisches Gas durch die Nabucco-Pipeline fließen. Gaslieferungen aus dem Kaspischen Raum durch den Iran erlaubten die USA nicht. Turkmenistan hat der EU versprochen, jährlich 40 Milliarden Kubikmeter Gas bereitzustellen, doch manche Experten meinen, dass Aschchabad mit seinen Reservemengen spekuliert und sein Gas allen verspricht – Russen, Chinesen, Indern und eben auch der EU. Kasachstan suchte ebenfalls die Diversifizierung von Moskau und errichtete für seine Brennstoffe eigene Transportwege nach Westen. Der staatliche Konzern Munaigaz hat zwei Terminals an der Schwarzmeerküste – in Rumänien und in Georgien – erworben und sich den direkten Zugang zum EU-Ölmarkt gesichert.

Ohnmächtig musste Russland mit ansehen, wie sein Pipelinemonopol im Südkaukasus zerbrach. Lange versuchte Moskau den Bau der Nabucco-Pipeline zu verhindern. Moskau war sich sicher, dass die EU die 8 Milliarden Euro für den Bau der Pipeline niemals zusammenbekommen würde. Moskau kaufte den Aserbaidschanern ihr Gas zu einem beträchtlichen Teil ab. Baku wollte jedoch keine einseitigen Abhängigkeiten von Moskau und orientierte sich zunehmend an Nabucco. Nur Armenien, wo die Energieinfrastruktur weitgehend durch russische Konzerne kontrolliert wurde, blieb Moskau treu. Georgien bezog inzwischen sein Gas aus Aserbaidschan.

2010 folgte der nächste Schock für Russland. Das russische Transitmonopol wurde nun auch im Ostteil des Kaspischen Meeres – in Zentralasien – aufgebrochen, und zwar nicht etwa von den USA, sondern von China. Chinas staatlicher Energiekonzern kaufte sich mit Milliarden von US-Dollar in die Energiekomplexe der zentralasiatischen Länder ein. Peking versorgte die Länder mit Krediten, die Rückzahlung erfolgte mittels Gas- und Öllieferungen. In weniger als zwei Jahren wurden eine Gas- und eine Ölpipeline aus Zentralasien nach China gelegt. Seit Beginn des chinesischen Ölnachfragebooms vor zehn Jahren insistierte Peking gegenüber Moskau auf den Bau von Erdgas- und Erdöltrassen aus den sibirischen

Mineralrohstofflagerstätten nach Nordwest-China. Jukos-Chef Chodorkowski war der größte Lobbyist der Ölpipeline. Doch der Kreml weigerte sich, China die Rolle einer Energie-Drehscheibe für den asiatischen Kontinent zu übertragen und wollte in Eigenregie das Asiengeschäft kontrollieren. In Asien zeigten nicht nur China, sondern auch Südkorea und Japan Interesse an der Energiekooperation. Nachdem das zentralasiatische Öl und Gas nach Osten abfloss, beschloss der Kreml in die Offensive zu gehen und baute, finanziert aus einem chinesischen Staatskredit in Höhe von 25 Milliarden US-Dollar, eine 7.000 Kilometer lange Gas- und eine 5.000 Kilometer lange Ölpipeline. Das Gas für China fließt künftig aus Westsibirien, Öl aus den geologisch erst zu 10 % erforschten Reservoiren Ostsibiriens. Erstaunlicherweise akzeptierte Russland, das gegenüber europäischen Kunden stets auf Weltmarktpreisen bestand, im Falle Chinas einen niedrigeren Gasexportpreis. China soll künftig 30 Milliarden Kubikmeter Gas jährlich erhalten, etwa ein Fünftel des europäischen Exportvolumens.

Eine der ersten energiepolitischen Initiativen von Präsident Medwedew, der früher Aufsichtsratsvorsitzender von Gasprom gewesen war, konzentrierte sich auf die zentralasiatischen Länder. Medwedew unterbreitete ihnen den Vorschlag, eine Gaspipeline am Ostufer des Kaspischen Meeres entlang nach Russland zu legen. Moskau hätte den Großteil der Baukosten übernommen. Ziel der Aktion war die Verhinderung der Nabucco- sowie der chinesischen Pipeline. Nun brach Russland jedoch die ungeschriebenen Gesetze des *Great Game*. Als während der Finanzkrise die Nachfrage nach Gas in Europa sank, wollte Moskau das turkmenische Gas nicht mehr abnehmen. Als Grund für den Vertragsbruch nannte Moskau eine Beschädigung der Pipeline, über die bislang das »blaue Gold« nach Norden geflossen war. Aschchabad bezichtigte Gasprom daraufhin der Pipelinesabotage, wandte sich verärgert von Moskau ab und schloss sich der europäischen Idee der Nabucco-Pipeline an.

Um das Nabucco-Rohr mit seinem Gas füllen zu können, muss Turkmenistan allerdings bei den Anrainerstaaten des Kaspischen Meeres große Überzeugungsarbeit leisten. Über den Rechtsstatus des Gewässers wird seit dem Zerfall der Sowjetunion gestritten. Die auf dem Schelf befindlichen Öl- und Gasvorkommen sind aufgeteilt, doch die Verlegung von Pipelines bedarf der Zustimmung aller Anrainerstaaten. Moskau und Teheran verbieten heute den Bau der vom Westen anvisierten Transkaspischen Unterwasserpipeline, die zentralasiatisches Gas nach Aserbaidschan transportieren soll.

Im Bemühen, der geografischen und politischen Isolation zu entrinnen, schloss sich Turkmenistan den Plänen zum Bau einer 1.600 Kilometer langen Gaspipeline von Turkmenistan über Afghanistan und Pakistan an den Indischen Ozean an. Durch diesen Schritt wurde das russische Transitmonopol in Zentralasien endgültig aufgebrochen. Die TAPI-Pipeline, die 33 Milliarden Kubikmeter jährlich transportieren soll, sichert vor allen Dingen US-Konzernen den Zugang zu den Ressourcen des Kaspischen Meeres, hilft den Iran völlig zu isolieren und den russischen Einfluss zu begrenzen. Die Aufgabe der NATO wird es sein, das Bauvorhaben abzusichern.

Für Russland gewinnt die South Stream-Pipeline eine größere Bedeutung als Nord Stream. Die meisten Experten waren der Auffassung, dass sich zwei Pipelines aus der südlichen Region der ehemaligen Sowjetunion kommerziell nicht lohnen würden. Inzwischen bezog die EU einen beträchtlichen Teil ihres Gases in Form von LNG auf dem Spotmarkt. Die einzigartige Bedeutung von Pipelines sank. Im Wettbewerb zwischen Nabucco (30 Milliarden Kubikmeter jährlich) und South Stream (63 Milliarden Kubikmeter) haben die Russen jedoch die Nase vorn. Das internationale Konsortium ist mit ENI und Wintershall, den traditionellen Partnern Gasproms, solide aufgestellt. Die künftig zu transportierenden Gasmengen sind abgesichert und von EU-Klienten gekauft. Mit zahlreichen Staaten des Balkans befindet sich Moskau im Endstadium der Verhandlungen über die Pipelinetrasse. Sollte ein Land auf dem Balkan versuchen zu hoch zu pokern, haben russische Energie-Diplomaten andere Optionen in der Hinterhand. Der Kreml spielt Bukarest gegen Sofia, Belgrad gegen Zagreb, Prag gegen Bratislava aus. Natürlich sind die finanzschwachen Ex-Republiken Jugoslawiens, Rumänien, Bulgarien und Griechenland an den Milliardenverdiensten beim

Gastransit über ihre Territorien interessiert. Andererseits wollen sie nicht zwischen die Fronten der Pipelineprojekte geraten. Die EU konnte zwar nicht versprechen, die Nabucco-Pipeline ausreichend mit Gas zu füllen, doch war sie imstande, mit der Beitrittsperspektive zu locken, was vor allem für die Ex-Republiken Jugoslawiens ausschlaggebend war. Italien würde dann als Ergänzung die Transadriatische Pipeline über das Meer verlegen, um Gas aus Albanien in die EU zu transportieren.

Eine Schlüsselrolle für die Energieversorgung Südeuropas spielt die Türkei. Dieses Land könnte bald die Funktion der wichtigsten Drehscheibe für russisches und zentralasiatisches Gas im Süden der EU übernehmen. Ankara will aber keinesfalls »nur« Transitland werden. Es plant, das fremde Gas weiterzuverkaufen. Theoretisch könnte die Türkei im Erdgas schwimmen. Ankara wird über die russische Schwarzmeerpipeline Blue Stream mit 9 Milliarden Kubikmeter Gas jährlich beliefert. In Zukunft kann das Land weitere Gasmengen aus der Nabucco- oder der South Stream-Pipeline beziehen. Aserbaidschan, Turkmenistan, der Iran, der Irak – sie alle stehen als potenzielle Gaslieferanten Gewehr bei Fuß. Die Türken kontrollieren durch den Bosporus und die Dardanellen die Tankertransportwege aus dem russischen Schwarzmeerbereich nach Europa. Damit haben sie auch die Kontrolle über künftige LNG-Lieferungen nach Westen. Diese geopolitische Schlüsselstellung werden sie im Pokerspiel einsetzen. Ankara steht vor der Qual der Wahl: Nabucco – und damit die Erhöhung der Chancen eines EU-Beitritts oder South Stream – und damit Teil einer höchst perspektivenreichen Allianz mit der Energiesupermacht Russland. Letztere würde die gegenwärtigen geopolitischen Kräfteverhältnisse in der Schwarzmeerregion entscheidend verändern.

7 KANN UNS RUSSLAND DAS GAS ABDREHEN?

Europäische Gaskriege

Das Herzstück der Gasprom-Zentrale in Moskau ist der Kontrollraum. Ausländische Gäste sind dort willkommen. Auf einer überdimensionalen Wandtafel erkennt man deutlich die einzelnen Pipelinerouten aus Westsibirien und dem Kaspischen Raum nach Westen. Kontrolleure verfolgen rund um die Uhr den Weg des Erdgases. Sie drücken Knöpfe, öffnen und schließen Schleusen, telefonieren mit den Pumpstationen entlang der wichtigen Transportadern und achten darauf, dass die Gasspeicher für Notfälle ausgerüstet sind. So wie während der Mondlandungen die Fernsehbilder aus der Raumfahrtzentrale Houston die Überlegenheit der Supermacht USA dokumentierten, symbolisiert die leuchtende und blinkende Karte hier an der Wand die Ansprüche und Ambitionen der neuen Energiesupermacht Russland.

In der Silvesternacht 2005/2006, als überall auf dem Planeten die Sektkorken knallten, fand in der Gasprom-Zentrale eine Machtdemonstration statt, wie sie die Welt noch nicht erlebt hatte. Das Fernsehen zeigte, wie der Gasprom-Chef mit einem kalten Lächeln dem Nachbarland Ukraine den Gashahn zudrehte. Was war geschehen? Jahrelang hatte der Westen

Russland während der Verhandlungen zum WTO-Beitritt gedrängt, in der einheimischen Volkswirtschaft die Preise für Gas und Öl auf Weltmarktniveau anzuheben, um den Energiewettbewerb nicht zu verzerren. Die Ukraine war lange vor Russland in die WTO eingetreten. Kiew ratifizierte auch die Energiecharta mit den entsprechenden Transitregelungen. Damit hatte Kiew die westlichen Spielregeln akzeptiert. Doch das Land befand sich ständig im Rückstand mit der Bezahlung russischer Gasrechnungen. Das Land kaufte jährlich für zehn Milliarden US-Dollar Erdgas in Russland. Ende der Neunzigerjahre war die Schuldenlast auf fast zwei Milliarden US-Dollar angewachsen. Das Schuldenproblem wurde jedes Mal über politische Sonderverhandlungen gelöst. Die Rückstände wurden mit den Transitkosten für russisches Gas und mit der Pachtgebühr für die auf der Krim stationierte russische Schwarzmeerflotte verrechnet.

Moskau lockte die Ukraine immer wieder in den Einheitlichen Wirtschaftsraum und äußerte für den Fall des Beitritts die Bereitschaft, Kiew über Jahre hinaus mit billigem Gas zu versorgen. Zweitens liebäugelte Gasprom, gemäß der Idee einer Wiederauferstehung des ehemaligen sowjetischen Energiekomplexes, mit der Übernahme der strategischen ukrainischen Gastransportnetze. Wenn Kiew die Pipelines an Russland abtrat, dann könne es so viel Gas wie es wolle zu russischen Inlandspreisen beziehen. Die permanente Verschuldung der Ukraine lag darin begründet, dass Kiew sich nicht in der Lage sah, seinen hohen Energieverbrauch zu senken und deshalb das für den Westen bestimmte Transitgas in größeren Mengen für eigene Bedürfnisse aus der Pipeline entnahm. Moskau bezichtigte die Ukraine des Diebstahls, Kiew argumentierte, man wäre Russland beim Pachtpreis für die Stationierung der Schwarzmeerflotte und bei Transporttarifen entgegengekommen.

Der latente Konflikt musste gelöst werden. Über die Ukraine flossen immerhin 80 % der russischen Gaslieferungen nach Europa und fast ein Viertel des gesamten EU-Gasimports. Die Ukraine war somit ein Transitland von strategischer Bedeutung. Putin und Schröder glaubten 2002 einer Lösung nahe zu sein. Beide entwarfen die Idee eines internationalen

Konsortiums für die ukrainischen Gasleitungssysteme. Über 90 % des ukrainischen Pipelinenetzes waren veraltet. Die Infrastruktur musste für schätzungsweise 15 Milliarden Euro modernisiert werden. Die ukrainischen Rohre sollten in den Besitz ukrainischer, russischer und europäischer Energiekonzerne übergehen, die die Erneuerung bezahlen würden. Der Gastransit sollte danach trilateral betrieben werden. Doch die ukrainische Regierung erklärte das nationale Transitsystem für unverkäuflich, das Parlament nannte es das wichtigste Symbol der nationalen Souveränität. In Wirklichkeit wollte Kiew die Einnahmen aus den Tarifen für den russischen Gastransit in Höhe von zwei Milliarden Euro jährlich, die ein bedeutsamer Posten im Staatsetat waren, mit niemandem teilen. Staatliche Kreise in Moskau und Kiew wollten zudem die Korruptionsschemen im Gasgeschäft beibehalten.

2004 stand die Ukraine kurz vor dem Beitritt zum Einheitlichen Wirtschaftsraum, doch dann kam es zur Orangenen Revolution. Der pro-russische Ostukrainer Viktor Janukowitsch und der pro-westliche Viktor Juschtschenko stritten sich um die Macht. Letzterer gewann und orientierte sein Land auf einen schnellen Beitritt zur NATO und in die EU. Es kam zum Kalten Krieg im Verhältnis Moskau – Kiew. Putin warnte Juschtschenko vor einem Beitritt zur nordatlantischen Allianz. Die historische »Wiege« des mittelalterlichen Russlands, die Kiewer Rus, durfte sich nicht in einem fremden Sicherheitsbündnis befinden. Als sich der ukrainische Staatschef unumkehrbar dem Westen zuwendete, begann Russland von seinem Nachbarn Weltmarktpreise für das gelieferte Gas zu verlangen. Juschtschenko konnte jedoch die verordnete Preiserhöhung von 40 auf 100 US-Dollar je 1.000 Kubikmeter nicht akzeptieren und stellte die Zahlungen ein. Daraufhin drehte Gasprom das Gas ab. Um nicht zu erfrieren, entnahm die Ukraine, wie in der Vergangenheit, den Brennstoff aus dem Exportrohr nach Westen.

Die EU war entsetzt. Der slawische Bruderkrieg drohte zum ersten Mal in dem 40 Jahre währenden Gashandel zu erheblichen Energieimportengpässen in Europa zu führen. Zunächst nahm der Westen den vermeintlich schwächeren Kontrahenten – die Ukraine – in Schutz. Einige im Westen meinten, Russland müsse die ehemaligen Sowjetrepubliken mit billigen Energieträgern als Kompensation für die vergangene sowjetische Kolonisierung kompensieren. Dabei würde ein Stromanbieter einem Privathaushalt in Deutschland, der seine Rechnung nicht bezahlt, ebenfalls den Strom abschalten. Der Westen und Russland lagen sich zu jener Zeit wegen vieler anderer Dinge in den Haaren, sodass die reflexartige Schuldzuweisung an die Adresse Russlands einer gewissen Logik entsprach. Der Westen merkte aber nicht, dass die Ukraine ihr Transitmonopol in derselben Art und Weise als Instrument der Erpressung gegenüber Russland (und der EU) einsetzte wie Moskau sein Ressourcenmonopol als Waffe gegen ein Abdriften der Ukraine Richtung Westen.

Ein Gaskrieg, mit allen daraus folgenden negativen Konsequenzen für den europäischen Verbraucher, konnte im letzten Moment abgewendet werden. Juschtschenko akzeptierte den höheren Preis. Doch der Gaskonflikt entflammte später aufs Neue. Die Gründe waren stets dieselben: Moskau forderte Weltmarktpreise, die Ukraine zahlte nicht. Die EU wurde immer stärker zum Leidtragenden des Konflikts. Beim erneuten Gaskrieg 2009 wurden die Lieferungen in einige EU-Länder auf dem Balkan unterbrochen, die Menschen froren. Um sein Westgeschäft nicht zu ruinieren, kam Gasprom seinen Verpflichtungen gegenüber den EU-Staaten insofern nach, als es das bestellte Transitgas wie gehabt durch die Transitleitungen zu pumpen versuchte. Doch plötzlich war das Rohr verstopft. Die ukrainische Seite benutzte die Pipeline, um das im Westen des Landes angestaute Gas in die östlichen Industriegebiete zu überführen, wo der Brennstoff dringend benötigt wurde. Brüssel zeigte sich fassungslos und ohnmächtig zugleich. Die EU war im Bruderzwist zwischen Russland und der Ukraine in Geiselhaft genommen worden.

Die Quittung für dieses Verhalten bekamen beide später. Zunächst musste Brüssel jedoch zwischen den Kampfhähnen schlichten. Leichter gesagt als getan, denn nun tat sich in der Ukraine selbst eine Front auf. Präsident Juschtschenko und Premierministerin Timoschenko vertraten im Gaskonflikt unterschiedliche Positionen, und Putin spielte sie geschickt gegeneinander aus. Putin erzielte in Verhandlungen mit Timoschenko einen halbherzigen Kompromiss: Die Ukraine akzeptierte die russischen Preisforderungen, dafür wurde der Zwischenhändler im beiderseitigen Gashandel, die dubiose Firma RosUkrEnergo, die Gerüchten zufolge Juschtschenkos Partei finanzierte, durch den Zwischenhändler NaftoGas ersetzt, der wiederum Timoschenko nahestand. Juschtschenko schlug daraufhin der EU die alte Idee von der Errichtung eines internationalen Konsortiums für die Instandhaltung und Verwaltung des ukrainischen Gastransportsystems vor – doch ohne Russland. Gasprom sollte draußen bleiben – ein unsinniges Unterfangen, denn die Pipelines konnten nur mit russischem Gas gefüllt werden.

Bedauerlicherweise blieb es in Osteuropa keineswegs nur bei diesem Energiekonflikt. Im kalten Winter 2007 drehte Russland einem anderen Land den Energiehahn zu – seinem engsten Verbündeten Belarus. Wie die Ukraine erhielt auch Belarus sein Öl und Gas zu einem reduzierten Tarif. Im Gegenzug erhob Minsk keine Pachtgebühren für die russische Militärbasis Baranowitschi auf weißrussischem Territorium. Der eigentliche Konflikt drehte sich um Öl, nicht um Gas. In Belarus befand sich seit Sowjetzeiten eine Reihe von Ölraffinerien, die mit subventioniertem sibirischem Rohöl beliefert wurden. Die russische Industrie verdiente selbst nichts an der Veredelung. Moskau wartete ab, bis es der Wirtschaft von Belarus so schlecht ging, dass Minsk bereit wäre, seinen Energiekomplex, einschließlich der Raffinerien und Pipelines, an Russland zu verkaufen.

Doch der prognostizierte wirtschaftliche Zusammenbruch, der das Land zu Notverkäufen gezwungen hätte, ließ auf sich warten. Die Russen wurden ungeduldig. Dazu gesellte sich ihr Unbehagen über die Tatsache, dass die Weißrussen das Rohöl, das sie zum russischen Inlandspreis gekauft hatten, in eigener Regie zu Weltmarktpreisen weiterverkauften. Der russischen Ölindustrie entgingen Riesengewinne. Durch das Drehen am Ölhahn versuchte Putin den weißrussischen Autokraten Alexander Lukaschenko gefügig zu machen. Dieser entnahm daraufhin das benötigte Erdöl aus der nach Europa führenden Transitpipeline. Der Streit wurde nie wirklich beigelegt. Lukaschenko ließ sich die von Moskau gewünschte wirtschaftliche Reintegration seines Landes bis heute so teuer wie möglich bezahlen.

Kein Wunder, dass nach diesen Energiekonflikten die zuvor scharf attackierte Ostseepipeline zum größten Nutznießer wurde. Über Nord Stream konnten 55 Milliarden Kubikmeter russisches Erdgas jährlich an den instabil gewordenen Transitländern Ukraine und Belarus sicher in Richtung EU vorbeigeleitet werden. Das Genehmigungsverfahren für den Bau der Ostseepipeline wurde 2010 zügig vollendet, obwohl einige Ostseeanrainer seltsame Bedenken gegen das Projekt erhoben. In Schweden ging das Gerücht um, Russland ließe künftig die Pipeline von seinen Kriegsschiffen kontrollieren. 2011 konnte der erste Strang der Pipeline in Betrieb genommen werden. Der Bau der Ostseepipeline diente auch der langfristigen Gasförderung aus den bisher unzugänglichen Regionen Nordwestsibiriens. Er verbesserte die Möglichkeiten der EU-Länder, Erdgasreserven für Krisenfälle anzulegen, und gab gerade deutschen Energiefirmen die historische Chance, sich direkt in die russische Erdgasförderung einzukaufen. Die Ostseepipeline sollte langfristig den Norden Europas, vor allem Großbritannien, mit Erdgas versorgen. Für die langsam zur Neige gehenden Gasreserven Norwegens und Großbritanniens gab es eigentlich keine Alternative zum russischen Erdgas.

Um den Gastransit nach Europa noch stärker abzusichern, begann Russland gleichzeitig mit dem Bau der South Stream-Pipeline durch das Schwarze Meer und über den Balkan in die Mitte Europas. Über sie konnten zusätzliche 65 Milliarden Kubikmeter Erdgas transportiert werden. Nord und South Stream würden zusammen ein Drittel des 2030 benötigten Importgases in die EU transportieren. Kiew musste mit Schrecken feststellen, dass nach der Fertigstellung dieser beiden Pipelinerohre das Land zwei Drittel seines gegenwärtigen Transitvolumens verlieren könnte.

Die Abwahl Juschtschenkos erfolgte zur rechten Zeit. Der neue Präsident Janukowitsch vollführte in der Energiepolitik eine Kehrtwende um 180 Grad. Anstelle von EU-Politikern gaben sich jetzt Putin und Medwedew in Kiew die Türklinke in die Hand. Die alten Tabus verschwanden. Die neue Regierung war bereit, auf die Forderungen der Russen nach einer Mitbeteiligung am Gastransit einzugehen, sogar die nationalen Gastransportnetze an Gasprom zu veräußern, nur um den Bau von South Stream zu stoppen. Ein Jahr zuvor wäre ein Politiker, der einen solchen Vorschlag gemacht hätte, des Staatsverrats bezichtigt worden. Janukowitsch hatte aber keine andere Wahl. Die EU ließ die Ukraine ebenfalls im Stich und entschied sich für den Bau der Nabucco-Pipeline. Nicht mehr die Ukraine, sondern die Türkei würde bei der Verwirklichung dieses Projekts die Rolle des wichtigsten Transitlandes für Erdgas aus dem Süden der ehemaligen Sowjetunion spielen. Für Nabucco setzten sich vor allem die Balten ein, die zu 100 % von russischen Gaslieferungen abhängig waren. Vier weitere mittelosteuropäische Staaten waren zu 70 % von Gasprom abhängig. Die Nabucco-Pipeline entsprach den strategischen Interessen der EU, einer Abhängigkeit von Russland zu entgehen. Auf die Ukraine war in dieser Hinsicht wenig Verlass. Kiew bot nun, in seiner Verzweiflung, sowohl Russland als auch der EU die Mitbeteiligung an seinem Pipelinesystem an. Die ukrainische Seite fragte die EU, ob sie das Gas nicht an ihrer Ostgrenze kaufen könnte. Putin wiederum appellierte an die Ukraine, auf ein Freihandelsabkommen mit der EU zu verzichten und sich der Zollunion mit Russland, Belarus und Kasachstan anzuschließen. Der Vorteil: Das russische Gas würde billiger. Der Nachteil: Die Verdienstmöglichkeiten am Gastransit über ukrainisches Territorium gingen verloren.

Welche Abwehrmaßnahmen ergreift der Westen?

Hohe EU-Politiker versuchten die Ukraine vor einem Schritt zurück in Richtung Russland zu warnen, doch Janukowitsch blieb stur. Die Ukraine habe nunmehr 20 Jahre mit der EU um Visafreiheiten, eine Freihandelszone sowie einen Assoziierungsstatus verhandelt, es könne nicht ewig im Wartezimmer verweilen. Die EU wunderte sich über die Ansprüche Kiews. Andere Länder wie Polen hätten stets die Beitrittskriterien akzeptiert und sie zu erfüllen versucht. Sie hätten erst Forderungen gestellt, als sie Mitglieder der EU waren. Die Ukraine aber wolle in den Gesprächsrunden mit Brüssel ständig besondere Kompromisse über nicht zur Disposition stehende Kriterien aushandeln. Im Hintergrund der ukrainischen Politik stand ständig das Problem der russischen Gaslieferungen.

Für die nächsten zwei bis drei Jahre braucht Europa kein russisches Gas, schrieb die *Financial Times* im Dezember 2009. Plötzlich war der europäische Energiemarkt mit Importgas überflutet. In den USA hatte eine neue Technologie zur Revolution in der Gasförderung geführt. Die USA wurden über Nacht zum größten Gasproduzenten der Welt und überholten Russland. Freudig verkündete Präsident Obama, seine Landsleute könnten künftig mehr Autos mit Erdgas betreiben. Die Amerikaner waren nun auf Jahre hinaus völlig unabhängig von Gasexporten aus dem Persischen Golf. Durch neue Fördertechniken wie Fracking und horizontale Bohrungen konnte der Energieträger aus unkonventionellen Reservoirs wie Schiefer und Sandstein abgesaugt werden. Diese Fördertechniken sind eigentlich seit dem 19. Jahrhundert bekannt, aber ihr Einsatz galt als zu aufwendig. Jetzt, wo das herkömmliche Gas aus Pipelines teuer und die Abhängigkeit von wenigen Produzenten immer größer wurde, konnten die Industrieländer darüber nachdenken, ob sie mittels dieser neuen Bohrtechniken die Gasproduktion nicht auf eigenem Terrain entwickeln sollten. Auch Europa und Asien besaßen riesige Schiefergasreservoire. Die amerikanische Industrie entdeckte sofort die sich bietenden Marktchancen und begann ihre Fördertechnologie nach China und Europa zu verkaufen. Überall in Europa fanden Probebohrungen statt.

In der EU rieben sich insbesondere die russlandkritischen Polen die Hände. Ihr Land schien der eigentliche Gewinner der Schiefergasrevolution zu sein, denn dort entdeckten Geologen das größte Förderungspotenzial. Polnische Politiker, die zuvor zur Gründung einer Energie-NATO zum Schutz gegen den russischen Energieimperialismus aufgerufen hatten, triumphierten: Polen war seine Energieabhängigkeiten mit einem Mal los. Warnungen kamen aber aus dem Lager der Umweltschützer. Die Schiefergasförderung könnte Ökosysteme angreifen. Neben Bohrtürmen, die die Landschaft verschandeln würden, müssten aus technischen Gründen an den Produktionsstätten komplizierte Wasseranlagen mit Chemikalien eingerichtet werden. Die Gefahr einer massiven Umweltverschmutzung wäre real. Große Teile von Schiefergasreservoiren befänden sich in Naturparks oder auf Privatgrund. Die Rechtslage in der EU mache eine Schiefergasrevolution in Europa, im Gegensatz zu den USA, unmöglich.

Die Schiefergasrevolution löste eine Debatte in der Energiepolitik aus. Gegner der Fördertechnik meinten, naturverwöhnte Europäer könnten es nicht zulassen, dass nach den unzähligen Windrädern, die heute schon die Sicht auf Wälder und Wiesen beeinträchtigten, bald noch hohe Bohrtürme in den Himmel ragen würden. Die Befürworter freuten sich dagegen, dass sie bald nicht mehr abhängig von Russland sein würden und über die Tatsache, dass Erdgas künftig im Überfluss im eigenen Land vorhanden war. Auch wenn das Gas nicht gefördert würde – die Existenz der eigenen Vorräte verhindere künftig jede Art von Erpressung und Drohungen bezüglich eines Abdrehens des Gashahns.

Gasprom erhielt in der Tat von mehreren Seiten Konkurrenz. Die Umstellung auf die eigene Schiefergasförderung in den USA führte dazu, dass Amerika auf das Flüssiggas (LNG) aus den Ländern des Persischen Golfs verzichtete und sich bald selbst in der Lage sah, LNG nach Asien und Europa zu exportieren. Katar und andere Golfstaaten suchten nun händeringend andere Klienten für den geförderten und verflüssigten Energieträger. Die Tankerflotte setzte sich nach Europa in Gang, wo die EU, im Bemühen, ihren Gasimport zu diversifizieren, die Ware dankend abnahm. Vor allem die mittelosteuropäischen Staaten freuten sich, denn sie hatten sich schon seit Jahren um EU-finanzierte LNG-Terminals an der polnischen Ostseeküste bemüht, um sich aus der Abhängigkeit von Russland zu lösen. Den LNG-Handel hatte es schon davor gegeben, aber nicht in diesem Umfang. Das jährlich 10-prozentige Wachstum der weltweiten LNG-Exporte veränderte das internationale Energiegeschäft, es entstand ein Spotmarkt. Seitdem ein Viertel aller weltweiten Gasverkäufe über LNG-Transporte getätigt wurden, konnte Erdgas, ähnlich wie Rohöl, in Handelshäfen wie Rotterdam frei gekauft werden. Experten bezeichneten Pipelines und Langzeitverträge als inzwischen überholt. Auch würde der Gasmarkt seine eigenen Gesetze entwickeln und vom Ölpreis abgekoppelt werden. Russland hatte die Gründung eines LNG-Marktes selbst mitgestaltet. Die Gasexporte aus Sachalin nach Japan und in andere ostasiatische Länder geschahen ausschließlich in verflüssigter Form, weil es dort noch kein Pipelinesystem gab. Russland verstärkte seine LNG-Transportkapazität über das Schwarze Meer und die Ostsee, die Terminals an den Küsten wurden dementsprechend umgerüstet. Doch eigentlich muss sich Russland wegen der Zunahme des LNG-Handels keine größeren Sorgen machen. Der Energieexperte Carsten Sander glaubt, dass verflüssigtes Gas in Zukunft in erster Linie die rückläufige EU-Produktion ersetzen soll. Pipelinegas werde auch weiterhin benötigt.

Wenn der Gaspreis nicht mehr an den hohen Ölpreis gebunden bleibt, könnte er aufgrund des Überangebots und einer sinkenden Nachfrage tatsächlich fallen. Auf der alljährlichen Gaskonferenz im Berliner Hotel *Adlon* fragte jemand laut: Wer rettet jetzt Gasprom? Die russischen Energiezaren, die oben auf dem Podium thronten, lächelten milde. Die EU wolle immer auf der Gewinnerseite stehen, aber wenn die nächste Energiekrise komme, sei das ressourcenarme Europa wieder geschwächt. Die Energiepreise würden nicht unter die 100 Dollar-Marke sinken, weil die Nachfrage nach Energieträgern in Asien dauerhaft hoch sein würde. Gas sei der mit Abstand ökologisch sauberste Energieträger, und da der Westen nach Fukushima keine Renaissance der Atomenergie erwarten dürfe, könne er für seine Stromerzeugung nur auf neue Gaswerke setzen. Gas sei von allen fossilen Energieträgern derjenige, der mit den geringsten Treibhausemissionen verbunden ist. Gas fördere sogar den Klimaschutz. Sogar Greenpeace empfehle Erdgas als einzige realistische Brückentechnologie für den Übergang zu den erneuerbaren Energieträgern. Erdgas sei umweltfreundlich, flexibel regelbar und sicher verfügbar. Der Westen solle nicht schlappmachen, die Förderung der Schätze Ostsibiriens stehe an, nachdem die Ressourcen in Westsibirien zu 80 % verbraucht seien. Der jetzige leichte Rückgang der Förderung bei den bestehenden Feldern werde somit überkompensiert. Russland benötige 300 Milliarden US-Dollar Investitionen, davon ungefähr die Hälfte für den Gastransport, ein Drittel für die Produktion und ein Sechstel für die Speicherkapazitäten. Man orientiere sich nach Jamal, in den Fernen Osten und in Richtung Eismeer. Moskau setze weiterhin darauf, dass 12 % der Investitionssumme aus dem Westen kommen. Die Gesetze für ausländische Investitionen in den russischen Energiesektor seien dementsprechend liberalisiert worden.

Ein deutscher Industrievertreter schüttelte nur den Kopf: Russland zeige trotz zaghafter Ansätze nur eine begrenzte Bereitschaft zu Strukturreformen, die eine wissensbasierte Volkswirtschaft benötige. Die russische Gesetzeslage ändere sich viel zu schnell, und die Entscheidungsfindung sei wenig transparent. Man könne schließlich nicht wegen jeder Kleinigkeit direkt zu Putin laufen. Ein Beamter aus dem Wirtschaftsministerium hob die Bedeutung der erneuerbaren Energien hervor. Auch Moskau erkenne die Notwendigkeit dieser Energieform, ohne dass jedoch nach den Maßstäben eines Industrielandes besonders ambitionierte Ziele gesetzt würden. Russland setze auf kräftiges Wirtschaftswachstum bei moderat rückläufiger Umweltbelastung. Russlands Wirtschaft habe viele Fehler. Sie sei zu bürokratisch, zu zentralistisch und nicht innovativ. Letzteres müsse sie aber werden, um im harten internationalen Wettbewerb bestehen zu können. Hier könne Russland durchaus von China lernen. Vor einigen Jahren glaubte der Westen, China halte nichts von Umweltschutz und Klimapolitik. Den Chinesen, so die westliche Lesart, gehe es nur um das eigene Wachstum um jeden Preis. Doch plötzlich trat in der chinesischen Politik eine Wende hin zu einem verstärkten Klimaschutz ein. Was war geschehen? Die chinesische Führung erkannte, dass die Entwicklung umweltschonender und energiesparender Technologien eine große Zukunft hat. Und bei dieser neuen industriellen Revolution wollte China keineswegs abseitsstehen.

Ein Raunen ging durch die Reihe der vorne platzierten Russen. Die Ära der fossilen Brennstoffe sei noch lange nicht vorbei, sie zu fördern sei nach wie vor billiger und technologisch sinnvoller, als auf der Grundlage falscher Ängste vor einer imaginären Energieabhängigkeit alles über Bord zu werfen und das Schicksal der Volkswirtschaften in die Hände von Wind, Wasser und Sonne zu legen. Russland zeigte sich nervös, es durfte seinen wichtigsten Konsummarkt nicht verlieren.

2000 schlug der damalige EU-Kommissionspräsident Romano Prodi als erster westlicher Politiker die Errichtung einer Freihandelszone Russland – EU vor. Kernstück der Integration sollte die Energieallianz sein. 2010 wurde derselbe Vorschlag Putins in Berlin abgeschmettert. Was war in diesen zehn Jahren passiert, dass die beiden Teile Europas, die EU und Russland, sich so voneinander distanziert hatten? Einer der Gründe für das westliche Misstrauen war sicherlich die Angst vor einem russischen Energieimperialismus. In den Neunzigerjahren hatte die EU eine Energiecharta entworfen, welche die künftige Energieversorgung des Kontinents auf eine stabile Basis stellen sollte. Russland ratifizierte das Abkommen nicht, weil es sein Transitmonopol über das Pipelinenetz nach Europa mit niemandem teilen wollte. Andere Energieproduzenten, wie die USA und Norwegen, verwehrten aus ähnlichen Gründen der Energiecharta ihre Ratifizierung. Nicht erreicht wurde auch das hochgesteckte Ziel der EU, über die Energiecharta europäischen Konzernen einen besseren Zugang zum russischen Fördermarkt zu gewähren.

Die EU setzte die Reform ihres eigenen Energiebinnenmarktes unbeirrt fort. Den Schlüssel für die Energiesicherheit sah Brüssel in der Liberalisierung des bislang hochregulierten Energiemarktes. Dieses Ziel sollte durch mehr Wettbewerb erreicht werden. So entstand das Liberalisierungspaket, das 2011 von den EU-Staaten angenommen wurde. Nach dieser neuen Regelung muss zwischen den einzelnen Geschäftsfeldern eines Energieunternehmens Unabhängigkeit und damit mehr Wettbewerb herrschen. Für die leitungsgebundene Energieversorgung bedeutete dies, dass die Segmente Erzeugung (Förderung), Handel (Kundenservice) und Transport

(Netze, Pipelines) bei Strom und Gas sich nicht mehr in einem Unternehmen befinden konnten. Der Konzern Gasprom, der selbst Produzent und Transporteur war und über Gemeinschaftsunternehmen mit europäischen Firmen am Gasvertrieb beteiligt war, fiel der Liberalisierungsreform zum Opfer.

Schlimmer noch: Einige EU-Staaten entzogen Gasprom das Recht, die Pipelines, in die der Monopolist zuvor Milliarden investiert hatte, in eigener Regie zu betreiben. Der Großproduzent konnte zwar hoffen, über Ausnahmeregelungen sein Erdgasgeschäft in der EU weiterbetreiben zu können, doch seiner Expansion auf den westlichen Markt wurden klare Grenzen gesetzt. Ein erboster Putin bezichtigte Brüssel der stillen Enteignung von Gasprom. Russland hatte jahrelang auf einen direkten Zugang zu den Downstream-Strukturen der EU gehofft. Durch eine Beteiligung an Unternehmen und die Etablierung von Handelshäusern in der EU sollten die bislang mit den Zwischenhändlern geteilten Renten abgeschöpft werden. Dies wurde jedoch durch die Unbundling-Vorgaben gestoppt. Die EU wehrte sich erfolgreich gegen Übernahmen aus Drittstaaten.

Die Diversifizierungsstrategie der EU ging noch weiter. Neben der Umrüstung von Terminals für den LNG-Import aus Lateinamerika sowie den Mittleren Osten wurden neue Pipelines aus Nordafrika nach Südeuropa verlegt. Innerhalb der EU entstand ein paneuropäisches Pipelinesystem, das jedes EU-Mitgliedsland im Falle eines Gasexportstopps aus einem Drittland sofort mit dem Energieträger versorgen konnte. Zu einem zentralen Element der Diversifizierung wurde die Nabucco-Pipeline aus Zentralasien. Bezüglich der Atomenergie wählte jeder Staat eine eigene Haltung, Frankreich beispielsweise konnte aus politischer Überzeugung heraus nicht auf Kernenergie verzichten. Die Atomindustrie machte die *Grande Nation* von Energieimporten unabhängig. Die EU proklamierte ambitionierte Klimaschutzziele. 2050 sollte der CO_2-Ausstoß um 95 % im Vergleich zu 1990 gesenkt werden. Der künftige Strom sollte vermehrt aus Windrädern und der Solarenergie kommen. Die EU entwickelte ein klares Bekenntnis zum Ausbau der erneuerbaren Energien. Diese sollten in zehn Jahren 20 % zum europäischen Energiehaushalt beitragen. Durch die gezielte Förderung von Technologien zur Energieeinsparung plante die EU einen weiteren entscheidenden Schritt zur Reduzierung ihrer Importabhängigkeit.

Errichtet Russland ein Kartell?

Das, was sich an Konflikten zwischen Russland und der EU abspielte, hatte mit den angekündigten Zielen einer Energieallianz – über die Russland politisch näher an den Westen angeschlossen werden sollte – nichts mehr zu tun. Beide Seiten waren nicht um Schadensbegrenzung bemüht, sondern stritten heftig um den eigenen Vorteil. Dabei entstand Misstrauen auf beiden Seiten, das so schnell nicht abgebaut werden konnte. Die Grundlage für die geplante Energieallianz sollte eine ebenbürtige Geschäftsbeziehung bilden. Europäische Firmen wollten in den Upstream-Bereich, also in eine direkte Energieförderung in Russland investieren. Dafür suchten sie sich geeignete Partner, vornehmlich Gasprom. Im Gegenzug äußerten russische Firmen den Wunsch, den europäischen Kunden direkt mit Energieträgern zu beliefern. Die Deutschen nannten dies Reziprozität. Warum stockte der Prozess?

Der CEO von Gasprom, Miller, sitzt in einer Runde mit europäischen Journalisten in einem Berliner Nobelhotel und erklärt die russische Energiepolitik. Nach dem Gasstreit mit der Ukraine gebe es zum Bau der South Stream keine Alternative. Sein Blick geht in Richtung des Vertreters von BASF in Russland. Drei Monate später wird dieser Konzern durch seine Tochterfirma Wintershall dem Konsortium beitreten. Wintershall ist ebenfalls Mitglied des Konsortiums für den Bau der Nord Stream. South Stream sei das letzte große russische Investitionsprojekt in Europa, danach würde sich Gasprom dem asiatischen Markt zuwenden. 11 % der künftigen Gasexporte werden über LNG laufen. Der Export von Energieträgern in die asiatisch-pazifische Region soll in 20 Jahren ein Vielfaches der heutigen Menge am Gesamtexport betragen. In Asien, so Miller, geschieht vor unseren Augen eine Automobilrevolution, gasbetriebene Motoren haben Hochkonjunktur. Die EU solle auch angesichts der Tatsache, dass russisches Gas im Inland gebraucht würde, die Partnerschaft mit Russland nicht vernachlässigen.

Miller schaut aus dem Fenster auf den Potsdamer Platz. Wieviele deutsche Autos sind auf Erdgas umgerüstet?, fragt er in die Runde. Benzin ist out, aus Gründen des Klimaschutzes werden wir alle auf Gas umsteigen müssen. Und Russland liefert das Gas. Miller schlägt vor, eine Autobahn zwischen Berlin und Moskau zu verlegen, auf der nur gasbetriebene Autos fahren dürfen. Das Liberalisierungspaket der EU bezeichnet er als eine versteckte Subvention für regenerative Energiequellen. Die Gäste schreiben fleißig mit. Man bestellt Wasser – natürlich mit Gas, frotzelt jemand. Hat Russland genug Exportgas? Miller verzieht sein Gesicht. Die Gasförderung hänge von den Kaufverträgen ab, Gasprom produziere nur so viel Gas, wie bereits verkauft wurde. In der Finanzkrise sei die Gasproduktion rückläufig gewesen, weil die Nachfrage sank. Jemand stellt die Frage nach dem Gas-Kartell. CEO Miller wehrt ab: Niemand ist so verrückt, Europa zu erpressen.

Russland, Zentralasien und Iran besitzen über 50 % der Weltgasreserven und könnten theoretisch ein mächtiges Gas-Kartell bilden, das von seiner Bedeutung her der herkömmlichen OPEC ebenbürtig wäre, deren Mitgliedstaaten 75 % der Weltölreserven kontrollieren. Die Idee eines Gas-Kartells stammte nicht etwa vom Kreml, sondern vom kasachischen Präsidenten Nursultan Nasarbajew, der sie Putin kurz nach dem 11. September 2001 unterbreitete. Die Gas-OPEC sollte Russland und alle Länder Zentralasiens umfassen und ein Gegengewicht zur Öl-OPEC bilden. Aserbaidschan unterstützte den Vorschlag ebenfalls. Doch die USA schritten sofort ein und torpedierten das Projekt, bevor es geboren wurde. Erst fünf Jahre später wurde die Idee wieder aufgenommen. Laut einem geheimen NATO-Bericht wollte Russland nach seinem ersten Gaskrieg mit der Ukraine 2006 zusammen mit Algerien, Katar, Libyen und Iran das Kartell gründen.

2007 lancierte der iranische Staatschef Mahmud Ahmadinedschad vor dem Hintergrund des Atomstreits den Gedanken der OPEC-Gründung, um über die Mitgliedschaft in einer solchen Organisation der internationalen Isolierung zu entkommen. Daraufhin verabschiedete der US-Kongress eine »Anti-Gas-OPEC-Resolution«, mit der die Bush-Regierung aufgefordert wurde, Staaten vor Gericht zu stellen, die ein internationales Gas-Kartell anstrebten. Das war die Zeit, in der die Amerikaner den Russen auch mit der Energie-NATO drohten. 2009 stieß der einem Streit mit den USA niemals abgeneigte venezolanische Präsident Hugo Chavez zur Runde der Befürworter des Kartells. Mit Bolivien gründete er eine regionale Gas-OPEC mit dem Ziel der Erhaltung der »Souveränität über das Gas«. 2008 wurde in Moskau das Forum gasexportierender Länder (GECF) konstituiert. Das erste Treffen des Forums – in loser Form – hatte 2001 in Teheran stattgefunden. 15 Staaten traten der nach dem Vorbild der OPEC gegründeten Organisation bei. Zusammen verfügten sie über mehr als 70 % der weltweiten Gasreserven. Doch welche gemeinsame Strategie sollte die GECF künftig verfolgen? Letztendlich einte die Förderländer das Bestreben, ihre Ressourcen gewinnbringend einzusetzen, auch politisch. Moskau verlangte eine Absprache bei Pipelineverlegungen zu den Konsummärkten. Die arabischen Länder wollten den Transport per LNG stärker ausbauen. Die Finanzkrise hatte zu einer globalen Nachfrageminderung geführt. Die Mitgliedsstaaten des neuen Kartells versuchten Absprachen gegen den sinkenden Gaspreis zu treffen. Weit kamen sie dabei nicht.

Moskau zielte im Rahmen der Gas-OPEC hauptsächlich auf eine engere Abstimmung mit dem algerischen Gaskonzern Sonatrach. Dafür, dass Moskau Algerien sowjetische Altschulden in Höhe von 4,5 Milliarden US-Dollar erließ und Rüstungsverträge in Höhe von 7,5 Milliarden US-Dollar unterzeichnete, sollten beide Länder im Rahmen der künftigen Gas-OPEC eine strategische Partnerschaft eingehen. Da die beiden Staatskonzerne zusammen 40 % des von der EU verbrauchten Erdgases lieferten, stand die EU hinsichtlich dieser Entwicklung einige Ängste aus. Das französische Unternehmen Gaz de France fing die ausscherenden Algerier durch die eigene Allianz wieder ein.

Gegenwärtig ist die GECF noch lange keine Gas-OPEC. Die einzelnen Gasexporteure wollen zwar ihre Politik auf dem künftig noch zu erschaffenden Gasweltmarkt koordinieren, aber auch unabhängig agieren. Ob ein Kartell entsteht, hängt von Russland ab. Moskau ziert sich in der neuen Organisation eine Führungsrolle zu übernehmen, solange nicht alle zentralasiatischen Staaten an Bord sind. Dabei geht es wiederum um die Erhaltung des Transitmonopols im postsowjetischen Raum, ohne das Russland nicht die Rolle der Energiesupermacht spielen kann. Die zentralasiatischen Staaten haben aber gerade China als Partner entdeckt.

Konsumenten, Produzenten und Transitländer mussten aufpassen, dass ihre Energiebeziehungen nicht brüchig wurden. Es bestand die Gefahr, dass sonst am Ende drei Kartelle entstehen würden: Ein geschlossener EU-Markt, ein Transitkartell der westlichen GUS-Staaten sowie eine Gas-OPEC. Die Angst, ein Gas-Kartell könnte Europa den Gashahn zudrehen, besteht nicht. Allerdings muss sich die EU den Vorwurf des Protektionismus gefallen lassen. Wenn Europa durch die Liberalisierung des Gasmarktes die jahrzehntelangen und von den Exporteuren akzeptierten Langzeitverträge sowie andere Spielregeln einseitig ändert, ist es nachvollziehbar, dass sich die auf stabile Einkünfte angewiesenen Produzenten stärker absprechen. Was für die Importeure die Versorgungssicherheit ist, spiegelt sich auf der Exportseite in einem Streben nach Abnahmesicherheit. In Wirklichkeit sind beide voneinander abhängig. Um im Energiestreit wieder abzurüsten, muss der russische Präsident eine Neuauflage der 2001 im Bundestag gehaltenen Putin-Rede bringen. Sie muss eine konkretere Perspektive bieten als vage Versprechungen über den Austausch von Energieträgern und Technologien. Die Idee der Energieallianz benötigt eine noch größere historische Perspektive, vielleicht ein gesamteuropäisches Projekt zum wirtschaftlichen Aufbau Sibiriens und Osteuropas.

Ein großes Problem im Umgang mit Russland ist die vermeintliche Intransparenz der russischen Energiebranche. Hinter vorgehaltener Hand wird ständig davon berichtet, dass Putin großes persönliches Vermögen akkumuliert habe. Der russische Skandalpublizist Stanislaw Belkowski, der zu Beginn der Putin-Ära mit seinen Enthüllungen den Startschuss für die Jagd auf Chodorkowski lieferte, veröffentlichte später ein Dossier über Putins finanzielle Verbindungen mit seinen neuen Geheimdienst-Oligarchen, die sich allesamt große Pfründe in der Öl- und Gasindustrie sichern konnten. Putin soll angeblich 43 % von Surgutneftegas besitzen, dessen Kapitalisierung auf 20 Milliarden US-Dollar geschätzt wird. Der Premier scheint 4,5 % der Aktien von Gasprom zu besitzen. Über seinen Freund und Magnaten Gennadi Timtschenko verdient er am Ölexport über den Petersburger Hafen, der einen Jahresumsatz von 40 Milliarden US-Dollar hat. Die von Timtschenko kontrollierten Ölgesellschaften haben in den letzten Monaten mehrere Zuschläge bei Staatsaufträgen erhalten. Ausländische Investoren werden jetzt verstärkt in Partnerschaften mit Timtschenko gedrängt.

Gibt es für Russland Lehren aus Fukushima?

Die Fernsehbilder von der Atomkatastrophe in Fukushima lösten in Russland, wie überall auf der Erde, Bestürzung aus. Anders als vor 25 Jahren während der Tschernobyl-Katastrophe war die Bevölkerung über die Lage in gleichem Umfang informiert wie die Menschen im Westen. Selten ist die öffentliche Meinung so stark von den offiziellen Aussagen der Regierung abgewichen. Während die Regierung der Atomenergie positiv gegenüberstand, zeigten Umfragen, dass eine große Mehrheit der Russen die Nuklearenergie ablehnte. 55 % der Befragten glaubten, dass sich ein ähnlicher Super-GAU auch in einem russischen Atomkraftwerk ereignen konnte. Aber nur 9 % befürworteten den tatsächlichen Ausstieg aus der Kernenergie.

Die Auswirkungen der Atomkatastrophe waren auch im Fernen Osten Russlands zu spüren. Viele befürchteten eine radioaktive Verseuchung des Pazifiks. Alle Lebensmittel aus Japan wurden einer strengen Kontrolle unterworfen. In der populären Talkshow »Entscheiden Sie selbst« gerieten sich Befürworter und Gegner der Atomkraft in die Haare. Der frühere Atomminister versuchte zu beschwichtigen: Es gab bei der japanischen Reaktorexplosion kaum Tote, wie übrigens auch in Tschernobyl. (Die Menschen starben später an den Folgen der Katastrophe und am Stress!) Die russischen AKWs seien in einem einwandfreien Zustand. Statistisch gesehen, drohe eine solche Katastrophe ein Mal in Tausenden von Jahren. Das Publikum im Saal schimpfte, ein Wissenschaftler nannte den Ex-Minister einen Lügner. Der russische Vertreter der Internationalen Atomenergiebehörde IAEA erzählte, dass die Atomaufsicht vor einigen Monaten Mängel im Atomkraftwerk von Fukushima festgestellt habe. Der Moderator fragte, ob er sich verhört habe.

Andere Diskussionsteilnehmer erinnerten daran, wie in den Neunzigerjahren die Techniker in zahlreichen Atomkraftwerken streikten, als ihnen monatelang der Lohn nicht ausgezahlt wurde. Für den Schutz atomarer Anlagen fehlte damals das geschulte Sicherheitspersonal, Journalisten berichteten von Babuschkas mit Gewehren, die nachts an den Türen der gefährlichen Objekte Wache schoben. Viele Atomphysiker, die in Russland buchstäblich hungerten, wurden damals zu dubiosen Atomprojekten ins Ausland gelockt, beispielsweise nach Libyen. Nuklearmaterial war in diesen Jahren äußerst anfällig für kriminelle Akte gewesen. In der Sowjetzeit hatte man Angst vor einem Atomschlag von außen, in den Neunzigerjahren drohte die Gefahr von innen. Die Behörden arbeiteten gegeneinander. Niemand in Russland kannte damals die genau produzierte Menge an radioaktivem Material. So etwas dürfe sich nie mehr wiederholen, so die Schlussfolgerung aus der Diskussion.

Der für Energiefragen zuständige Vizepräsident des Parlaments, Jasew, rief zur Überprüfung aller russischen und weltweiten Atommeiler auf, unterstrich jedoch im gleichen Atemzug, dass Russland sein Nuklearpotenzial »eindeutig steigern werde«. Russland werde sichere Atomkraftwerke errichten, ein Beweis dafür sei das AKW in Armenien, das dem furchtbaren Erdbeben Ende der Achtzigerjahre standgehalten hat. Weiter erinnerte Jasew daran, dass Russland nach Australien und Kasachstan über die größten Uranvorkommen verfüge. Die weltweiten Vorräte reichten allerdings nur bis 2060, so gesehen würde das Atomzeitalter in der zweiten Hälfte dieses

Jahrhunderts wegen des Rohstoffmangels zusammen mit dem Zeitalter der fossilen Brennstoffe zu Ende gehen.

Während der Atomkatastrophe in Japan zeigte Moskau große Solidarität mit seinem in Not geratenen Nachbarn. Putin veranlasste, dass Tokio mit zusätzlichem Gas beliefert wurde, und entsandte die größte Truppe der internationalen Rettungskräfte nach Japan, die mit Spezialausrüstung nach Verschütteten der Erdbebenkatastrophe suchten. Schließlich fuhr er selbst an die japanische Grenze. Die Regierung dachte nicht an einen Ausstieg aus der Kernenergie. Medwedew warnte vor Panikmache. Russland war schließlich eine Atommacht, verfügte über das zweitgrößte Atomwaffenarsenal der Erde, betrieb atomare Forschung auf höchstem Niveau und entwickelte atomar betriebene Raketen für künftige Weltraumflüge zu anderen Planeten. Die Volkswirtschaft profitierte von den Leistungen im atomaren Rüstungskomplex, und die Regierung plante, die Atomindustrie zu einem der Wachstumsmotoren der wirtschaftlichen Modernisierung zu küren. Die Energiestrategie stand fest – bis 2030. An ihr durfte nicht gerüttelt werden. Außerdem steht die Kernkraft auch in Russland für mehr Wohlstand, denn der lässt sich nur durch immer mehr Energie erkaufen.

Russland plant, den Anteil der Atomkraft am nationalen Energiehaushalt von derzeit 16 % innerhalb der nächsten 20 Jahre auf das Niveau zu heben, das heute in der EU existiert – 30 %. Die Atomenergie soll die fossilen Brennstoffe ersetzen, denn der Löwenanteil des geförderten Öls und Gases wird für die Aufrechterhaltung des devisenträchtigen Exports benötigt. Die Kernkraft soll außerdem helfen, den CO_2-Ausstoß um 15 % zu verringern. Der staatliche Atommonopolist Rosatom wurde 2004 nach dem Vorbild von Gasprom erschaffen. Er ist für die Instandhaltung und den Bau neuer Atomkraftwerke verantwortlich. Anfängliche Pläne einer Teilprivatisierung des zivilen Nuklearsektors wurden zwar sofort wieder verworfen, eine strategische Zusammenarbeit mit ausländischen Unternehmen wie Toshiba und Siemens jedoch angestrebt. An geheimen Projekten der Militärindustrie ließ Russland seine ausländischen Partner natürlich nicht teilhaben. Ziel der Regierung war es, Rosatom zum international größten Atomkonzern aufzubauen, der überall auf der Welt um AKW-Bauaufträge konkurrieren sollte.

Die Regierung prahlte damit, dass 10 % der bis 2030 weltweit gebauten 600 Atomreaktoren in Russland stehen würden. Heute hält Russland einen Anteil von 20 % am Weltmarkt für AKW-Bau. Das Geschäft lohnt sich, die Kosten für die Fertigstellung eines Atommeilers belaufen sich auf 3,5 Milliarden US-Dollar. Das Geschäft wird in China, Mittelosteuropa, Iran und in der direkten Nachbarschaft getätigt. Russland plant selbst bis 2020 30 und bis 2030 40 neue Atomreaktoren zu bauen, moderne schnelle Brutreaktoren der höchsten Sicherheitsstufe und von größter wirtschaftlicher Effektivität. Die Technologie wird als umweltfreundlich betrachtet, weil die verbrauchte Radioaktivität wieder in den Zyklus zurückfließt. Die Kosten der Modernisierung der einheimischen Atomindustrie belaufen sich nach groben Schätzungen auf 60 Milliarden US-Dollar. Der Neubau von Kernreaktoren scheint bitter nötig, denn die AKWs aus der Sowjetzeit sind veraltet. Deshalb investiert der Staat statt in eine Sanierung gleich in neue Reaktoren.

Moskau hat dem Iran 2005 angeboten, ein gemeinsames Unternehmen für die Anreicherung von Uran auf russischem Territorium für die zivile Atomanlage Buscher im Iran zu errichten. Bekanntlich ist es dem Iran vonseiten der internationalen Gemeinschaft untersagt worden, eine hochwertige Anreicherung von Uran auf seinem Territorium durchzuführen – aus Angst vor einer iranischen Atombombe. Die IAEA unterstützte diese Idee, unter der Voraussetzung, dass dieses Unternehmen seiner Kontrolle unterstehen würde. Bislang liefert Russland leicht angereicherte Brennstäbe nach Buscher, um sie in den Reaktor für die zivile Atomnutzung einzuspeisen. Russland ist gleichzeitig verpflichtet, die verbrauchten Brennstäbe zur Entsorgung wieder zurückzuholen. Nachdem der Iran ein anderes Uranlieferabkommen mit der Türkei abgeschlossen hatte, verschärfte der UN-Sicherheitsrat die Sanktionen gegen das Mullah-Regime.

Was hat nun die Perspektive der russischen Kernenergie mit der Frage nach der Gefahr des Abdrehens des Gashahns für die EU zu tun? Bei aller Aufbruchstimmung, die in Deutschland für die Energiewende von herkömmlichen zu alternativen Energiequellen existiert, muss man realistisch bleiben. Ein hoch entwickeltes Industrieland wie Deutschland kann nicht auf Atomkraft verzichten und gleichzeitig das Gas ignorieren. Das Zeitalter der regenerativen Energien kommt, aber weniger schnell als vermutet. Der Strom aus der Steckdose wird teurer werden. In ihrer Energiestrategie, die lange vor Fukushima verabschiedet wurde, hat die Bundesregierung dem Faktor Erdgas keine strategische Rolle beigemessen, was auf großes Befremden stieß. Die Regierung hat dem ökologisch sauberen Energieträger nicht die strategische Brückenfunktion für das neue Energiezeitalter zugewiesen, weil die Konzentration auf Erdgas politisch anrüchig erscheint. Bedenken in Bezug auf eine Energieversorgungssicherheit aus Russland bleiben. Das offizielle Berlin hat auf das Kremlangebot, aus Deutschland eine Drehscheibe für russisches Gas in Zentraleuropa zu machen, nicht reagiert.

Sobald die drei Pipelines Nord Stream, South Stream und Nabucco in Betrieb gehen, wird Erdgas eine Renaissance erfahren. Die Gaskriege mit den Transitstaaten, zu denen Moskau provoziert wurde, sind ausgestanden. In einigen Jahren werden sich die angespannten Beziehungen zwischen Russland und der EU wieder normalisieren. Deutschland wird aus rein wirtschaftlichen Überlegungen bereit sein, wieder mehr russisches Gas zu importieren.

8 WOHIN ROLLT DER RUBEL?

Vier Cordes-Thesen

In der Sowjetära galt das Ostgeschäft als völlig risikofrei. Der sowjetische Partner war stets der liquide Staat, der sich auf unerschöpfliche Energiereserven stützte und die gelieferte Ware korrekt und pünktlich bezahlte. Der Markteintritt verlief über den Staat, dessen Vertreter und Institutionen. Einen anderen Weg gab es nicht. Als nach dem Zerfall der Sowjetunion die ersten Privatunternehmen im neuen Russland entstanden, suchten vor allem die angelsächsischen Länder als Vorbilder des Kapitalismus ihren Weg in das lukrative Russlandgeschäft – sie scheiterten. Deutschlands Unternehmer und Verbände spürten dagegen erstaunlich oft, woher der Wind wehte. Sie suchten und fanden über den Kreml den Schlüssel zu großen Projekten in Russland. Inzwischen kontrolliert der Staat wieder mehr als die Hälfte der russischen Wirtschaft, während der staatliche Anteil 2004 bei nur 25 % lag. Wird dieser Zustand bestehen bleiben oder sich ändern? Wird Russland ein eher westliches Wirtschaftssystem annehmen, oder wählt es die chinesische Variante des Staatskapitalismus und einer gelenkten Wirtschaft? Für Deutschlands künftige Wirtschaftsbeziehungen zu Russland ist das die Schlüsselfrage, denn die deutschen Unternehmer müssen sich auf die richtige der beiden möglichen Entwicklungen einstellen. Den russischen Markt zu verlieren, können sie sich nicht leisten.

Die Teilnehmer der *Handelsblatt*-Konferenz »Investieren in Russland« versammelten sich rechtzeitig im Hotel. Sie kamen zum ersten Mal in den Genuss der Rede von Eckhard Cordes, dem neuen Vorsitzenden des Ost-Ausschusses der Deutschen Wirtschaft.Cordes, in seiner Hauptfunktion CEO der Metro AG, kam überpünktlich und stimmte die Unternehmer optimistisch auf das Russlandgeschäft ein. Seine vier markanten Thesen lauteten: Die Möglichkeiten auf dem russischen Markt sind längst nicht ausgeschöpft. Russland ist besser als sein Ruf. Russland kann viel mehr. Und schließlich: Die Transformation in Russland wird länger dauern. Die Firmenvertreter nickten zustimmend, als Cordes seine Thesen ausführlich darlegte. Auch den russischen Gästen gefiel der Blick auf ihre Wirtschaft von außen. Die Finanzkrise war vorbei. Russland und Deutschland waren als Sieger aus ihr hervorgegangen. Diesen Vorteil galt es jetzt strategisch zu nutzen. Aber über die zahlreichen Probleme im Russlandgeschäft musste ebenfalls offen gesprochen werden.

Sind die Möglichkeiten auf dem russischen Markt noch nicht ausgeschöpft? Der Vertreter der deutschen Außenhandelskammer in Moskau, Michael Harms, nannte eindrucksvolle Zahlen. Die russische Wirtschaft wuchs um 4 %, allein die Industrieproduktion um 8 %. Das war für ein europäisches Industrieland eine überdurchschnittliche Leistung. Das Wachstum basierte schon längst nicht mehr nur auf dem Energieexport, die Zulieferindustrie für die Energiebranche und der Dienstleistungssektor waren ebenfalls Gewinner des Wachstums. Die ausländischen Investitionen waren nach einem Minus von 21 % in dem Finanzkrisenjahr 2009 bereits wieder um 40 % gestiegen. Deutsche Investitionen belegten mit 28 Milliarden US-Dollar erneut Platz fünf der Investorenländer. Vor Deutschland rangierte China, nach Deutschland Großbritannien. In der Finanzkrise hatten deutsche Unternehmer beklagt, dass ihr Technologieexport nach Russland um 40 % eingebrochen war und russische Firmen auf die billigeren chinesischen Produkte umstiegen. Es dauerte seine Zeit, bis die Deutschen ihre russischen Partner davon überzeugen konnten, dass die Chinesen zwar die besseren Händler, sie aber die besseren Investoren waren.

Professor Rainer Lindner, Geschäftsführer des Ost-Ausschusses, kann ein Lied davon singen. Er hat im wiedervereinigten Deutschland eine steile wissenschaftliche Karriere gemacht und in den letzten Jahren in Osteuropa ein Netzwerk für deutsche Firmen aufgebaut. Mit Genugtuung sieht er, dass 18 % des deutschen Außenhandels heute wieder in Osteuropa abgewickelt werden. Das ist vergleichbar mit der größten Boom-Phase des Osthandels nach dem Ersten Weltkrieg, als noch wenige Geschäfte mit den USA getätigt wurden. Die deutschen Exporte nach Russland erreichten nach Beendigung der Krise das Volumen von China. Russland kaufte bei Deutschland wieder Maschinen und Lebensmittel – wie vor der Krise. Was den alten Vorkrisenstand jedoch nicht wieder erreichte, war die Größe der ausländischen Direktinvestitionen in Russland. Die ausländischen Unternehmer zögerten noch.

Gute Nachrichten kamen nach der Krise von der Finanzfront. Die Finanzstabilität war natürlich die Grundvoraussetzung für die Rückkehr internationaler Unternehmen. Für einen Europäer war es schon beneidenswert mit anzusehen, wie die russischen Energieexporterlöse, nach einer kurzen Durststrecke, um 32 % anstiegen. Vor einem Jahr hatte es in Russland noch nach einem Haushaltsloch ausgesehen. 2010 fiel das Staatsdefizit mit 4 % deutlich niedriger aus als von Pessimisten prognostiziert. Finanzminister Kudrin rieb sich nach drei Jahren des Bangens und Zitterns die Hände, seine Kasse klingelte: Russland würde in den nächsten Jahren sicherlich kein größeres Haushaltsdefizit zu verzeichnen haben. Der Rubel rollte, und die Staatskasse füllte sich. Neben dem Staat verdienten auch die Oligarchen tüchtig Geld. Die Anzahl der russischen Milliardäre verdreifachte sich, trotz der Krise, von 34 auf 101. Während die alten Milliardäre von der Konjunktur in der Energie- und Rohstoffbranche profitierten, machten einige neue Glückspilze ihr Vermögen durch Spekulationsgeschäfte an der florierenden Moskauer Börse.

In den Krisen der Neunzigerjahre war es immer die Inflation gewesen, die Russlands Wirtschaft in den Abgrund riss.

Jetzt lag die Inflationsrate bei 8 % und wurde von den strengen Währungshütern im Finanzministerium, trotz Ausweitung der Geldmenge, unter Kontrolle gehalten. Auf das angelegte Finanzpolster aus dem Reservefonds war Verlass. Die gute Nachricht: Vom Reservefonds wurden in der Krise lediglich 15 % verbraucht. Vor der Krise hatten die Währungsreserven einen Höchststand von 600 Milliarden US-Dollar erreicht, 250 Milliarden US-Dollar wurden für die Stützung des Wechselkurses, die Kapitalisierung der Staatsbanken, die Notkreditierung »systemrelevanter« Oligarchen und für sozialpolitische Maßnahmen auf dem Arbeitsmarkt verwendet. Nach der Krise füllte sich der Reservefonds, dank hoher Energieexporterlöse, schnell wieder mit frischen Petro-Dollar und erreichte eine neue Rekordmarke. Während in Westeuropa einzelne Länder pleitegingen, bezahlte Russland praktisch noch in der Krise seine restlichen Auslandsschulden ab. Der Rubel, vor wenigen Jahren noch als Holzwährung verschrien, manifestierte sich neben Dollar und Euro als stabile Größe auf dem internationalen Finanzmarkt. Insofern überstand Russland die Finanzkrise besser, als von vielen westlichen Skeptikern vorhergesagt. Für westliche Investoren waren das ausgezeichnete Nachrichten, nun blieb nur zu hoffen, dass sich mit der wirtschaftlichen Erholung auch die Rechtssicherheit verbesserte. Denn nur von der Goldgräber-Stimmung allein ließ sich der westliche Investor nicht verführen.

Russland ist sicherlich besser als sein Ruf. In der Finanzkrise war der russische Markt um 40 % abgestürzt, die Kapitalflucht betrug in drei Jahren sage und schreibe 230 Milliarden US-Dollar und war damit nochmal um die Hälfte größer als während der wirtschaftlichen Depression der Neunzigerjahre. So war es kein Wunder, dass das Haushaltsdefizit 2009 6 % des BIP betrug. Viele Privatbetriebe gingen pleite und wandten sich um Rettung an den Staat.

Aus heutiger Sicht muss man sich schon darüber wundern, wie vorschnell Russland in der Finanzkrise von der internationalen Presse abgeschrieben wurde. Kaum ein Experte glaubte an die Wiederkehr des gestrauchelten Riesen. Ausländische Kreditgeber, die sich in den Jahren vor der Krise in Russland auf der Sonnenseite wähnten, erschraken angesichts des tiefen Einbruchs. Sie erinnerten sich an die Wirtschaftskatastrophe der Neunzigerjahre und forderten von der Regierung als Ausgleich für die entstandenen Verluste den Verkauf russischer Unternehmensanteile zum niedrigeren Marktpreis. Doch für die Regierung kam ein Ausverkauf von Filetstücken der russischen Privatwirtschaft an Ausländer nicht in Frage. Sie vergab selbst Überbrückungskredite oder kaufte sich in die angeschlagenen Unternehmen ein.

Im Westen war man sichtlich überrascht, wie großzügig die Putin-Regierung in den schwersten Monaten der Finanzkrise ihren sozialen Verpflichtungen nachkam. Als die Arbeitslosenrate kurzfristig auf 9 % stieg, erhöhte die Regierung die Arbeitslosenhilfe. 25 Milliarden US-Dollar wurden für die Stabilisierung des Arbeitsmarktes aufgewendet, das Mutterschaftsgeld erhöht, der Rentenfonds bezuschusst, Weiterbildungsmaßnahmen bezahlt und soziale Sicherungssysteme mit Finanzspritzen gefestigt. In der Finanzkrise änderte Regierungschef Putin sein Image. Als Präsident stand er für die verstärkte Industrialisierung, jetzt sagte er überall, die Prioritäten der Regierungsarbeit lägen in der Sozialpolitik. Den Beweis dafür lieferte der Staatshaushalt 2011. Dort stiegen die Renten um 10 %, die Gehälter der Angehörigen von Armee und Miliz um 6,5 %, die Ausgaben für die Gesundheitsfürsorge um 10 % und für Kultur um 11 %. Besonders stark erhöht wurden die Löhne für Ärzte und Lehrer, aber auch die Studenten kamen nicht zu kurz. Der Bildungsetat wurde um 13,5 % vergrößert, das Verteidigungsbudget um 13 %. Die zu kurz gekommenen Institutionen schimpften: Die Umverteilung von Staatsgeldern in Richtung Sozialkassen und Verteidigungshaushalt lief Gefahr, das Wirtschaftswachstum zu ersticken. Die Regierung kürzte bei Kommunalausgaben und beim Umweltschutz.

Russland kann viel mehr! Während sich andere Industrieländer in der Krise haushoch verschuldeten, verfügte Russlands Regierung über das notwendige Kapital, um die eigene Wirtschaft zu modernisieren. 80 Milliarden US-Dollar wurden für die erste Phase des Modernisierungsprogramms veranschlagt. Die Regierung plante größere Bruttoanlageinvestitionen im Energiesektor, in der Automobilindustrie, bei der

Arzneimittelherstellung sowie für sportliche Großereignisse. Der Hotelbau in Sotschi, wo 2014 die Winterolympiade stattfinden wird, erreichte seinen Höhepunkt. Für die Formel 1, die dort 2013 startet, sollen die Hotels bereits stehen. Russland hat den Zuschlag für die Ausrichtung der Fußballweltmeisterschaft 2018 erhalten. Dazu müssen nicht nur 16 Stadien gebaut, sondern die dazugehörigen Straßen und Flughäfen errichtet werden. Russland hat unzählige große und teure Fünf-Sterne-Hotels, aber kaum Drei-Sterne-Hotels. Die Fußballweltmeisterschaft verpflichtet das Land auch kleinere Hotels für Normaltouristen zu bauen. Die Investmentbank VTB Capital geht von Gesamtkosten in Höhe von 20 Milliarden US-Dollar aus.

Putin rief die Oligarchen zu sich und erteilte jedem von ihnen einen Spezialauftrag. Wladimir Potanin und Oleg Deripaska kümmern sich seitdem um die Winterolympiade in Sotschi, Viktor Wexelberg um den Bau des wissenschaftlichen Innovationszentrums in Skolkowo, der Fußballfan Roman Abramowitsch zusammen mit Gasprom und Lukoil um die Infrastruktur für die Fußballweltmeisterschaft.

Was kann Russland wirklich?

Die Regierung war bereit, viel Geld in die Hand zu nehmen, um über den Sport Russlands Image in der Welt zu verbessern. Die Sportkomplexe waren auch das Aushängeschild der Modernisierung. Mit ihnen sollte die Phase der Wertschöpfung beginnen. Präsident Medwedew nannte Russland in aller Offenheit und ohne Scham ein »rückständiges Land«. Er stellte einen Fünf-Punkte-Plan vor, wonach die Wirtschaftsmodernisierung bis Ende 2020 zu bewerkstelligen sein müsste. Bis dahin müsse Russland die fünftgrößte Wirtschaftsmacht der Welt werden. Regierungschef Putin verlegte in seinem Regierungskonzept das Datum weiter in die Ferne – auf 2030. Als zentrale Herausforderungen der Strategie wurde von beiden Politikern die Diversifizierung der Wirtschaft bezeichnet. Diese sollte durch den Aufbau von fünf Schlüsselbranchen erreicht werden: Energieeffizienz, Atomindustrie, Telekommunikation, Medizintechnik und Informationstechnologien. Diese Bereiche sollten die Lokomotive der Modernisierung werden.

Doch schon bei der Diskussion über die Modernisierungsziele herrschten in der obersten Führung Meinungsverschiedenheiten. In Russland sollte es künftig eine Mischform von staatlicher Regulierung und Privatwirtschaft geben. Streit gab es aber darüber, ob die staatlichen Holdings weiter zu den Kernelementen der Wirtschaftsentwicklung gehören sollten oder nicht. Medwedew wollte ihren Einfluss reduzieren, weil sie kein effizientes Management garantieren konnten und im Widerspruch zur Förderung des Mittelstandes standen. Putin forderte dagegen ihre Stärkung, weil sie in solchen Wirtschaftssegmenten agieren konnten, in die die Privatwirtschaft nicht investierte und in denen nationale Interessen des Staates verfolgt werden mussten.

Auflösen konnte man die vor fünf Jahren geschaffenen Staatsholdings nicht. Das entstehende Vakuum hätten russische Privatunternehmen zu diesem Zeitpunkt nicht füllen können. Die Rede konnte nur von einer Reformierung dieser Institutionen sein. Und wem sollten sie praktisch gehören? Medwedew ließ eine Liste der zum Verkauf stehenden Staatsholdings publizieren, aus der hervorging, dass die Regierung die Teilprivatisierung der größten Staatsbank Sberbank, der Landwirtschaftsbank, der Russischen Eisenbahn und anderer zuvor als unverkäuflich bezeichneter Staatsbetriebe durchführen wollte. Betriebe der Rüstungs- und Atomindustrie standen verständlicherweise noch nicht auf der Privatisierungsliste. Die Liste klang attraktiv und verlockend. Insgesamt wollte der Staat Aktienpakete im Wert von 25 Milliarden US-Dollar veräußern.

Einen anderen Weg gebe es nicht, argumentierte Medwedew. Die USA kontrollierten 25 % der Weltwirtschaft, Russlands BIP betrug nur 8 % des amerikanischen BIP, Russlands Hochtechnologie besaß auf dem Weltmarkt nur einen Anteil von 0,5 %, die russische Kaufkraft entsprach nur 3 % des globalen BIP. Um das BIP zu verdoppeln und den Übergang zu einer wettbewerbsfähigen Industrie zu erreichen, bedurfte es einer Öffnung für ausländische Investitionen und größerer

Freiheiten für die private Wirtschaft. Doch wer konnte den ausländischen Konzernen die Garantie geben, dass sie in den betroffenen Betrieben tatsächlich entscheiden konnten und dass ihnen nicht plötzlich eine quasi bedeutungslose Juniorrolle zuteilwerden würde? Die Regierung ließ einen Risikofonds in Höhe von zehn Milliarden US-Dollar für ausländische Unternehmen errichten, mit dem diese ihre Investitionen nach Russland absichern konnten – eine russische Erfindung der deutschen Kredit-Versicherung.

In der Regierung wurde immer wieder die Frage erörtert, wieviel ausländisches Investitionskapital Russland in den strategisch wichtigen Wirtschaftsbereichen »vertragen« könne, ohne in Abhängigkeiten zu geraten. Bislang betrugen die ausländischen Investitionen 10 % des gesamten Investitionsvolumens in Russland, doch die Regierung verstand offensichtlich, dass dies nicht ausreichend war. Angesichts ihres technologischen Vorsprungs und ausgereifteren Managements mussten die ausländischen Konzerne als Motoren für die Modernisierung verstärkt ins Land geholt werden. Im Energiebereich hatte es diesbezüglich schon Erfolgsbeispiele gegeben. Für den deutschen Konzern E.ON, der in russische Gas- und Kohlekraftwerke investierte, wurde Russland, wo der Stromverbrauch im Gegensatz zu Europa stetig anstieg, zum größten ausländischen Investitionsmarkt.

Medwedew war überzeugt, dass die Modernisierung der Wirtschaft nicht von oben befohlen, sondern nur durch eine tiefgreifende Umgestaltung der russischen Gesellschaft bewerkstelligt werden konnte. Entscheidend für den Übergang von einer Rohstoffwirtschaft zur Hochtechnologienation war die Verbesserung des Bildungssystems. Dessen chronische Unterfinanzierung zwang die Lehranstalten, Studiengebühren einzuführen. In Zukunft fehlen Russland ausgebildete Techniker. In den Neunzigerjahren wurden fast ausschließlich Juristen und Betriebswirte ausgebildet.

Als wichtigster Innovator sollte künftig der Technologiepark Skolkowo bei Moskau, eine Art Silicon Valley, dienen. Er sollte der Forschung an der Schnittstelle zwischen Industrie und Wissenschaft Impulse geben. Das Kernproblem der Wirtschaft lag in der geringen Produktivität und in der mangelnden Innovationskraft. Steuervergünstigungen, Technologiecluster und Großprojekte sollten Wirtschaft und Forschung stärker vernetzen. Nur über verbesserte Produktionsstätten und Bildungseinrichtungen konnte Russland seine Position in der globalisierten Wirtschaft ausbauen. Die Innovationskraft der Wirtschaft betrug 10 %, diejenige Deutschlands im Vergleich dazu 50 %. Russische Firmen gaben im Schnitt 55 % ihres Umsatzes für technologische Ausstattung aus, nur 0,5 % für Weiterbildung und nur 0,3 % für Marketing.

Alexander Woloschin sitzt in seinem engen Büro neben der Tretjakow-Galerie. Er besitzt ein zweites, schöneres Büro im Regierungsgebäude – direkt unter dem Büro Putins. Doch er zieht das kleine, private vor. Woloschin war 1999 einer der Initiatoren des Machtwechsels von Jelzin zu Putin. Damals leitete er die Kremladministration. Der 55-Jährige kennt alle Staatsgeheimnisse des Landes. Zwischen 2000 und 2004 war er direkter Vorgesetzter Medwedews im Präsidialapparat. Heute fungiert er als Verbindungsmann zwischen den Resten der Jelzin-Mannschaft, Putin und Medwedew. Er ist von beiden zum Chefaufseher über den Aufbau des neuen Moskauer Finanzzentrums bestellt worden. Dieses Modernisierungsprojekt, das sich an der Frankfurter Börse orientiert, soll mehrere Aufgaben erfüllen. Neben der Stärkung Moskaus als attraktivem globalen Finanzumschlagplatz soll es die administrativen Probleme der Hauptstadt lösen. Die Rechtskultur in der Finanzindustrie soll über das Zentrum verbessert, die Zuwanderungsregeln für hochqualifizierte ausländische Fachkräfte reformiert, die städtische Infrastruktur modernisiert und die ehemaligen Sowjetrepubliken wieder auf eine gemeinsame Währungszone (Rubel) orientiert werden. Laut Woloschin ist die Idee vom Finanzzentrum der Schlüssel zur russischen Innovation. Man nimmt sich ein Beispiel an Finnland und Israel, diese kleinen Länder hätten über die Verbesserung ihrer Bildungs- und Forschungseinrichtungen einen qualitativen Innovationsvorsprung gewonnen. Am Ende des Prozesses muss Russland sein Geschäftsklima verbessern, allein mit Geld ist dies nicht zu bewerkstelligen.

Russlands gegenwärtige Infrastruktur hinkt um 20 bis 30 Jahre hinterher, die Industrieanlagen stammen noch aus den Siebzigerjahren. Der Verschleißgrad der Industrieanlagen liegt bei über 50 %. Nur 30 % der Industrieanlagen haben westlichen Standard. 28 % der Anlagen sind bald unbrauchbar. Die Industrie hat einen niedrigen Standard, hinzu kommen schlechtes Management und fehlendes Verständnis für umweltschonende Technologien. Russland ist 20 Jahre nach dem Zerfall der Sowjetunion zu einem Volk der Händler und Rohstofflieferanten geworden. Das viel zu schnell verdiente Geld ließ den Unternehmergeist einschlafen.

Die Transformation der russischen Wirtschaft wird länger dauern als die Optimisten glauben. Russland schleppt noch zu viele Probleme aus der sowjetischen Vergangenheit mit sich herum. Betrachten wir den russischen Haushalt. Nur 20 % des Staatsbudgets bilden Steuereinnahmen; nur 4 % des BIP kommen aus direkten Lohnsteuerabgaben in das Budget. Die Mehrheit der Russen zahlt kaum Steuern, und das, obwohl die Anzahl der Arbeitnehmer, die über 25.000 Euro im Jahr verdienen, seit 2000 um das Dreifache gestiegen ist. Putin hatte nach seiner Machtübernahme die 13%ige Einheitssteuer für alle Arbeitnehmer – egal ob reich oder arm – eingeführt, was eigentlich zu einer größeren Steuerdisziplin hätte führen müssen. In der Sowjetunion hatte die Steuer kaum eine Bedeutung. Die Mentalität der Russen ist in dieser Hinsicht anders entwickelt als bei den Westeuropäern. Den Staat zu betrügen gilt als Kavaliersdelikt. Hier muss sich nicht nur Vater Staat, sondern auch der Bürger modernisieren, monierte Vizepremier Igor Schuwalow am Rande des Petersburger Wirtschaftsforums.

Bedauerlicherweise bleibt die Korruption eine fixe Säule in der Wirtschafts- und Finanzstruktur Russlands. Hunderttausende Beamte bessern sich nicht nur ihr Gehalt auf, sondern häufen auch Reichtümer an, die ihre Kollegen in Westeuropa vor Neid erblassen (oder vor Scham erröten) ließen. Korruption steht in Russland auf der Tagesordnung und dient dem Überlebenskampf. Wenn man einem westlichen Staatsbürger sagt, ein Beamter sei korrupt, wird dieser die Entlassung des Politikers fordern. Wenn man dagegen einem Russen sagt, seine gesamte Regierung sei korrupt, zuckt er nur mit den Schultern. Sogar ehrliche Bürger, die sich darüber entrüsten, dass in ihrem Land Zustände wie in Afrika herrschen, geben zähneknirschend zu, dass sie selbst tagtäglich Beamte, Lehrer, Kindergärtnerinnen, Hochschullehrer, Ärzte, Polizisten, Handwerker und Steuerbeamte bestechen, um von ihnen eine simple Dienstleistung zu erhalten. Korruption ist ein Übel geworden, das den Rechtsstaat unterminiert. 300 Milliarden US-Dollar – ein Fünftel des jährlichen BIP – sollen jedes Jahr in die Taschen von Beamten fließen. Besonders schockierend ist, dass es Fälle gibt, wo selbst hochbezahlte russische Abgesandte in internationalen Organisationen wie der UN und der Europäischen Wiederaufbau-Bank in Korruptionsfälle verstrickt waren.

Der Kreml versucht immer wieder gegen die Korruption vorzugehen, mit der Folge, dass sie nur noch größer wird. Fortan müssen neben den Beamten auch die Finanzkontrolleure geschmiert werden. In der Finanzkrise langten die Beamten besonders tüchtig zu, aus Angst, dass die fetten Jahre bald vorbei sein könnten. Putin hatte als Präsident den Kampf gegen die Korruption praktisch schon aufgegeben. Medwedew hingegen setzte verschärfte Gesetze durch, doch auch ihm gelang keine grundlegende Besserung der Situation. Mit Entlassungen, drakonischen Bestrafungen, öffentlicher Zurschaustellung, Drohungen und Moralpredigten ließ sich das Problem nicht beseitigen. Als positiver Erfolg im Kampf gegen die Korruption konnte die Einführung der »elektronischen Kommunikation« des Bürgers mit den Behörden verbucht werden. Die Bevölkerung konnte jetzt offizielle Formulare über das Internet an die Verwaltung schicken. Dem Bürger saß kein korrupter Beamter mehr gegenüber.

Liberale oder autoritäre Modernisierung?

Für ausländische Investoren stellte die Korruption ein grundlegendes Problem dar, denn die Gesetzgebung in der EU stellte jegliche Zahlung oder Annahme von Bestechungsgeldern auch im ausländischen Geschäftsverkehr unter hohe Strafen. Deutsche Unternehmen, die in Russland angesiedelt waren, unterschrieben eine freiwillige Selbstverpflichtung zur Abwehr der Korruption. Doch die Hoffnung, dass auch ihre russischen Klienten dem Moralkodex zustimmen würden, erfüllte sich nicht. 20 Jahre nach dem Ende des Kommunismus sahen ausländische Unternehmer die mangelnde Rechtssicherheit immer noch als größtes Investitionshemmnis im Russland-Engagement an. Reformbedarf verspürten sie insbesondere beim Investitionsschutz und den vereinbarten Rahmenbedingungen. Laut einer Umfrage standen der Bürokratieabbau, die Erhöhung der Transparenz von Verwaltungsentscheidungen, unabhängige Gerichte und erleichterte Zollverfahren ganz oben auf ihrer Verbesserungsliste. Die Hoffnungen, dass sich etwas verbessere, ruhten ausschließlich auf dem russischen Beitritt zur WTO.

Als Bundeskanzlerin Merkel Putin zum rascheren Beitritt zur WTO drängte und die strategische Partnerschaft mit Russland als gelungenen Weg in diese Richtung bezeichnete, erzählte der russische Premier ihr die folgende Anekdote: Ein Wolfsrudel trifft beim Streifzug durch den Wald einen Hasen. Dieser fleht sie an: Fresst mich nicht auf, ich zeige euch, wo eine Herde Schafe weidet! Die Wölfe überlegen kurz, fressen den Hasen aber auf. Danach gehen sie weiter und spüren tatsächlich die Schafsherde auf. Die Wölfe verspeisen die Schafe. Danach sind sie satt. Da fragt plötzlich ein Wolf: Warum haben wir jetzt eigentlich den Hasen gefressen? Er hat uns nicht belogen. Ein anderer Wolf entgegnet: Wir sollten ihm ein Denkmal setzen. Der erste Wolf lässt nicht locker: Und was schreiben wir auf den Grabstein? Von seinen Freunden, kommt die Antwort. Aber wir haben ihn doch getötet, wir sind nicht seine Freunde, entgegnet ein anderer Wolf. Dann von seinen Feinden, raunt der erste Wolf. Aber auch dieser Vorschlag wird abgelehnt. Schließlich steht auf dem Denkmal geschrieben: Von seinen strategischen Partnern.

Frau Merkel lachte nicht. Russland misstraute offenbar einer engen Kooperation mit dem Westen, den er verdächtigte, eine Kolonisierung Russlands anzustreben. Putin stellte sogar das System des liberalen Welthandels ganz in Frage, was äußerste Bestürzung im Westen hervorrief. Glaubte Putin jedoch allen Ernstes, die Großmachtambitionen seines Landes im Kräftemessen mit dem wirtschaftlich stärkeren Westen durchsetzen zu können? Eine Selbstisolierung würde Russland überfordern. Allein auf den Aufstieg der BRICS-Staaten als gegengewichtige Weltordnung zu hoffen, war keine Lösung. Die USA besaßen einen technologischen Vorsprung, die beste Innovationskultur und die ebenfalls hoch entwickelten Westeuropäer als »ewige Verbündete« fest an ihrer Seite. Der materielle Wohlstand des Westens entfaltete eine Magnetwirkung für andere Länder. Eine Innovationsgesellschaft ohne Demokratie aufzubauen, schien unmöglich. Also musste Russland in die WTO, dann würde sich die Zusammenarbeit künftig leichter gestalten. Der russische Wirtschaftsaufschwung war in Gang gekommen, nach dem Zusammenbruch in der Finanzkrise hatten sich die russischen Einkommen wieder erholt. Das russische Wirtschaftswachstum stand wieder auf den drei traditionellen Säulen: Export, Konsum und Investitionen. Es musste davon ausgegangen werden, dass Russland für die EU weiterhin ein zentraler Exportmarkt mit hohen Wachstumsraten sein würde.

Für Putin schien es aber wichtiger, die inneren Märkte abzuschotten, als sich internationalen Abkommen zu unterwerfen. Obwohl Medwedew auf dem G-20 Gipfel zugesagt hatte, sich nach den Regeln der WTO zu verhalten, verbot Putin seinen Ministern, die WTO-Normen anzuwenden, bis Russland tatsächlich Mitglied dieser Organisation war. Im Umfeld Putins wuchs die Skepsis, ob ein WTO-Beitritt dem Land die gewünschten positiven Effekte bringen konnte. Moskau wollte auf keinen Fall die Kontrolle über seine strategisch wichtigen Bereiche verlieren, dazu gehörte auch der Finanzsektor. Putin zögerte den WTO-Beitritt heraus, weil er nicht unberechtigte Befürchtungen hegte, dass Russland gezwungen sein würde, nach einem Beitritt seine Zolltarife zu senken und danach nicht wettbewerbsfähige russische Unternehmen der ausländischen Konkurrenz hilflos ausgeliefert sein würden. Der Premier stand für ein anderes Staatsmodell – ein autoritäres System mit einer liberalen Wirtschaft, nationalisierten Industriezweigen und kontrollierten Investitionsrechten. Putin konnte sich durchaus vorstellen, dass Russland auch weiterhin auf der Grundlage seiner Energieexporterlöse wachsen könne, Saudi-Arabien tat dies schließlich mit Erfolg. Dabei verhielt sich Russland sozialer: Anders als die arabischen Golfstaaten investierte Russland nur 16 % seines BIP in die Energiewirtschaft, ein großer Teil der Einkünfte wurde an die Bevölkerung verteilt.

Medwedew sah für sein Land dagegen Vorteile in der WTO. Die Dienstleistungen für die Bevölkerung würden sich infolge des Wettbewerbs mit ausländischen Unternehmen verbessern. Solange ausländische Banken nur eingeschränkt auf dem russischen Markt agierten, konnte kein gerechtes Kreditsystem entstehen. Die russischen Banken liehen sich zu einem niedrigen Zinssatz Geld von ausländischen Banken und vergaben Kredite zu einem hohen Zinssatz an die eigene Bevölkerung. Durch die Angleichung der Rechte der Finanzdienstleister nach Russlands WTO-Beitritt würden sich europäische Normen stärker etablieren. Durch den Wegfall von Zolltarifen könnte die marode russische Industriebasis schneller durch westliche Anlagen modernisiert werden. Auch der russische Mittelstand dürfte zu den Gewinnern des Beitritts zählen. Für ihn würden auf dem russischen Markt neue Nischen entstehen. Die alten verbrauchten Industriebereiche würden aussterben, an ihrer Stelle aber moderne entstehen. Medwedew hatte keine Angst, sein Land in die internationale Wertschöpfungskette zu integrieren.

Putin stand für den Ordnungsstaat. Nach den sozialen Katastrophen der Neunzigerjahre dürfe die Regierung keine Risiken mehr eingehen. Die Reformen von Peter dem Großen zu Beginn des 18. Jahrhunderts hatten die russische Bevölkerung um 20 % dezimiert. In den Neunzigerjahren begann in Russland der demographische Wandel. Das Wort »Reform« wurde aus dem politischen Sprachgebrauch getilgt und durch »Modernisierung« ersetzt. Zu seinen großen Verdiensten zählte Putin die Verhinderung der Massenarbeitslosigkeit und den Aufbau eines Sozialsystems nach europäischem Vorbild. Der durchschnittliche Verdienst im Land lag bei 750 US-Dollar im Monat, in keinem Land der Erde gab es so viele Besitzer von Privatwohnungen wie in Russland. Der russische Unternehmer beklagte die von Putin aus der westlichen Praxis übernommenen Sozialsteuern. Jeder Arbeitgeber musste nun für den Arbeitnehmer Kranken- und Arbeitslosenversicherungen in Höhe von 34 % entrichten. Aufgrund der Erhöhung der Lohnnebenkosten fehlte dem Unternehmer nun das Kapital für Investitionen. Doch mit der Sozialreform wurde er zur sozialen Verantwortung gezwungen.

Die Modernisierung Russlands begann nicht etwa unter Medwedew, sondern 1985 unter Gorbatschow. Seit über einem Vierteljahrhundert bahnt sie sich ihren Weg durch die Türen russischer Bürokratie, in die Köpfe reformresistenter Bürger und gegen die Ungeduld des Westens. Aber ihre Grundausrichtung blieb gleich. Während der Präsidentschaft Medwedews wurden wichtige Infrastrukturprojekte fortgesetzt, Straßen neu verlegt, das Eisenbahnnetz erweitert, moderne Flughäfen gebaut. Jeder, der Russland seit 20 Jahren besucht, sieht, dass grundlegende Verbesserungen stattgefunden haben. Die beiden Moskauer Flughäfen Scheremetjewo und Domodedowo stehen westeuropäischen in nichts nach, das Reisen in Fernzügen garantiert größten Komfort, auch gibt es immer mehr moderne Autobahnen.

In der Sowjetzeit hatte es in Russland keinen privaten Dienstleistungssektor gegeben. Nach der Einführung der Marktwirtschaft hat dieser Bereich in der Modernisierung der russischen Wirtschaft und Gesellschaft den größten Sprung nach vorne gemacht. Dies äußert sich überall im Stadtbild, auch in der Provinz. Viele Arbeitskräfte, die in den großen staatlichen Betrieben ihren Job verloren, suchten und fanden neue Betätigungsfelder im Dienstleistungssektor.

Der russische Automarkt ist der am stärksten wachsende in Europa, mit Wachstumsraten von 20 bis 35 % pro Jahr. Zwei Millionen PKW werden jährlich produziert, angestrebt sind drei Millionen. Zum ersten Mal können sich Russen ein Auto leisten, ohne das Geld dafür jahrelang zu sparen und in langen Warteschlangen stehen zu müssen. 61 % der in Russland registrierten Fahrzeuge sind ausländische Produktionen. In den Neunzigerjahren hatten sich um die einheimischen Automobilkonzerne kriminelle Unternehmensstrukturen gebildet, denen jede Regierung machtlos gegenüberstand. Es dauerte einige Jahre, bis die Autobauer aus den Fängen der Mafia befreit wurden. Den Grundstock für die Sanierung und Renovierung des Automobilsektors bilden seitdem ausländische Konzerne, allen voran deutsche, japanische und französische. Die Interessen der ausländischen Investoren und des Staates stimmen überein, solange die Automobilproduktion auf russischem Territorium stattfindet. Die ausländischen Produzenten gewinnen ständig größere Segmente auf einem boomenden Markt. Die heimischen Konzerne erhalten eine moderne Ausrüstung und ein international erfahrenes Management. Die gemeinschaftlich produzierten Autos sind gute Aushängeschilder einer strategischen Modernisierungspartnerschaft.

Während die Regierung in der Automobilindustrie auf die Protektion heimischer Marken verzichtet, will sie den internationalen Flugzeugmarkt mit Maschinen aus eigener Produktion erobern. Die neuen Passagierflugzeuge Sukhoi Superjet 100 und MS-21 könnten 10 % der Weltmarktanteile gewinnen. Mit Kampfflugzeugen kontrolliert Russland heute 10 % des Weltmarktes. Hubschrauber russischer Bauart, die derzeit von der NATO in Afghanistan eingesetzt werden, sollen 15 % Marktanteil erhalten.

Der Russlandspezialist Sebastian Köllner hat eine Studie zur Gesundheitsreform in Russland vorgelegt. Er stellt fest, dass die Lebenserwartung in Russland bei 69 Jahren liegt. Auffällig ist dabei der große Unterschied zwischen Männern und Frauen. Während russische Frauen im Durchschnitt 75 Jahre alt werden, beträgt die Lebenserwartung für Männer lediglich 63 Jahre. In Deutschland liegt die Lebenserwartung für Männer bei 77 Jahren, für Frauen bei 82 Jahren. 2005 lag die Lebenserwartung in Russland noch bei 59 Jahren für Männer und 72 Jahren für Frauen. Die Verbesserung ist ersichtlich. Doch sie ist weiterhin niedriger als im Westen. Die Gründe dafür sind in der hohen Mortalitätsrate aufgrund von Herzattacken und Krebs, aber auch in Verletzungen im Straßenverkehr zu suchen. Pro Tag sterben in Russland 100 Personen bei Verkehrsunfällen. Gründe dafür sind die Zunahme des Verkehrsaufkommens seit Beginn der Neunzigerjahre um 280 %, wobei im gleichen Zeitraum die Straßensicherheit aber massiv abgenommen hat. Die Mortalitätsrate ist außerdem so hoch, weil die Menschen sich riskant verhalten, trinken und sich ungesund ernähren. In den Neunzigerjahren kamen noch andere Gründe dazu: Armut, Zusammenbruch des öffentlichen Gesundheitswesens, technische Unzulänglichkeiten. Seit 1991 ist die Bevölkerung um 6,5 Millionen Menschen auf 141,9 Millionen gesunken. Die Entvölkerung abgelegener Regionen kann ernsthafte sicherheitspolitische Konsequenzen mit sich bringen. Die russische Bevölkerung muss, anders als im Westen, wo der öffentliche Anteil an den Gesundheitsausgaben 75 % ausmacht, die Gesundheitsausgaben zum beträchtlichen Teil selbst aufbringen. Im stationären Bereich werden Medikamente theoretisch kostenlos verteilt, in Wirklichkeit herrscht Korruption. Eine Modernisierung der Infrastruktur im Gesundheitswesen ist im Gange, es gibt spürbare Verbesserungen. Trotzdem zeigt das System noch erhebliche Ineffizienzen.

In der UdSSR war die medizinische Versorgung, wie auch die Bildung, kostenfrei. 1993 wurde eine für alle verpflichtende Krankenversicherung eingeführt, die jedoch die steigenden Kosten nicht decken konnte. Jetzt steigt im Land die Nachfrage nach privaten Krankenversicherungen. Doch die Jahresbeiträge bleiben für sozial schwache Gruppen unerschwinglich. Die Regierung arbeitet an Gesetzen, die eine Verbesserung der Patientenrechte erwirken und die Marktmechanismen stärken sollen, im Sinne eines Wettbewerbs im Gesundheitswesen. Eine Zwei-Klassen-Gesellschaft wird sie nicht verhindern können.

Die Pharmaindustrie gehört sicherlich zu den Gewinnern der Modernisierung. Gesundheit beginnt bei den zum Wohlstandsdenken bekehrten Russen eine größere Rolle zu spielen. Die jahrelangen Probleme mit der Zertifizierung der Arzneimittel scheinen behoben, trotz steigender Preise decken sich die russischen Konsumenten mit Markenartikeln ein. Die Regierung hat Preisregulierungen veranlasst, was aus Gründen der geringen Rentabilität zur Schließung zahlreicher Apotheken, besonders in ländlichen Gegenden, führte. Die Regierung möchte jetzt eigene Medikamente entwickeln und schützt die einheimische Gesundheitsindustrie mit Einfuhrzöllen. Wie in anderen strategischen Innovationsbereichen werden ausländische Pharmaproduzenten aufgefordert, ihre Produktionsstätten nach Russland zu verlegen.

Wie lukrativ ist der russische Markt?

Ein ausländischer Unternehmer, der zum ersten Mal den Schritt auf den russischen Markt wagen möchte, wird es schwer haben, verlässliche und objektive Informationen über Russland zu bekommen. Schlägt er die westlichen Zeitungen auf, liest er fast nur negative Berichte über Russland. Nach der Lektüre kann er sich vorstellen, dass Russland noch keine Demokratie westlicher Art ist und das russische Rechtssystem Lücken aufweist. Natürlich hört er auch von der immensen Korruption im Land. Gesetze ändern sich schnell, Entscheidungen werden oft willkürlich getroffen, der ausländische Unternehmer ist oft der Bürokratie hilflos ausgeliefert. An wen soll er sich wenden, wenn er in Russland Probleme bekommt? An die deutsche Außenhandelskammer? An die eigene Botschaft? An eine renommierte Rechtsanwaltskanzlei?

Andererseits vernimmt er aus dem Munde seiner Kollegen, die ihre Geschäfte schon längere Zeit in Russland tätigen, dass dieser Wachstumsmarkt zu den größten der Welt zählt, dass dort die Gewinnmargen ungleich höher sind als im Westen, dass Freundschaftspflege in diesem Land der wichtigste Schlüssel zum Erfolg ist. Die Marke »Made in Germany« steht bei russischen Unternehmern hoch im Kurs, sie sind angetan von der deutschen Gründlichkeit, der Unbestechlichkeit der Deutschen und ihrer Pünktlichkeit. Kritisiert wird nur die deutsche Unfähigkeit zur Spontaneität und die fehlende Risikobereitschaft. Das Kulturleben und die Freizeitgestaltung in Moskau und anderen Großstädten sind attraktiv, nur die Umweltverschmutzung bereitet Sorgen. Eine Rückkehr zum Kommunismus ist in Russland völlig ausgeschlossen, das Problem liegt eher in der Zähmung des wilden Kapitalismus. Der eigentliche Markt entsteht erst noch. Die Goldgräberstimmung, die man in den letzten Jahren in Moskau und Sankt Petersburg erlebt habe, breite sich jetzt bis in die entlegenen Provinzen aus.

Der interessierte Unternehmer sollte sich von den entsprechenden Wirtschaftsverbänden, seiner Botschaft und der russischen Handelsvertretung beraten lassen. Kontakte zu Russland aufzubauen, ist kein Problem mehr, auf den internationalen Handelsmessen haben die Russen inzwischen größere Stände als die Chinesen. Der Unternehmer wird weiterhin erfahren, dass die Löhne in Russland rapide wachsen, mit ihnen der Lebensstandard und die Kaufkraft der Bevölkerung. Während im Westen ein durchschnittlicher Haushalt das meiste Geld für die Miete ausgibt, investiert ein Durchschnittsrusse bis zu 60 % seines Einkommens in den Konsum. Die Russen verspüren einen generellen Nachholbedarf an westlichen Produkten, westlichem Lebensstil und immer mehr westlichem Know-how. Die Russen lieben Autos, besitzen die neuesten Mobiltelefone, tragen teure Kleidung, investieren viel Geld in ihre Freizeitgestaltung. Es ist oft erstaunlich zu sehen, wie voll die Restaurants in Russland sind. Beeindruckend ist auch ihr Ambiente. Das zeugt davon, dass es der Gastronomie im Land gut geht. Noch vor zehn Jahren versteckten Menschen in Russland ihren Besitz. Jetzt protzen viele mit ihrem Geld und ihrem Eigentum.

Der potenzielle Investor wird vernehmen, dass Russland heute kaum etwas selbst produziert. Maschinenanlagen und Lebensmittel werden nach Russland importiert, weil sie von besserer Qualität und billiger sind als die einheimischen Waren. Den westlichen Handelshäusern geht es gut auf dem russischen Markt. Ihre Sorge sind weniger die Wirtschaftsprobleme im Land, sondern die unberechenbare Bürokratie. Russland exportiert vor allem Rohstoffe und Energieträger, an zweiter Stelle seine Militärausrüstung. Ein künftiger Schlager sind russische Computerprogramme. Aber andere Produkte »Made in Russia« kennen europäische Konsumenten nicht. In der Sowjetunion war das anders, da wurde fast alles im Land selbst hergestellt, allerdings auf qualitativ sehr niedrigem Niveau. Nach dem Wegfall der Grenzen stellten die in der Marktwirtschaft aufgewachten Russen fest, dass ihre Industrie nicht wettbewerbsfähig war.

Anstatt sich auf einzelne Produktionspaletten zu orientieren, die man durchaus hätte fortentwickeln und auf dem Weltmarkt verkaufen können – Russland war schließlich eine Weltmacht im Bereich der Luft- und Raumfahrt sowie der Atomindustrie –, gaben sich Russlands Eliten mit ihrem Rentierdasein zufrieden. Die Innovationsfähigkeit einer für ihren technischen Erfindungsgeist berühmten Nation wurde nicht gefördert. Russland hätte durchaus, dem Beispiel Chinas folgend, zu einer verlängerten Werkbank der europäischen Industrie werden können. Russland besitzt hervorragend ausgebildete Arbeitskräfte, die ambitioniert und leistungsstark sind. Viele von ihnen wären ideal für die Beschäftigung in mittelständischen Unternehmen, die in Russland bedauerlicherweise nicht besonders verbreitet sind.

Aber das ist wiederum der westliche kritische Blick. Der potenzielle Investor muss selbst nach Russland fahren, um die Situation mit eigenen Augen zu betrachten und mit der Situation zu vergleichen, die in diesem Land früher vorherrschte. Die Unterschiede sind gravierend, wie Tag und Nacht. Natürlich ist Moskau kein Maßstab. In der Hauptstadt werden 60 % des nationalen BIP generiert, in den Neunzigerjahren hatte es den Anschein, als ob Moskau den anderen regionalen Zentren die Ressourcen entzöge. Doch inzwischen hat sich das Wirtschaftsleben in den meisten Regionen der Föderation zumindest mitteleuropäischen Standards angeglichen.

Ein deutscher Mittelständler ohne Russlanderfahrung kann im Osten alleine noch nicht viel bewegen, er braucht unbedingt einen verlässlichen einheimischen Partner, mit dem er ein Gemeinschaftsunternehmen gründen kann. Auf der grünen Wiese seine Fabrik selbst zu bauen, ist in Russland weiterhin schwierig. Die Genehmigungsverfahren ziehen sich endlos hin, am Schluss stellt sich heraus, dass, trotz Absprache mit dem verantwortlichen Gouverneur, der Unternehmer die Kanalisation oder die Stromleitung zu seinem Neubau selbst legen muss. Der russische Partner muss also gut gewählt sein. Er muss über die Fähigkeiten verfügen, die entstehenden Probleme mit der Bürokratie zu erahnen und zu lösen. Wichtig ist es, von Anfang an die Solidität und das strategische Interesse des russischen Partners am Gemeinschaftsunternehmen zu verstehen. Der eine will nur abkassieren, der andere braucht westliche Technologie, der dritte sucht über seinen westlichen Partner Zugang zu internationalen Absatzmärkten. Vertrauen ist, wie überall auf der Welt, von entscheidender Bedeutung und der Schlüssel zum Erfolg. Oft müssen sich die Partner auf unterschiedliche Mentalitäten einstellen. Der

CEO eines DAX-Unternehmens suchte einen einflussreichen Geschäftspartner in Russland. Jemand vermittelte ihm ein Treffen mit dem Präsidenten einer russischen Großbank. Es fand in einer Flughafenlounge statt. Doch das Meeting geriet zum Desaster. Der Russe erschien zum Treffen mit einem Glas Gin Tonic in der Hand und in Jeans. Die Würde des westlichen Gegenübers war verletzt. Die Wirtschaftsallianz kam nicht zustande. Solche Missverständnisse passieren noch viel zu oft zwischen West und Ost.

Schwierig gestaltet sich das Gespräch mit Politikern in Russland. Untereinander können sie äußerst kritisch über den Zustand des eigenen Landes diskutieren, aber im Beisein eines Ausländers reden sie nur über Erfolge. Die obersten russischen Beamten sind jetzt alle hervorragend informiert, gebildet, verhandlungssicher, sprachgewandt. Die letzten zehn Jahre sind für sie eine Erfolgsgeschichte besonderer Art. Die Beamten nehmen sich ein Beispiel an Putin. In jedem noch so komplizierten Thema ist er bewandert. Putin versucht aus allem den maximalen Nutzen zu ziehen. Einerseits will er Russland in der globalen Wirtschaft verankern, gleichzeitig sucht er die Chance, auf dem postsowjetischen Territorium ein neues Integrationsgebilde zu erschaffen. Putin gefällt seine Rolle als oberster Schiedsrichter und Architekt einer neuen historischen Epoche Russlands. Ausländische Unternehmen haben längst erkannt, dass sie größere Investitionen in Russland zunächst mit ihm besprechen und über ihn absichern müssen. Aber, wie im Falle von BP mehrmals demonstriert, ist Putins Segen für ein Wirtschaftsprojekt noch keine 100%ige Garantie. Als der französische Automobilkonzern Renault in der Finanzkrise Fabrikarbeiter entlassen wollte, drohte ihr Putin mit Lizenzentzug.

Ein weiterer wichtiger Ansprechpartner für westliche Geschäftsleute ist Putins Erster Stellvertreter Schuwalow. Manche können seine Arroganz nicht ausstehen, andere sind von seiner Eloquenz und seinem Wissen fasziniert. Der Mann bleibt auch in der größten Krise immer ein Optimist – alles wird gut! Selbstkritischer ist sein jüngerer Kollege Arkadi Dworkowitsch, Wirtschaftsberater des Präsidenten: Alles wird gut, aber nicht sofort. Russland muss sich von Grund auf verändern, der Westen muss helfen. In Anbetracht der Tatsache, dass die Hotels in Moskau ständig mit ausländischen Geschäftsleuten ausgebucht sind und die Teilnahme an größeren Wirtschaftsforen wie in Sankt Petersburg, Krasnojarsk oder Sotschi bei ausländischen CEOs sehr begehrt ist, entsteht auf der russischen Seite der Eindruck, dass auch ihr Land für Investoren von großem Interesse ist.

9 WIRD RUSSLAND EIN MODERNER STAAT?

Lieber grün als rot!

In der Bibel steht es geschrieben. Moses führte das israelitische Volk 40 Jahre lang durch die Wüste, um dessen Mentalität nach langjähriger ägyptischer Knechtschaft zu verändern. Die Russen haben nach dem Fall des Kommunismus genau die Hälfte dieses Weges hinter sich gebracht. Der Vorstandsvorsitzende der Deutschen Bank, Josef Ackermann, prognostiziert Russland eine bedeutende Führungsrolle in der kommenden Weltordnung, vorausgesetzt, Moskau erneuert seine Wirtschaft. Die meisten westlichen Experten sind überzeugt, dass die russischen Eliten die Entscheidung über ihre Zukunft längst getroffen haben. Auch wenn unzählige Debatten darüber geführt werden, wann Russland seine Rohstofflastigkeit abstreift, scheint ein radikaler Strukturwandel, wie ihn Moskau proklamiert, in den nächsten Jahren unrealistisch. Russland wird in drei Industriebereichen zum Weltmarktführer werden: bei fossilen Energieträgern, in der Kernenergie und bei der Rüstungstechnologie. Damit wird das Land keineswegs eine Katastrophe erleiden. Viele andere Länder setzen ebenfalls auf ihre individuellen Stärken. Deutschland, beispielsweise, setzt auf Technologieexport.

Doch in Bezug auf Russland herrschen im Westen oft Angstvorstellungen. Die einen fürchten den mächtigen Energiekomplex, die anderen den wiedererstarkten Militärkomplex. Vor russischen Spionen hat der Europäer keine Angst, aber er fürchtet sich vor den Aktivitäten der russischen Mafia und misstraut russischen Staatskonzernen, die westliche Schlüsselindustrien erstehen wollen. Im Westen existieren Befürchtungen bezüglich der Umweltverschmutzung sowie ansteckender Krankheiten aus Russland. Ein modernisiertes Russland wird all diese Ängste zerstreuen.

Wie steht es in Russland um den Klimaschutz? Russland ist territorial gesehen der größte Flächenstaat der Erde und verfügt über riesige Wald- und Wasserbestände, die zu den »Adern« des Planeten zählen. Aus diesem Grund ist Russland für den internationalen Klimaschutz unentbehrlich. Die Erwärmung des Erdklimas bringt für Russland Vor- und Nachteile. Die Vorteile: Falls es zur Eisschmelze im Norden des Planeten kommt, können Öl- und Erdgasreserven mit weniger Aufwand gefördert werden. Die Öffnung der eisfreien Route über die Nord-Ost-Passage stärkt Russlands Transportkapazitäten. Ein Klimawechsel könnte zur landwirtschaftlichen Nutzung Ostsibiriens führen. Russland wäre in der Lage, sein demografisches Problem zu lösen. Einige Experten behaupten, die Erderwärmung hätte zur Folge, dass in Russland weniger Energie in Privathaushalten verbraucht würde und das Land dann zusätzliche Kapazitäten für den Export übrighätte. Die Nachteile: Überschwemmungen und Naturkatastrophen wären die Folge der Erderwärmung. Das Schmelzen des Permafrostbodens würde die vorhandene Infrastruktur beschädigen.

Russland ist der viertgrößte Emittent des klimaschädlichen Treibhausgases Kohlendioxid. Die Regierung hat sich bereit erklärt, beim internationalen Klimaschutz zu kooperieren, und den Industrieländern die Angst vor dem Klimaschutzgegner Russland genommen. 2004 hatte Moskau bereits das Kyoto-Protokoll ratifiziert. Nun versprach Präsident Medwedew vor dem Klimagipfel in Kopenhagen 2009, die Treibhausgase bis 2020 um 20 % (im Vergleich zu 1990) zu reduzieren. Damit folgte er den Klimarichtlinien der EU und distanzierte sich von den APEC-Staaten, die Kopenhagen nicht mittragen wollten. Gleichzeitig machte er, zusammen mit der EU, Druck auf die USA und China, der internationalen Klimaschutzkonferenz beizutreten. Russlands Teilnahme an Kyoto und am Kopenhagener Gipfel war ein wichtiges Signal für die Schwellenländer, die sich zunächst gegen die von der EU vorgeschlagenen Richtlinien zum globalen Klimaschutz sträubten. Das Thema Umweltschutz wird sicherlich auch im Rahmen der neuen Zusammenarbeit der BRICS-Staaten keine untergeordnete Rolle spielen.

Medwedew handelte nicht aus Altruismus oder um dem Westen zu gefallen. Hinter dem russischen Verhalten verbarg sich eine nüchterne Kalkulation. Dem Präsidenten war klar, dass die USA und die EU in kürzester Zeit ihre Industrie auf umweltschonende Technologien und höhere Energieeffizienz umstellen würden. Russlands Energieträger könnten dann in der Tat große Teile ihres derzeitigen Absatzmarktes verlieren. Also muss Russland ebenfalls an dem Modernisierungsschub im Westen teilnehmen, um nicht aus dem gemeinsamen technologischen Raum ausgeschlossen zu werden. Den ehemaligen Sowjetmanagern dies zu erklären war nicht einfach. Der Präsident sprach den Klimaschutz 2010 in seiner Rede zur Nation an. Zu den Prioritäten in der Wirtschaftmodernisierung sollte künftig die Energieeinsparung zählen. Medwedew forderte den Übergang zur grünen Ökonomie. Er appellierte an die Energieindustrie, an ihren Förderstätten das Abfackeln des überflüssigen Gases zu stoppen. In der abendlichen Dämmerung der endlosen Taiga gaben die Feuer über den Bohrtürmen zwar ein romantisches Bild ab, doch im Grunde genommen verbrannte Russland dadurch in einem Jahr genauso viel Gas, wie es alleine nach Deutschland lieferte. Die Gasverbrennungsanlagen sind, neben den 80 Milliarden Tonnen an Industriemüll, der niemals entsorgt wurde und über das gesamte Land verstreut herumliegt, die Hauptursachen der Umweltverschmutzung.

Lediglich 40 % der Russen begrüßten die Klimaschutzmaßnahmen. Aber die Mehrheit wünschte sich trotzdem eine saubere Umwelt. Medwedew überlegte, wie er die Mentalität der eigenen Bevölkerung verändern konnte. Bis 2020 wollte Russland rund 40 % seines Energieverbrauchs durch effiziente Nutzung einsparen. Das entsprach der doppelten Energiemenge, die Russland jedes Jahr in Form von Gas und Öl nach Europa exportierte. Medwedew kündigte an, bis 2020 den Treibhausgasausstoß um 30 Milliarden Tonnen zu reduzieren. Russland wollte jedoch keine einseitigen Verpflichtungen ohne die USA, China und die EU eingehen. Es erkannte im internationalen Klimaschutz die Chance, sich als gleichberechtigter Akteur am Aufbau der künftigen Weltordnung zu beteiligen. Um der Umweltpolitik konkretere Züge zu verleihen, wurde bei der Förderung regenerativer Energiequellen eine Kooperation mit Deutschland beschlossen.

Medwedew wurde vonseiten einiger vorausschauender russischer Unternehmen unterstützt. TNK-BP zum Beispiel senkte den Ausstoß der Treibhausgase, indem es als erster Konzern in Russland mit neuen Verwertungstechnologien für die Gasverbrennung in Erscheinung trat. Der TNK-BP Vorstand erklärte sich bereit, bei seiner Förderung die geforderte Senkung des CO_2-Ausstoßes um 15 bis 20 % vorzunehmen. Natürlich meldeten sich auch Skeptiker zu Wort und behaupteten, Russland würde durch seine selbstauferlegten strengen Umweltauflagen sein Wirtschaftswachstum behindern. Einige Regierungsmitglieder sahen in der Klimadiskussion eine »List« der EU im wirtschaftlichen Konkurrenzkampf mit Russland. Andererseits musste Russland in der Klimapolitik weniger Einbußen in Kauf nehmen als die großen Industrienationen. Weltweit werden jährlich 25 Milliarden Tonnen CO_2 in die Atmosphäre emittiert, 2050 könnten es 50 Milliarden Tonnen werden. In den USA werden jährlich 5,8 Milliarden Tonnen ausgestoßen, in China 6, in den EU-Ländern 3,4 und in Russland 1,7. Um das ambitionierte Klimaschutzziel zu erreichen und die Erderwärmung nicht über zwei Grad ansteigen zu lassen, müssen die Industrieländer allesamt sparen und wohl auf künftigen Wohlstand verzichten. Russland zählt nicht zu den größten Umweltsündern. In den Neunzigerjahren freute sich das industrieschwache Russland über die finanziellen Gewinne aus dem Emissionshandel. In Wirklichkeit war das CO_2-Äquivalent für Russland in Zeiten des wirtschaftlichen Wiederaufschwungs nicht rasant angestiegen, weil die zwei größten Wachstumsbranchen, die Rohstoffförderung und der Dienstleistungssektor, keine größeren Mengen an Energie verbrauchten. Russland wird erst dann die Umwelt verschmutzen, wenn es seine Kraftwerke auf Kohle umrüsten sollte.

Das Jahr 2010 ging als Umweltjahr in die russische Geschichte ein. Der Wald von Chimki, durch den Putin die Autobahn zwischen Moskau und Sankt Petersburg verlegen wollte, wurde zum Symbol für die neue Umweltbewegung. Obwohl nun die umstrittene Autobahn gebaut wird, stieß die Umweltthematik landesweit auf Interesse. Die Umweltaktivisten protestierten auch gegen andere Projekte – die Zellulose-Fabrik am Baikalsee und den Bau einer neuen Präsidentenresidenz in einem Naturpark bei Sotschi. Die russischen Grünen protestierten gegen die regelmäßigen Atommülltransporte aus Deutschland nach Russland. Als im Sommer 2010 in Russland Waldbrände wüteten und Moskau wochenlang in Smog eingehüllt war, wurde der Klimaschutz endlich offiziell zur größten Herausforderung erhoben, vor der das Land künftig stand. Umweltschutz-Technologien bahnten sich den Weg in die Wirtschaft. Wer im Westen sollte sich angesichts dieser Entwicklung künftig Sorgen um den Umweltschutz in Russland machen? Lieber tot als rot, hieß es im Westen während des Kalten Krieges. Russland wurde jetzt grün.

Wer hat den Finger auf dem Atomknopf?

Was in früheren Jahren das Zepter des Königs war, ist heute der Atomkoffer mit den geheimen Codes für den Abschuss von Atomraketen im Kriegsfall. Es besteht kein Zweifel, wer innerhalb des Tandems den Koffer in seiner Verwahrung hat – natürlich der Präsident, als Oberbefehlshaber der Streitkräfte. Um die russische Armee ist es in letzter Zeit still geworden. Eine reale Gefahr, wie früher die Rote Armee, stellt sie für den Westen nicht mehr da. Die Streitkräfte sind ebenfalls einer grundlegenden Modernisierung unterzogen worden. Doch wie gefährlich ist Russlands Militär? Russland bleibt die zweitstärkste Atommacht auf Erden. In einer neueren Militärdoktrin schließt Russland die Anwendung nuklearer Waffen in einem konventionellen Krieg nicht mehr aus, falls eine reale Bedrohung seiner staatlichen Existenz vorliegt. Allerdings ist ein solches Szenario undenkbar. Russland ist nicht die alte Sowjetunion. Sein geopolitischer Einfluss ist eingeschränkt. Dem Land fehlen heute einerseits die Fähigkeiten, über eine Politik der »soft power« Bündnisse in der Welt zu gründen, andererseits die finanziellen Möglichkeiten, als »hard power« die US-Hegemonie anzufechten. Die USA besitzen indessen die Fähigkeit, sowohl sanfte als auch harte Macht auszuüben.

Die Atomwaffen sichern Russland heute eine einzigartige Machtstellung auf dem Planeten. Die Armee selbst ist in keinem guten Zustand. Seit dem Niedergang der Roten Armee sind in den neuen Streitkräften Spuren von Desorientierung und Desillusionierung zu verzeichnen. Es herrschen Zynismus und Korruption, gefolgt von Amoralität. Die Transformation aus dem Kalten Krieg in die neue Ära bereitet der Armee größere Probleme als anderen Institutionen. Vor 25 Jahren war sie Bestandteil eines Imperiums, das die halbe Welt kontrollierte. Jetzt muss sie zu Hause gegen nordkaukasische Separatisten kämpfen. Nach dem Kalten Krieg musste Russland die Größe der geerbten Armee reduzieren, weil die Kosten für deren Aufrechterhaltung nicht zu stemmen waren. Die russische Führung stand vor der Wahl, die Armee entweder nach altem Muster wieder aufzurichten oder sie fundamental zu reformieren. 15 Jahre versuchte Russland das Militär zu modernisieren, ohne die Armeestruktur zu verändern. Eigentlich hätte sich die Armee den Bedürfnissen einer Regionalmacht, die Russland heute ist, anpassen sollen. Eine richtige Militärreform begann erst nach dem Georgienkrieg und traf auf massiven Widerstand.

Der Zusammenbruch der UdSSR hatte verheerende Auswirkungen auf die Ausrüstung der Armee. In Zeiten der UdSSR war die Armee an den Randgebieten des Roten Imperiums stationiert. Die Ausrüstung und die militärische Infrastruktur gingen nach dem Zerfall der Sowjetunion in das Eigentum der neuen unabhängigen Staaten über. Russland verlor die Hälfte seiner Landebahnen und zwei Drittel seiner Kampfflugzeuge. Von den übriggebliebenen Maschinen fielen die meisten wegen mangelnder Wartung aus. 40 % aller Rüstungsbetriebe der ehemaligen Sowjetarmee lagen nun außerhalb der Grenzen Russlands. 75 % des Militärequipments war hoffnungslos veraltet. Die Befehlsstruktur der Massenarmee war nicht nur unflexibel für moderne Kriegsführung, sondern auch viel zu teuer. Die Ausrüstung war zum größten Teil älter als 20 Jahre, und der russischen Militärindustrie fehlten die Kenntnisse, modernste Hightech-Geräte zu produzieren. Die Modernisierung der Waffensysteme war nur der erste Schritt aus der Rückständigkeit.

Die hohen Einnahmen aus den Energieexporten füllten die Staatskasse und ermöglichten dem Kreml die Aufstockung des Verteidigungshaushaltes. Das Militärbudget wuchs im Durchschnitt um mehr als 25 % pro Jahr – von 14 auf 38 Milliarden US-Dollar. Im internationalen Kontext war das ein ungewöhnlich großer und schneller Zuwachs. Dass Russland seine neuen Finanzressourcen dafür nutzen würde, sein Militär wieder aufzurüsten, war zu erwarten. Die NATO sah die Modernisierung der herkömmlichen Truppen und der Militärtechnologie gelassen. Solange Russland im Rahmen des KSE-Vertrages blieb, durfte es seine Armee bewaffnen. Die Stärke Russlands reichte nicht mehr aus, um Kriege außerhalb seines Territoriums zu führen. Der Georgien-Konflikt hatte massive Mängel in der russischen Kriegsführung offenbart. Weil die Militärführung nicht ewig auf neue Kampfsysteme aus den eigenen Waffenschmieden warten konnte, kaufte sie Kriegsgerät in Frankreich (Mistral Kriegsschiffe), Israel und möglicherweise bald auch Deutschland (Leopard Panzer). Eine neue Rüstungsspirale konnte Moskau jedoch nicht in Gang setzen, denn es unterlag gewissen finanziellen Beschränkungen. Russland stand nämlich vor der Aufgabe, nicht nur sein Militär, sondern die gesamte Wirtschaft zu modernisieren.

2009 führte Russland zwei großangelegte Militärmanöver unter den Bezeichnungen Sapad-2009 und Ladoga-2009 durch. Es waren die größten militärischen Übungen seit dem Kalten Krieg. Eine Gesamtzahl von 30.000 Soldaten und Marineinfanteristen trainierten Kampfhandlungen in den russischen und weißrussischen Grenzgebieten zum Westen, in der Region Kaliningrad und in der Ostsee. Obwohl die Manöver Sapad-2009 und Ladoga-2009 formal unabhängig voneinander durchgeführt wurden, folgten sie denselben Trainingszielen. Das Manöver Sapad-2009 fand in Belarus gemeinsam mit der weißrussischen Armee statt. Die Truppen waren mit Panzern, gepanzerten Fahrzeugen, Artilleriegeschützen, Raketenwerfern sowie Kampfflugzeugen, Helikoptern und Kampfschiffen bestückt. Die Übung konzentrierte sich auf die Luftabwehr und beinhaltete den Abschuss feindlicher Kampfflugzeuge mit S-200 Luftabwehrraketen. Vom militärischen Standpunkt aus war das Manöver defensiv. Das Übungsszenario konzentrierte sich auf die Abwehr eines NATO-Angriffs auf Belarus.

Eine ähnliche Zahl an Truppen und Waffen nahm am Manöver Ladoga-2009 teil. Innerhalb dieses Kriegsspiels wurde die neue Kommandostruktur der russischen Armee nach Beginn der Militärreform erprobt. An den Manövern in der Ostsee nahmen Marineverbände anderer Flotten teil. Die Übung war die größte dieser Art seit 30 Jahren. Wie schon erwähnt, war das imaginäre Ziel der Übung ein Krieg gegen die NATO.

Die baltischen Länder und Polen schlugen sofort Alarm. Sie interpretierten die Manöver als Warnung gegen ihr enges militärisches Engagement mit den USA und forderten von den NATO-Staaten zusätzliche Sicherheitsgarantien. Russland verhielt sich in der angespannten Situation nicht besonders glücklich. Kurz nach den Manövern folgten unüberlegte Aussagen des russischen Verteidigungsministeriums bezüglich eines möglichen russischen Militärschutzes für die Ostseepipeline. Der russische Generalstab erklärte zudem seine Bereitschaft, nicht nur die Pipelines, sondern auch Bohrtürme an der Küste Kaliningrads sowie die Ölexportrouten in der Ostsee vor terroristischen Angriffen zu schützen. Polen, Schweden und den baltischen Staaten wurden damit Argumente geliefert, mit denen sie die Nord Stream torpedieren konnten. Fakt war, dass die russische Marine von Gasprom beauftragt worden war, beim Säubern des Meeresbodens von Minen aus dem Ersten und Zweiten Weltkrieg entlang des Bauabschnitts der Pipeline zu helfen. Nach den Verstimmungen wurde eine private britische Firma mit der Säuberung des baltischen Meeresbodens von explosivem Abfall beauftragt. Die russische Flotte erhielt keine Befehle, die Nord Stream zu schützen.

Noch vor den Manövern hatten Putin und Medwedew Öl ins Feuer gegossen, als sie drohten, im Falle einer Stationierung von amerikanischen Raketenabwehrsystemen in Polen und Tschechien Abwehrraketen in Kaliningrad aufzustellen. Während des Kalten Kriegs war die Region Kaliningrad eine reine Militärgarnison und komplett von der Außenwelt abgeschottet. In Kaliningrad war das Hauptquartier der Baltischen Flotte, und die Region befand sich in Frontstellung gegenüber der NATO. Die Region beherbergte mehr als 100.000 Soldaten und Marineinfanteristen. In der Region gab es eine hochentwickelte Rüstungsindustrie. Die Situation änderte sich schlagartig mit dem Ende des Kalten Krieges. Kaliningrad wurde zu einer vom russischen Mutterstaat getrennten Exklave in der EU, das russische Militär musste sich für Militärflüge und Waffentransporte eine Erlaubnis der Polen und Litauer beschaffen. Das Militärbudget Russlands war nur noch ein Schatten früherer Jahre. Die Zahl der Bodentruppen wurde um 85 % reduziert, alles schwere Kriegsgerät, inklusive Flugzeugträger, Zerstörer, U-Boote wurde abgezogen. Die Baltische Flotte glich nun von ihrer Stärke den Kriegsmarinen Deutschlands und Schwedens. Sie war in der Ostsee nun zehn Mal schwächer als die NATO. Aber auch nach der Sanierung des russischen Militärhaushaltes wurde die Baltische Flotte vernachlässigt. Moskau setzte andere Prioritäten und modernisierte zunächst seine Schwarzmeerflotte. In der Ostsee drohten keine Konflikte, erst der Streit mit den USA um die Stationierung der Raketenabwehr führte zur Aufstockung des Militäretats für die Umrüstung der Baltischen Flotte. Auch sollten neue Luftstützpunkte und Abwehrraketen vom Typ Iskander in Kaliningrad stationiert werden. Die Frage stellte sich, ob solche Abwehrsysteme nicht an den südlichen Grenzen Russlands besser aufgehoben waren.

Kaliningrad ist wegen seiner besonderen geografischen Lage ein sensibler Faktor in der europäischen Sicherheitsarchitektur. Nachdem die EU Ende der Neunzigerjahre ein besonderes Interesse an Kaliningrad zeigte, äußerte Moskau sofort Misstrauen. Der Kreml sorgte sich um die Integrität der Region, die manche bereits als die »Vierte Baltische Republik« bezeichneten. Die EU interessierte sich für Kaliningrad, weil dort die ökonomische Lage immer schlimmer wurde und mit neuen Bedrohungen vonseiten der organisierten Kriminalität zu rechnen war. Unter Putin verbesserte sich die Wirtschaftslage in Kaliningrad. Putins Schwiegermutter stammte von dort. Die Region wurde aber keineswegs, wie zunächst vom Kreml vollmundig angekündigt, zum Paradies für Investoren. Als die Finanzkrise kam, musste der Kreml seine Transferzahlungen nach Kaliningrad drosseln. Daraufhin kam es dort zu den größten Protesten, die Russland während der Finanzkrise im Land erleben musste. Zum ersten Mal gingen Demonstranten mit Anti-Putin-Plakaten auf die Straße. Der Kreml erschrak und setzte den Gouverneur ab.

Die Manöver Sapad-2009 und Ladoga-2009 mussten so ausführlich behandelt werden, weil sie die Erklärung dafür lieferten, dass es Russland in erster Linie um die Modernisierung seiner Armee und nicht um eine Abschreckungspolitik gegenüber dem Westen ging. In den Manövern erprobten die Bodentruppen die neue elektronische Kriegsführung mit Anwendung von Satellitenkommunikation, Computersimulationen und unbemannten Flugobjekten. Die russischen Truppen trainierten Kampfeinsätze in kleinen mobilen Einheiten, die mit digitalen Landkarten über das Navigationssystem Glonass geleitet wurden und, unterstützt von der Luftwaffe, sich dem Gegner aus verschiedenen Richtungen näherten. Jedem Militärstrategen in Russland war inzwischen bewusst, dass die NATO eine kontaktlose Kriegsführung betrieb. Sollte es zu einem Konflikt Russlands mit der NATO kommen, würden keine Panzer aufeinander schießen, sondern relevante Objekte des Gegners durch Präzisionsschläge ausgeschaltet werden. Das Manöver Sapad-2009 endete mit dem Einsatz einer Nuklearwaffe – als das Eindringen der NATO auf russisches Terrain mit keinem anderen Mittel mehr aufzuhalten war. Russland wusste, dass es mit seiner konventionellen Kriegskunst einen Dritten Weltkrieg gegen die NATO nicht gewinnen konnte. Die Atomwaffe war das letzte Mittel.

Die Manöver waren trotzdem keine Drohgebärde in Richtung Westen. Im Übrigen hielt die NATO wenig später ähnliche Manöver an der russischen Grenze ab und trainierte die Niederwerfung eines Aufstands einer baltischen Minderheit, die wiederum von auswärts mit Waffen beliefert wurde. Es war nicht schwer zu erraten, wer hier der Feind war: Russland und die russischen Minderheiten in den baltischen Staaten. Beide Manöver, das russische und das der NATO, dienten einem inneren Zweck. Die NATO demonstrierte Solidarität mit den verunsicherten Balten. Die russische Militärführung suchte neue Gründe für eine Erhöhung des Wehretats. Auch in der russischen Militärdoktrin von 2010 wurde deshalb die NATO als größte Bedrohung für Russland dargestellt, obwohl in Wirklichkeit der Terrorismus und die Verbreitung von Massenvernichtungswaffen Russlands größere Sorgen waren.

Während eines Treffens von ausländischen Experten mit Medwedew auf der Münchner Sicherheitskonferenz wurde der Präsident nach dem russischen NATO-Feindbild gefragt. Medwedew reagierte gelassen. Es sei doch klar, dass in seinem Land niemand die NATO als Feind betrachte. Die NATO, so Medwedew, hätte sein Land vor 20 Jahren aufnehmen sollen, dann würde man sich heute nicht streiten. Fedor Schelow-Kowedjaew, der ehemalige stellvertretende Außenminister unter Jelzin, pflichtete Medwedew bei. Er habe seinen Ohren nicht getraut, als er 1992 mehreren Generälen aus Russland und dem Westen bei ihrer ersten Zusammenkunft nach dem Ende des Kalten Krieges im Stabsquartier der NATO zuhören konnte. Die NATO-Perspektive für Russland sei tatsächlich besprochen worden. Präsident Jelzin wäre damals durchaus offen für einen Beitritt seines Landes zum westlichen Verteidigungsbündnis gewesen.

Holt Russland den Westen ein?

Im April 2011 legte Regierungschef Putin seine jährliche Rechenschaft vor dem Parlament ab. Putin unterrichtete die Volksvertreter darüber, dass Russland, aufgrund des um 20 % gestiegenen Ölpreises, mit zusätzlichen Einnahmen von 400 Milliarden US-Dollar rechnen könne. Der Premier verteilte Gelder in Höhe von einer Billion US-Dollar. Der größte Teil sollte für die Modernisierung der Armee aufgewendet werden, der Rest in die Töpfe Gesundheit, Infrastruktur, Bildung und Renten verteilt werden. Natürlich sollte ein Teil der Milliarden im Reservefonds für Notzeiten gebunkert bleiben. Danach nannte Putin die wichtigsten Eckpunkte des Regierungsprogramms.

Erstaunlich war seine harsche Kritik am Westen. Russland dürfe sich keine Blöße geben. Eine Schwächung der Wirtschaft bedeute eine Gefahr für die nationale Souveränität. Westliche Ratschläge, wie Russland reformiert werden könnte, schlug er aus. Russland habe 17 Jahre lang unermüdlich Verhandlungen über einen Beitritt zur WTO geführt. Dabei habe man stets darauf geachtet, die Souveränität über eigene wirtschaftspolitische Entscheidungen zu behalten. Andere Staaten in Russlands Nachbarschaft hätten diesen fahrlässigen Fehler begangen und ihre Filetstücke in fremde Hände abgegeben.

Putin vergaß zu erwähnen, dass einige der Konflikte mit dem Westen hausgemacht waren. Zum Beispiel hatte Russland, auf Veranlassung Putins, den Holzexport in die EU gestoppt. Das Argument: Russland wolle kein Rohstoffanhängsel der Europäer sein, seine eigene Holzverarbeitungsindustrie entwickeln und künftig veredelte Holzprodukte in die EU exportieren. Die Finnen schimpften, denn ihre Holzverarbeitungsindustrie, die auf Lieferungen aus Russland angewiesen war, lag plötzlich still. Doch Finnland fand in Südamerika schnell andere Lieferanten für die Holzverarbeitungsindustrie. In Russland verzögerte sich die Umstellung auf eine Holzveredelung. Das Land blieb einstweilen auf seinen Holzladungen sitzen.

Zweitens: Russland muss innerhalb eines Jahrzehnts zu den fünf größten Volkswirtschaften der Welt gehören. Zu diesem Zweck habe sich das Land auf den Weg einer schwierigen Modernisierung begeben. Allein auf Grundlage der Exporterlöse aus dem Energiegeschäft könne Russland seine Wirtschaft nicht sanieren. Zu den dringendsten Aufgaben gehörten die Verbesserung des Investitionsklimas und der Kampf gegen die Korruption. Das Land dürfe nicht von radikalen liberalen Ideen infiziert werden und müsse auch einem sozialen Populismus trotzen. Putin schien die Modernsierung nur entlang einer Machtvertikale von oben nach unten verfolgen zu wollen, was im Ausland für neue Irritationen sorgte.

Drittens: Das Krisenmanagement der Regierung in der Finanzkrise war richtig. Das BIP von Russland sei höher als in den anderen G-20-Ländern und die Kapitalisierung des Bankensystems höher als in anderen BRICS-Staaten. Die Rettung des Bankensystems in der Krise sei ebenfalls folgerichtig gewesen, auch die Unterstützung von systemrelevanten Privatunternehmen war unumgänglich. Inzwischen habe der Staat das in Form von Notkrediten geliehene Geld vollständig zurückerhalten und an den Zinsen verdient. Putin sagte nicht, dass Russland eigentlich durch den schnellen Wiederanstieg der Energiepreise aus der Finanzkrise gerettet wurde. Über die Innovationspläne von Präsident Medwedew verlor er kein Wort.

Viertens: Die anvisierte Zollunion mit den Nachbarländern Kasachstan und Belarus ist der Grundstein zu einem gemeinsamen euro-asiatischen Markt. Die neue Wirtschaftsverflechtung wäre ein historischer Wendepunkt nach den Zerfallserscheinungen im postsowjetischen Raum. Das Handelsvolumen zwischen den Teilnehmerstaaten der Zollunion sei auf 28 % angestiegen. In den nächsten Jahren sollten alle Tarife im Handelsverkehr abgebaut und eine koordinierte Wirtschaftspolitik eingeführt werden. Weder die Zollunion noch der Einheitliche Wirtschaftsraum seien gegen die Interessen der EU gerichtet, im Gegenteil. Russland wolle einen einheitlichen euro-asiatischen Markt von Lissabon bis nach Wladiwostok aufbauen. Die EU müsse aber, um mitzumachen, ihrem Protektionismus gegenüber russischen Energiekonzernen abschwören. Doch die EU bezichtigte gerade in der Energiepolitik Russland des Monopolismus und etablierte auf ihrem Territorium neue Wettbewerbsregeln, auch um sich von russischen Energielieferungen nicht zu stark abhängig zu machen. Die EU wollte nicht über Gasimporte eine Wiederaufrichtung des russischen Imperiums finanzieren.

Im Visa-Streit mit der EU verschärfte Russland 2011 die Einreisevorschriften für Ausländer. Moskau wollte die EU unter anderem dafür bestrafen, dass sie Einreisebeschränkungen für russische Staatsbürger weiter aufrechterhielt. Doch der

Schuss ging nach hinten los. Der Tourismus nach Russland brach zusammen. Europäische Touristen entschieden kurzerhand, ihre Urlaubsreise nicht entlang der Wolga, sondern auf dem Dnjepr in der Ukraine zu buchen.

Fünftens: Die Rüstungsindustrie ist der treibende Motor für die Modernisierung des Landes. Der Rüstungssektor sei, neben der Raumfahrt und der Atomindustrie, ein wichtiges Erbe der Sowjetunion. Diese drei Schlüsselindustrien seien die tragenden Säulen der Wirtschaft. Von ihnen gingen Impulse in alle Richtungen aus. Die Armee werde im Verlauf des nächsten Jahrzehnts komplett umgerüstet werden, schon heute ordere der Staat neue Kampfjets der fünften Generation, neue Luftabwehrsysteme und Weltraumwaffen. Obwohl das Verteidigungsministerium künftig Waffen auch aus den Rüstungsschmieden der USA kaufen wolle, dürfe dies nur in Ausnahmefällen gestattet sein. Geld aus dem russischen Rüstungsetat solle keineswegs ins Ausland abwandern. Die eigene Rüstungsindustrie habe Vorrang. 2015 würde dem eigenen Raumfahrtprogramm eine neue Trägerrakete zur Verfügung stehen. Auch komme Russland gut voran mit der Errichtung eines neuen Weltraumbahnhofs.

Sechstens: Eine größere finanzielle Unterstützung der Bevölkerung ist das beste Mittel gegen soziale Proteste. Ohne auf die Massenproteste in Nordafrika einzugehen, betonte der Premier, dass es die Aufgabe der Regierung sei, die Gesellschaft als Ganzes gegen den »Bazillus« einer Destabilisierung von außen zu immunisieren. In Moskau wurden die Massenproteste in Nordafrika offensichtlich mit größter Aufmerksamkeit verfolgt.

Putins Auftritt war kein Rechenschaftsbericht, wie ihn üblicherweise Regierungschefs vor ihrem gewählten Parlament halten. Westliche Medien verglichen Putin mit Leonid Breschnew. Die russischen Abgeordneten wurden von Putin so behandelt, als wären sie unreife Studenten und er ihr Hochschulprofessor. Nachdem er seine Rede beendet hatte, verließ Putin das Pult und setzte sich neben den Parlamentsvorsitzenden ins Präsidium. Die Plätze neben ihm blieben frei, die Distanz zu den Abgeordneten sollte gewahrt bleiben. Auf dem Höhepunkt der Fragestunde beschwerte sich der Fraktionschef der zweiten Kremlpartei Gerechtes Russland darüber, dass die Kremlpartei Einheitliches Russland sich ebenfalls die Sozialpolitik ins Programm geschrieben habe, obwohl seine Partei diesen Kurs zuerst propagiert habe. Putin schmunzelte im Präsidium und glättete die Wogen. Es sei nicht so wichtig, wer die Idee zuerst gehabt habe. Entscheidend sei, dass alle am gleichen Strang zögen. Zum Schluss seines zweistündigen Auftritts lobte der Regierungschef das gesamte Parlament für die gute Zusammenarbeit und bedankte sich auch ausdrücklich bei der Opposition für ihre Unterstützung. Er bekam großen Beifall. Präsident Medwedew wurde in der Sitzung nur am Rande erwähnt. Putin vermittelte den Eindruck, als ob er alleine auf der Kommandobrücke stehe. Er kontrollierte die Wirtschaftsprozesse, er verantwortete die Wirtschaftspolitik, er verteilte milde Gaben aus dem Budget, er fällte die Entscheidungen und er bestimmte die künftige Strategie.

Erschreckend war das Schweigen der Opposition. Obwohl die Kommunisten gegen das Regierungsprogramms Putins stimmten, zeigten sie in der Debatte kaum Alternativen auf. Der Politclown Wladimir Schirinowski sprach von der Tribüne wirres Zeug und war im Nachhinein selbst darüber überrascht, dass Putin ihn lobte. Die Liberalen, nicht in der Duma vertreten, wurden zur Sitzung nicht eingeladen, obwohl Medwedew sich zuvor dafür eingesetzt hatte, dass auch Vertreter außerparlamentarischer Parteien an einigen Debatten über die Zukunft des Landes teilnehmen konnten.

Kein Wunder, dass sich Medwedews Anhänger maßlos über die Selbstdarstellung des Premiers ärgerten. Medwedews Wirtschaftsberater Dworkowitsch erinnerte daran, dass es eigentlich Putins Aufgabe gewesen wäre, Rechenschaft über den Regierungsauftrag abzulegen, den er vom Präsidenten erhalten hatte. Gleb Pawlowski, auch ein Medwedew-Berater, fragte laut, wie man den Paternalismus Putins mit dem Liberalismus Medwedews verheiraten könne. Kurz darauf wurde er entlassen.

Dachte der Regierungschef vielleicht nur realistischer als der Präsident? Medwedew forderte Modernisierung und Freiheit. Aber wofür? Und für wen? Der deutsche Russlandexperte Kai Ehlers zitierte den Medwedew-Berater Jürgens, der dazu sagte: »Nicht die gesamte Bevölkerung will die Modernisierung. Ich schätze den Anteil auf 15 bis 20 %. Modernisierung muss daher von oben und unten geschehen. Wir sind ein zu großes Land, um darauf zu warten, dass sich die ganze Gesellschaft von unten her modernisiert. Deswegen sind Impulse der Führung sehr wichtig!« Aber wer sind diese 15-20 % der rund 150 Millionen Menschen der Russischen Föderation, wenn man bedenkt, dass allein in Moskau heute rund fünfzehn Millionen Menschen leben, in Sankt Petersburg etwa sechs? Was sagen Russlands Provinzen, Russlands Völker, was sagen die Menschen dazu, die Russland nicht für einen Teil Europas halten?

Das latente Misstrauen, das der Premier dem Westen entgegenbrachte, irritierte viele Investoren. Würde sich im Falle einer Rückkehr Putins in den Kreml die Wirtschaftspolitik verändern? Oder spielten Putin und Medwedew nur ihre abgesprochenen Rollen – der eine war der gute Polizist, der andere der böse. Die Regierungsvertreter versuchten, die Gemüter zu beruhigen. Putin und Medwedew wären weiterhin ein Team und seit 20 Jahren eng miteinander befreundet. Putin selbst sagte, er wäre auch gegen den Staatskapitalismus. Insofern seien er und Medwedew Brüder im Geiste. Für die Herrschaftselite war eine Situation, in der die beiden Politiker gegeneinander konkurrierten, eine Horrorvorstellung. Politiker und Beamten müssten sich dann zwischen zwei gleichstarken Kräften entscheiden und würden riskieren, auf der falschen Seite zu landen.

Vize-Premier Kudrin rief die Kremlpartei Einheitliches Russland dazu auf, demokratische Primaries zwischen Putin und Medwedew durchzuführen. Sein Kollege, Schuwalow widersprach: Die Kremlpartei könne nur einen der beiden Spitzenkandidaten unterstützen. Wer dieser Kandidat sein sollte, sagte Schuwalow nicht. Der Chef von Einheitliches Russland, Boris Gryslow, versprach, dass seine Partei jeden der beiden als Kandidaten sofort unterstützen würde, betonte aber im gleichen Atemzug, dass die Entscheidung darüber, wer dieser Spitzenkandidat sein sollte, vom Kandidaten selbst getroffen werden müsse. Wie sollten die russischen Wähler angesichts eines solchen Wirrwarrs den Parteien vertrauen?

Was machen die Russen in Berlin?

Nach der Oktoberrevolution und dem Zweiten Weltkrieg flohen Hunderttausende von Russen in den Westen. Auch aus den Warschauer Pakt-Ländern kamen viele politische Flüchtlinge in den freien Westen. Damals organisierten sich die Emigranten in ihrem Asyl gegen die kommunistische Diktatur in ihren Ländern. Versuche, politischen Widerstand durch den Eisernen Vorhang hindurch zu betreiben und kommunistische Regime zu untergraben, waren nicht ungefährlich und endeten für manche tödlich. In den Fünfzigerjahren ließen Emigrantengruppen Ballons mit anti-sowjetischer Propagandaliteratur von Westdeutschland aus in den Nachthimmel aufsteigen. Bei günstigem Wind drang der Ballon unbemerkt in den russischen Luftraum ein und zerschellte irgendwo über der weiten Sowjetunion zusammen mit seiner wertvollen Fracht. Effektiver waren die amerikanischen Radiosender Radio Freies Europa und Radio Liberty, die ununterbrochen hinter den Eisernen Vorhang sendeten. Die Geheimdienste des Ostblocks gingen rigoros gegen die Diaspora und die westliche Propaganda vor. 1981 sprengten sie Teile des Gebäudes von Radio Liberty, in den Fünfzigerjahren legten sie Sprengladungen unter das Verlagshaus Possev in Frankfurt, das regimefeindliche Bücher druckte. Später organisierten sie Attentate gegen die Anführer der Emigranten. Im Kalten Krieg existierte im Westen ein breites Spionagenetzwerk des KGB.

Nach dem Zerfall des Warschauer Paktes veränderte sich die Lage völlig. Aus ehemaligen Regimefeinden wurden Freunde der neuen demokratischen Regierungen. Zahlreiche Redakteure von Radio Freies Europa wurden in ihren Heimatländern wie Helden verehrt. Der Chef der estnischen Redaktion, Thomas Ilves, wurde sogar zum Präsidenten Estlands gewählt. Für die polnische, tschechische oder baltische Diaspora war es einfacher, nach 45 Jahren Kommunismus zu den Wurzeln ihrer Heimat zurückzukehren als für die russischen und ukrainischen Emigranten, die 75 Jahre lang von ihren Nationen abgeschnitten gewesen waren. Trotzdem kam es 2005 zu einer historischen Aussöhnung zwischen der offiziellen orthodoxen Kirche in Russland und der russischen Auslandskirche im Westen. Für die Wiedervereinigung der Kirche hatte sich Putin persönlich stark gemacht. Er traf sich mit Vertretern des alten russischen Adels in Paris und gab einigen Persönlichkeiten die russische Staatsbürgerschaft zurück. Der Einfluss der russischen Diaspora auf die Politik Russlands blieb jedoch unbedeutend. Heute liegen die Vertreter der alten Diaspora vergessen auf den russischen Friedhöfen von Berlin und Paris.

Deutschland erlebte nach dem Ende des Ost-West-Konflikts eine neue Einwanderungswelle aus dem Osten. Allein zwischen 1991 und 2004 kamen 219.604 jüdische Zuwanderer aus den Ländern der ehemaligen UdSSR nach Deutschland. Später nahm der Trend ab. Im selben Zeitraum wanderten 1,9 Millionen deutsche Spätaussiedler aus der ehemaligen Sowjetunion in die Bundesrepublik ein. Die neuen »Russen« kamen als Wirtschaftsflüchtlinge, nicht als politische Migranten. Offiziell sind in Berlin heute knapp 100.000 Einwanderer aus der früheren Sowjetunion registriert. Die Dunkelziffer liegt allerdings bei über 200.000. Nach Angaben der Zentralwohlfahrtstelle der Juden in Deutschland stieg die Mitgliederzahl der jüdischen Gemeinden in Deutschland zwischen 1990 und 2004 dank der Zuwanderung aus der ehemaligen Sowjetunion von 30.000 auf 100.000. Viele der Neuankömmlinge haben immer noch große Probleme bei der Assimilation. Sowjetische Hochschuldiplome werden im Westen nur in den Naturwissenschaften anerkannt, den Älteren fällt es schwer, die Sprache zu erlernen, viele der Emigranten leben von Sozialhilfe. Inzwischen können sie, wenn sie wollen, in Berlin auch ohne Deutschkenntnisse auskommen. Es gibt russische Kindergärten, Schulen, Firmen, Werkstätten, Kliniken, Theater. Die Agentur von Michael Friedmann veranstaltet Popkonzerte. Es existiert ein russischer Radio- und Fernsehsender und nicht zuletzt vier größere orthodoxe Kirchengemeinden. Natürlich gibt es auch einen russischen Friedhof in Tegel.

Personen mit russischem Migrationshintergrund bilden in Deutschland ein großes Marktpotenzial. Diese Zielgruppe greift gerne auf Produkte aus der alten Heimat zurück, weil diese ihnen ein vertrautes Gefühl vermitteln. Es gibt eine Supermarktkette, die sich an diesem Personenkreis orientiert.

Nikita Jolkver, langjähriger Redakteur der Deutschen Welle, moderiert im russischen Fernsehkanal RTVi, der dem aus Russland geflüchteten Oligarchen Gusinski gehört, eine wöchentliche Sendung über Deutschland. Er erklärt seinen Landsleuten die Vorzüge einer Integration, klagt aber über ihre Nostalgie. Oleg Zinkowski kämpft über den Radiosender Berlin Brandenburg im Äther genauso für ein besseres Verständnis zwischen Russen und Deutschen. Er ist dabei auf das Phänomen der reichen Russen gestoßen. In Berlin in Sicherheit leben – im Moskauer Dschungel Kohle verdienen, lautet ihr Motto. Zahlreiche Unternehmer aus Moskau haben längst ihren Wohnsitz in Berlin aufgeschlagen. Ihre Kinder besuchen deutsche Privatschulen. Sie selbst fliegen zur Arbeit nach Moskau und kommen am Wochenende mit der entsprechend großen Lohntüte nach Berlin zurück. Doch in das deutsche Kulturleben, in die Politik und die Zivilgesellschaft wollen sie sich nicht integrieren. Sie bevorzugen das komfortable Leben in der Anonymität und bleiben unter sich. Sie erwerben Eigentum in Berlin und sehen dies als sichere Investition für die Zukunft. Dass einige Russen ihre Villa in Dahlem nicht mit dem Scheckbuch, sondern mit frischem Geld aus dem mitgebrachten Koffer bezahlten, hat die deutschen Makler am Anfang aufgeschreckt. Von solchen Russen zu erwarten, dass sie eine freiwillige Brückenfunktion zwischen den Völkern übernehmen, ist verfrüht.

Das ist schade, denn solche Personen verfügen über wertvolle Beziehungen und Netzwerke, die dem beiderseitigen Handel sowie den politischen Beziehungen zwischen den Ländern einen unschätzbaren Dienst erweisen könnten. Nicht umsonst träumt der Vize-Präsident des Berliner Abgeordnetenhauses und große Freund der Russen, Uwe Lehmann-Brauns, von Berlin als Drehscheibe für Kontakte zwischen Ost und West. Jedenfalls hat die deutsche Politik inzwischen die Bedeutung der russischen Umsiedler erkannt. Dieser Personenkreis wächst zunehmend und stellt ein potenzielles Wählerklientel dar. Die Bundesrepublik Deutschland setzt auf erfolgreiche Ausländerintegration. Der nächste deutsche Außenminister wird wahrscheinlich entweder vietnamesischer oder türkischer Abstammung sein. Es wird höchste Zeit, dass sich an der Spitze einer Bundespartei auch ein Deutschrusse etabliert, sagt der Künstler Haralampi Oroschakoff, ein Abkömmling des russischen Hochadels und Onkel des gestürzten Verteidigungsministers Karl-Theodor zu Guttenberg.

Nur fehlt es den deutschen Bundes- und Kommunalpolitikern im russischen Kulturkreis an verlässlichen Ansprechpartnern. Sie beklagen auch die Intransparenz des russischen Geschäftslebens in Berlin. Große russische Unternehmen, die in Deutschland tätig sind, unterhalten keine richtigen Repräsentanzen. Eine Ausnahme ist Gasprom Germania. Ein Riesenfehler, denn über öffentlichen Lobbyismus könnten sie ihr Image im Ausland aufpolieren und wertvolle Geschäftsbeziehungen knüpfen. Wenn man mit russischen Oligarchen in Moskau darüber spricht, winken sie ab.

Registrierte Firmen aus Russland gibt es in Deutschland genug. Die russische Außenhandelskammer beziffert ihre Zahl auf etwa 1.000. In den letzten fünf Jahren sind russische Investitionen nach Deutschland beträchtlich angestiegen, von 200 Millionen auf drei Milliarden US-Dollar. Nicht wie früher der Handel, sondern der Endabnehmermarkt erscheint für russische Unternehmer immer interessanter zu werden. Im Folgenden einige Beispiele: Alexej Mordaschow von Sewerstal hält einen 15%-Anteil an TUI. Der Sohn des ehemaligen Energieministers, Igor Jusufow, besitzt die Wadan-Werften in Mecklenburg-Vorpommern. Der zweitreichste Oligarch Russlands, Deripaska, investierte in Hochtief (verkaufte aber seine Anteile in der Finanzkrise). Sein Kollege Andrej Melnitschenko ist größter Einzelaktionär des Bergbauunternehmens K+S. Wsewolod Wolodin hat Anteile an der Luitpoldhütte AG. Ein anderer Großunternehmer, Rustam Aksenenko, hielt 25 % der Aktien von Escada, Alexander Lebedew besaß die Fluglinie Blue Wings.

Doch die russischen Investoren beklagen immer lauter, dass sie in Deutschland und anderen EU-Ländern diskriminiert werden. Angeblich fürchten westliche Behörden die Verstrickung ihrer Firmen in die Interessen des russischen Staats. Besonders russische Energieunternehmen stehen bei ihren Einkaufstouren im Westen oft vor verschlossenen Türen, obwohl sie mit einem beträchtlichen Investitionskapital aufwarten. Beispiele sind der gescheiterte Einstieg von Gasprom beim britischen Gasunternehmen Centrica, von Sewerstal beim Metallriesen Arcelor und von Lukoil in die litauische Ölraffinerie Mazeikiu und erneut von Gasprom beim italienischen Gaskonzern Enipower. Der russische Mischkonzern Sistema hat es nicht geschafft, 20 % der Aktienanteile der Deutschen Telekom zu erwerben. Die russische Großbank VTB bekommt keine Erlaubnis, ihre Anteile am europäischen Flugzeugkonzern EADS aufzustocken.

Während in den oben genannten Fällen die Politik das wahre Hindernis darstellt, gibt es in Deutschland auch Vorbehalte gegenüber russischen Unternehmen, die westliche Geheimdienste im kriminellen Milieu angesiedelt sehen. Laut Wikipedia ist Berlin zum Hauptumschlagplatz der russischen Mafia geworden. Ihr größter Aktionsbereich ist der Waffenschmuggel, gefolgt von Drogen- und Menschenhandel. Nach dem Verbot von Glücksspielen in Russland sind mehrere Geschäftsleute aus dem Casino-Milieu nach Deutschland umgesiedelt. In einigen Berliner Stadtteilen gibt es inzwischen mehr russische Spielautomaten als türkische Gemüseläden. Es häufen sich Fälle, in denen jemand, der offiziell Sozialhilfe bezieht, gleichzeitig einen Porsche fährt. Wird in Deutschland etwa russisches Geld gewaschen?

Schließlich gibt es ein weiteres Phänomen von Emigranten aus Russland, die nach 20 Jahren ihre Ausreise zutiefst bedauern. Damals flohen sie aus einem zerbrochenen Land und vor der Gefahr eines Bürgerkriegs. Jetzt sehen sie, wie manche ihrer Freunde und Kollegen, die damals nicht ausreisen wollten, in Russland mehr Geld verdienen und ein besseres Leben führen als sie in Berlin. Aber in der gemütlichen, wenn auch kargen Existenz in Deutschland ihre Sachen zu packen und sich in die russische Goldgräberei zu stürzen, stellt für sie ein zu großes Risiko dar.

Die insgesamt 2,5 Millionen deutschen Spätaussiedler aus der ehemaligen Sowjetunion sind dagegen größtenteils assimiliert. Die durchschnittliche Kinderzahl bei den Spätaussiedlern ist für bundesdeutsche Verhältnisse sehr hoch. Über 40 % der in Deutschland lebenden Russlanddeutschen sind unter 25. Sie gelten als starke Nettozahler in die Renten-,

Kranken- und Sozialkassen. Viele von den jugendlichen Russlanddeutschen leiden stark unter der oft negativen Berichterstattung, was sich auch auf ihren Integrationsprozess auswirkt. In der Presse wird aber oft verschwiegen, dass junge Deutsche aus Russland und anderen postsowjetischen Republiken bei internationalen Wettkämpfen weit überdurchschnittlich erfolgreich abschneiden.

10 WAS DENKEN DIE RUSSEN?

Das heftige Klingeln an der Wohnungstür ist nicht zu überhören. Der Hund bellt, die Kinder laufen in freudiger Erwartung des Besuchs los. Rita ist wieder da. Angenehmer Parfumduft liegt in der Luft. Der Junge fragt: Kommst du jetzt direkt aus Moskau? Nein, lacht die hübsche Frau, ich war zwei Tage in Florenz und habe davor Athen besucht. Die Kinder reißen der Angekommenen die vielen Pakete mit Geschenken aus den Händen. Im Wohnzimmer wird der Champagner aufgemacht. Rita kommt regelmäßig zu ihrer besten Freundin nach Berlin. Die 33-Jährige lebt in einem Vorort von Moskau und ist Geschäftsführerin einer großen Zahnarztklinik. Sie gehört zur ersten Generation russischer Frauen, die ihre Selbständigkeit genießen. Rita lebt in einer stilvoll eingerichteten 2-Zimmer-Eigentumswohnung und verdient 2000 Euro im Monat. Den größten Teil ihres Einkommens gibt sie für Reisen aus. Mit dem Schengener Jahresvisum besucht sie mehrmals im Jahr Italien, Frankreich, Österreich und andere südliche Länder Europas. Rita war noch ein Kind, als die Sowjetunion kollabierte. Der Vater hatte als Ingenieur gearbeitet – wie Millionen anderer Sowjetbürger. Während die Mehrheit seiner Landsleute sich in der neuen Welt des Kapitalismus erst einmal nicht zu Recht finden konnte, wagte er den Sprung in die Privatwirtschaft. Seine beiden Töchter erhielten eine vernünftige Ausbildung. Heute gehört Rita zu den Gewinnern der Wende, zu den gut 30 % der Bürger, die mit ihrem Lebensstandard zufrieden sind. Die zierliche Blondine sprüht vor Lebenslust, verzieht aber sofort das Gesicht, wenn das Gespräch auf den russischen Alltag kommt. Rita hat dort an allem etwas auszusetzen. Am meisten stört sie die Grobheit ihrer Landsleute, die Willkür der Bürokraten, das schmutzige Stadtbild. Anders als im Westen sorgt der Staat nicht für seine Bürger. Rita schaut schon lange kein russisches Fernsehen mehr, ihrer Meinung nach werden die Menschen dort ständig für dumm verkauft. Sie geht nicht zur Wahl. Gleichzeitig versteht sie aber, dass sie im Westen keine Chance hätte, ihr Leben auf ähnlich hohem Niveau zu gestalten. Und das großartige Kulturleben in Moskau wird sie nirgendwo anders finden.

Der 88-jährige Lew Grigorjewitsch sitzt in seiner Altbauwohnung in Sankt Petersburg. Er ist schon ein gebrechlicher Mann, dem jede Bewegung schwerfällt. Er leidet an Schlaflosigkeit und findet deswegen viel Zeit zum Nachdenken. Der Kriegsveteran klagt nicht über seine gesundheitlichen Beschwerden. An manchen Tagen befallen ihn die Erinnerungen an den Horror des Krieges. Er hat längere Zeit in deutscher Gefangenschaft verbracht. Nach drei gescheiterten Fluchtversuchen, bei denen er von den Nazis halb totgeschlagen wurde, half ihm ein deutscher Wehrmachtssoldat, die Frontlinie zurück nach Russland zu überqueren. Neben seiner jämmerlichen Pension bezieht Lew Grigorjewitsch Gelder aus dem Zwangsarbeiterentschädigungsfonds in Deutschland. Sie helfen ihm und seiner Frau, über die Runden zu kommen. Als hochdekorierter Rotarmist beklagt er den Zerfall des Sowjetimperiums nicht, denn nun kann er offen über alles reden, ohne Angst vor Repressalien haben zu müssen. Der alte Mann nimmt einen großen Schluck aus der Teetasse. Meine Altersgenossen sind eine verlorene Generation, sagt er. Sie haben sich für einen Staat aufgeopfert, dessen verlogene Ideologie letztendlich Millionen Menschen den Lebensinhalt geraubt hat. Viele seiner Freunde haben den Zerfall der Sowjetunion leider nicht mehr miterlebt, die Befreiung vom Kommunismus hätte schon viel früher, sofort nach Stalins Tod, stattfinden müssen. Dann wären die folgenden 35 Jahre des Zynismus, der Heuchelei und der wirtschaftlichen Stagnation vermieden worden. Lew Grigorjewitsch weiß um die Schwierigkeiten, Demokratie von einem Tag auf den anderen einzuführen.

Er ärgert sich, dass viele seiner Mitbürger apathisch auf die neuen Veränderungen reagieren, Bestechungsgelder bezahlen und, statt Verantwortung zu übernehmen und Zivilcourage zu demonstrieren, eher nach einer Politik der harten Hand rufen. Trotzdem hat Russland keine andere Wahl, als auf die jüngere Generation zu setzen. Der Kriegsveteran versteht nicht, warum die Generation von Russen, die Ende der Achtzigerjahre in Scharen auf die Straße ging, um für die Abschaffung des Kommunismus zu demonstrieren, sich heute dafür schämt. Irgendwann muss die junge Generation verstehen, dass ihre Eltern etwas wahrhaftig Historisches in der Geschichte Russlands vollbracht haben. Sie haben für ihr Vaterland die Freiheit gewonnen.

Die Mehrheit der Russen interessiert sich nicht für Politik. Die Wenigsten gehen für ihre Überzeugungen demonstrieren. Die Ausnahme sind die Autofahrer. Sie sind untereinander sehr solidarisch. Ausschlaggebend war der tragische Verkehrsunfall des Gouverneurs der Region Altai. Sein Dienstwagen raste in einen langsam fahrenden Wagen. Das lokale Gericht gab dem Fahrer des Wagens die Alleinschuld am Tod des populären Gouverneurs. Doch unerwarteter Weise löste der Prozess eine landesweite spontane Protestwelle aus. Im Gegensatz zum Gerichtsverfahren gegen den Oligarchen Chodorkowski, das die Mehrheit der Bevölkerung kaltließ, forderten Tausende von Verkehrsteilnehmern die Freilassung des unrechtmäßig Verurteilten. Die Menschen waren wütend auf die Willkür der Staatsmacht auf den Straßen des Landes. Während die Staus in den Städten immer länger wurden, fuhren die Beamten mit Blaulicht unter Missachtung jeglicher Verkehrsregeln im Höchsttempo auf der Gegenfahrbahn und verursachten neben Chaos auch unzählige Unfälle. Das Gerichtsverfahren wurde wieder aufgenommen, und es folgte der Freispruch. Zum ersten Mal hatte die Zivilgesellschaft einen Sieg errungen. Als Konsequenz der Massenproteste wurden die Blaulichter an den Autos mittlerer Beamter verboten. Einige Jahre später demonstrierten die russischen Autofahrer ein zweites Mal, als die Regierung einen Import japanischer Autos verbot, die das Lenkrad auf der rechten Seite haben. Diese Massendemonstrationen im Fernen Osten Russlands, wo japanische Autos seit Jahren zum Stadtbild gehören, zwang den Kreml zu einem Rückzieher. Nach ihren politischen Siegeszügen wurden die Autofahrer immer organisierter. Ihr nächster Protestakt richtete sich gegen die korrupte Straßenpolizei. Wer mit dem Auto in Russland unterwegs ist, kennt das Problem. An jeder Straßenecke steht ein Verkehrspolizist, der willkürlich abkassiert. Nach dem neuesten Gesetz dürfen sich die Autofahrer gegen die korrupten Beamten wehren, indem sie das Gespräch mit ihren Mobiltelefonen aufzeichnen und als Beweis vor Gericht verwenden können. Seit den politischen Demonstrationen der Achtzigerjahre war die Protestbewegung der Autofahrer der einzige landesweite Ausdruck von Zivilcourage und Kampf für Gerechtigkeit in Russland. Wie wird sich diese Bewegung weiterentwickeln?

Die Spaziergänger am Prospekt des Friedens im Moskauer Stadtzentrum bleiben an einem besonderen Hochhaus neugierig stehen. Ungläubig mustern sie die Penthouse-Wohnung, die auf dem Dach des Neubaus thront. Moskau ist neuerdings voll von spektakulären Dachwohnungen, die sich in ihrer Architektur – manche würden sagen Kitsch – alle grundlegend voneinander unterscheiden. In diesen Adlernestern leben die Reichen des Landes. Fast 100 Milliardäre zählt Russland, trotz der erst kürzlich wie ein Tornado über das Land hinweggefegten Finanzkrise. Das eiserne Tor öffnet sich automatisch, und eine lange Limousine quetscht sich in den engen Innenhof. Der Gast wird von einem Sicherheitsmann abgeholt und zum Lift begleitet. Der 60-jährige Efim, Eigentümer internationaler Flugzeugwerke und Baufirmen, empfängt seinen Freund aus Berlin mit ausgestreckten Armen. Eine vergleichbare Prunkwohnung gibt es in ganz Moskau nicht. Die Wände bestehen aus riesigen Spiegeln, die Decke ist mit bunten Ornamenten feinster islamischer Kunst gestaltet – alles in wochenlanger akribischer Handarbeit. Der Fußboden ist ein langgestreckter kostbarer Marmorstein, der als Sonderfracht aus Brasilien nach Moskau transportiert wurde. Am Kamin steht eine Büste, die dem russischen Unternehmer im Pariser Louvre geschenkt wurde. Das Arbeitszimmer ist technisch ausgerüstet wie die Raumfahrtzentrale der NASA in Houston. Von hier aus unterhält sich Efim, der sich mit einem UN-

Sonderstatus schmückt, mit der Außenwelt. Soeben hat er von russischer Seite einen Raumfahrtkongress in Washington organisiert. Efim, einst jüngster Sowjetminister für Rüstungsmaschinenbau, hat sein Gewissen bereinigt: Er finanziert aus eigenen Mitteln die Zivilgesellschaft des Landes, sponsert eine eigene Universität und die größte Erwachsenenbildungsstätte des postsowjetischen Raums. Studenten sind per Videolink mit den bekanntesten Eliteuniversitäten Amerikas verbunden. Aus der Politik hält sich der großgewachsene Russe raus, den notwendigen Schutz genießt er allemal: Unterhalb seines Penthouses leben hohe Geheimdienstoffiziere und Staatsanwälte. Damit sie gut schlafen können, musste eine vorbeilaufende Straßenbahnlinie verlegt werden. Wenn du nächstes Mal eine Konferenz abhalten willst, komm zu mir, sagt Efim. Gerade hat er einen alten Stalin-Bunker ersteigert und baut ihn zu einem Seminarraum um.

Von ihrem Rednerpult aus kann Lidia spüren, dass die europäischen Parlamentarier im überfüllten Konferenzsaal mit ihr sympathisieren. Nur der Mitarbeiter der russischen Botschaft schüttelt entsetzt den Kopf, während er permanent mitschreibt. Lidia ist bitter enttäuscht. Vor 25 Jahren unterstützte sie mit großem Eifer die Perestrojka Gorbatschows und gelangte zur festen Überzeugung, dass Russland seine totalitäre Vergangenheit für immer abgeschüttelt hatte. In den Neunzigerjahren arbeitete sie mit noch größerem Enthusiasmus an der Verankerung Russlands im Westen. Sie glaubte fest daran, dass Demokratie in ihrem Land genauso möglich war wie in Polen oder Deutschland. Lidia ist eine begeisterte Anhängerin des Friedensnobelpreisträgers Andrej Sacharow gewesen, für den die Ideale der Freiheit stets an erster Stelle standen. Heute, so Lidia, sei Russland wieder ein Polizeistaat, die Unterdrückungsmaschinerie des alten KGB sei wiederhergestellt, die oberste Herrschaftselite sei zudem durch die Riesengewinne aus dem Energieexport vollkommen korrumpiert. Aber Lidia ist auch darüber entrüstet, dass Politiker im Westen, wie Ex-Bundeskanzler Schröder, den Kreml hofieren. Von den Brüsseler Parlamentariern fordert sie mehr Solidarität für die Liberalen in ihrer Heimat und eine Politik der Eindämmung des neoimperialen Russlands. Für ihren Appell erntet sie tosenden Beifall vonseiten der baltischen Abgeordneten. Plötzlich meldet sich ein Italiener zu Wort und fragt, ob die Politikwissenschaftlerin nicht übertreibe. Lidias Russlandbild wird jetzt noch düsterer. Sie befürchtet, dass Russlands Politik und Gesellschaft faschistoide Züge annehmen könnte, letzten Endes drohe ihrem Land ein erneuter Zerfall. Auf Rohstoffexporten und primitivem Nationalismus allein könne man weder eine funktionierende Wirtschaft noch ein stabiles politisches System errichten. Dann wendet sich Lidia nochmals dem Italiener zu: Im heutigen Russland herrsche keine Meinungsfreiheit. Würden Liberale wie sie die Chance erhalten, jeden Tag im staatlichen Fernsehen aufzutreten, könnte die verlorene Demokratie wieder auferstehen. Die im Westen oftmals vertretene These, die Russen seien für westliche Demokratie ungeeignet, verurteilt Lidia als rassistisch. Eine estnische Abgeordnete unterstreicht Lidias Mut. Ein Russe im Saal nennt sie eine neobolschewistische Kampfhenne, die mit aller Gewalt zurück an die Macht strebe.

Der 32-jährige Iwan unterrichtet an der Militärschule in der sibirischen Provinz. Nach der Armeereform sind viele Mitläufer aus der Truppe entfernt worden, und der Staat kümmert sich stärker um die Soldaten und Offiziere, Iwans Sold ist in den letzten Monaten um das Dreifache gestiegen. Die Verpflegung im Militär ist erheblich verbessert worden, die Kampfausbildung erfolgt mit modernsten Waffen. Der Umgangston der Kommandeure ist, im Vergleich zu früher, höflicher. Zwar werden in manchen Armeeeinheiten junge Rekruten weiter von älteren Dienstgraden schikaniert, doch nachdem über solche Vorfälle in den Medien berichtet wurde und einige hohe Kommandeure streng bestraft wurden, verschwindet diese schändliche Tradition langsam aus dem Armeealltag, hofft jedenfalls Iwan. Er wuchs hier in der Nähe in einem Dorf auf. Nach der Wende versuchte sich sein Vater, der zuvor in einer Kolchose gearbeitet hatte, als privater Bauer. Doch niemand gab ihm den erforderlichen Kredit. Mit Schrecken erinnert sich Iwan außerdem an die Zeit nach Sonnenuntergang – auf der Straße sah er nur betrunkene Männer. Erst mit 16 Jahren betrat der Junge ein modernes WC, als er mit den Eltern zum Einkaufen in die 60 km entfernte Großstadt fuhr. Zu

Hause musste er bei jedem Wetter auf die Garten-Toilette gehen. Im Haus gab es zwar Strom, aber kein fließendes Wasser, das musste aus dem Brunnen geholt werden. Richtig waschen konnte sich Iwan nur sonntags, wenn der Onkel die Sauna heizte. Als er zur Armee eingezogen wurde, tobte gerade der zweite Tschetschenienkrieg. Gleich nach der Ankunft im Nordkaukasus wurde den Ankömmlingen ein schrecklicher Dokumentarfilm darüber gezeigt, wie Rebellen und arabische Söldner russischen Soldaten während des ersten Tschetschenienkrieg mit einem Messer kaltblütig den Hals durchschnitten. In den folgenden Tagen kämpften die neuen Rekruten mit einer besonderen Aggression. Iwan will die Erfahrung am besten für immer aus seinem Gedächtnis tilgen. Er tötete, wurde selbst mehrmals verletzt, aber niemals schwer. Nach einem Jahr war der Krieg gewonnen, die reguläre Armee wurde durch Spezialtruppen des Innenministeriums ersetzt. Iwan wurde mit einem Orden dekoriert. Nach einem weiteren Dienstjahr beschloss er, die Offizierslaufbahn einzuschlagen. In sein Heimatdorf zieht es ihn nicht mehr zurück.

Pawel sitzt am Steuer seines Wagens, das heute als illegales Taxi dient. Für 300 Rubel ist er bereit, den Fahrgast vom Bahnhof zum Hotel zu bringen. Der 55-jährige Physiker gehört nicht zu den Gewinnern der Reformen. Während der Perestrojka machte er seinen Abschluss am Kurtschatow-Institut, fand aber lange keinen Job. Ich war einfach zu ehrlich, sagt er, in Russland kann man nur als Dieb vorwärtskommen. Pawel unterhält ein eigenes Konstruktionsbüro, dem aber die großen Aufträge fehlen. Er ist verwitwet und hat eine erwachsene Tochter, die beiden kommen gerade so über die Runden. In der UdSSR gab es kein Privateigentum. Nach dem Zerfall der Sowjetunion haben die Menschen, die in einer bestimmten Wohnung gelebt haben, diese vom Staat geschenkt bekommen, murmelt Pawel, während er den Wagen geschickt durch den dichten Moskauer Verkehr lenkt. Aber die Hälfte der neuen Besitzer hat nicht das Geld, ihre Wohnung instand zu halten. 60% des Wohnraums im Land befinden sich im Havarie-Zustand. Und obwohl der Staat bis heute diese Wohnungen, Kommunalkas genannt, subventioniert, sucht die Regierung bereits seit 20 Jahren nach einer Lösung des Problems. Die kommunalen Dienstleistungsgesellschaften wurden mit dem Ziel privatisiert, den technischen Standard der Wohnungen zu garantieren. Doch wie überall in Russland nahmen sich die Dienstleister die Mittel, investierten diese jedoch nicht in eine neue Infrastruktur. Ich rede nicht von der Provinz, ich rede von Moskau, schimpft Pawel. In manchen Wohngegenden am Stadtrand fließt monatelang gar kein Wasser, im Sommer dagegen nur kochend heißes Wasser in gelblicher Farbe, bei der Fahrt mit dem Lift riskiert man sein Leben, in den obersten Stockwerken regnet es durch die Decke. Nach der Privatisierung des nationalen Energieversorgers ist der Strom plötzlich unbezahlbar geworden. Viele Heizungen in den Wohnungen lassen sich nicht abstellen. Die Zimmertemperatur wird durch das Öffnen und Schließen der Fenster reguliert. Wie viel Energie wird hier unnötig verbraucht! Die Neubauwohnungen sind keinesfalls besser, entrüstet sich der Mann am Lenkrad. Die Menschen bezahlen Unsummen, doch dann merken sie, dass während der Renovierungsarbeiten Baumaterial gestohlen wurde. Am Ende haben die neuen Wohnungen die gleichen Mängel wie die alten.

Sich mit Viktor in Moskau zu verabreden, ist nicht einfach. Der 60-Jährige ist ständig auf Achse, schreibt und publiziert ein Buch nach dem anderen. Früher wurden die Bücher auf schlechtem Papier gedruckt, mit solch kleiner Schrift, dass man sie mit der Lupe lesen musste. Heute ist die Schrift groß, die Bücher enthalten riesige Bilder und wiegen – ungelogen – fünf Kilogramm. Sie passen in keinen Koffer, und Viktor wird gebeten, sie mit der Post zu schicken. Viktor war während der Perestrojka der Gründer einer konservativen Partei. Um den Lebensunterhalt seiner sechs Kinder, seiner ehemaligen und seiner gegenwärtigen Ehefrau muss er sich keine Sorgen machen. In den wilden Neunzigerjahren gelang es ihm, über seine Kontakte zum Militär ein Frachtschiff in ein Entwicklungsland zu verkaufen. Von der verdienten Million kann er lange leben. Viktor verlässt seine Heimat ungern, dem sterilen und satten Leben in Europa kann er wenig abgewinnen. In Russland umgibt ihn ein großer Freundeskreis von Philosophen, religiösen Schriftstellern und Künstlern, mit denen er zusammen seit 20 Jahren Pläne schmiedet, Russland in eine Monarchie umzuwandeln. Das Problem: Die Romanow-Linie ist in der Emigration längst ausgestorben, dem entfernten Verwandten des letzten Zaren aus dem Hause Hohenzollern, der regelmäßig das Land besucht, aber kaum Russisch spricht, fehlt die Legitimation. Der selbst ernannte Adel im heutigen Russland gehört wohl eher in ein Komödientheater als auf den Thron. Russland besteht aus einer besonderen Zivilisation und hat eine heilige Mission – die Welt zu verbessern. Dazu benötigt es, laut Viktor, eine symbolträchtige Führung – einen Monarchen. Zunächst aber muss die Korruption besiegt werden, die durch das liberale westliche Wirtschaftsmodell das Land infiziert hat. Westliche Politiker wüssten genau, bei welchen ausländischen Banken die gegenwärtige russische Herrschaftselite ihr gestohlenes Geld deponiert. Der Westen solle diese Konten sperren, wie er das bei afrikanischen Despoten tut, und danach poltische Bedingungen stellen. Mit diesem Schritt könne der Westen das in den Neunzigerjahren entstandene Misstrauen in der russischen Bevölkerung wieder abbauen. Unseren postkommunistischen Chefs ist nichts heilig, klagt Viktor. Nach dem Fall des Marxismus ist ihr Lebensziel, Reichtum zu erwerben, ihn außer Landes zu schaffen und mit niemandem zu teilen.

Oxana faulenzt auf der Terrasse ihrer spanischen Villa. Es ist Mitte der Woche, niemand besucht sie, weil alle arbeiten müssen. Oxana überlegt, ob sie shoppen fahren sollte, verwirft die Idee aber gleich – es ist viel zu heiß. Oxanas Vater ist Direktor einer staatlichen Fabrik am Ural gewesen. In der Sowjetära befehligte er 5.000 Arbeiter. Nach dem Zerfall der Sowjetunion erhielt jeder russische Bürger einen sogenannten Voucher – eine Fabrikaktie – vom Staat geschenkt. Er durfte ihn für schnelles Geld veräußern oder über Zukauf anderer Aktien seinen Besitzanteil am Betrieb vermehren. Oxanas Onkel tauschte seinen Voucher an der nächsten Straßenecke gegen eine Flasche Wodka um und blieb ein Loser. Oxanas Vater dagegen vermochte durch falsche Versprechungen die Mehrheit der Voucher seiner Arbeiter aufzukaufen, bis er zum eigentlichen Besitzer der Fabrik aufstieg. Statt jedoch Kredite aufzunehmen, Arbeitsplätze und Produktion zu sichern, verkaufte er alle wertvollen Werksanlagen, bis die Fabrik bankrott ging. Bevor ihn irgendjemand zur Rechenschaft ziehen konnte, saß er schon im Flugzeug nach Spanien – mit einem Koffer voller US-Dollar. An der sonnigen Mittelmeerküste kaufte er sich eine Villa, ließ seine Familie nachkommen und lebte, solange das Geld reichte, in Saus und Braus. Langweilig wurde es ihm an der Costa Blanca nie, denn in seinem Umkreis siedelten sich zahlreiche andere russische Neureiche an. Doch Oxanas Vater erlag einem Herzinfarkt, und die 32-jährige Tochter saß nun, mit einem dicken Bankkonto versehen, am Swimmingpool und wusste nicht, was sie mit ihrem Leben anfangen sollte. Von Kokain und Cocktails auf Partys und von Jachten auf hoher See hatte sie genug. Auch von den stetig wechselnden Liebhabern hatte sie die Nase voll: Diese befanden sich finanziell weit unter ihrem Niveau, und sie hegte den Verdacht, dass die Männer nur an ihrem Geld interessiert waren. Sich mit einem russischen Neureichen zu liieren, war nicht ungefährlich, diese reisten zwar zwischen Russland und Spanien hin und her, brachten jedes Mal größere Summen Geld mit nach Hause, lebten aber risikoreich. Sie wurden oft erpresst, ihre Kinder entführt und es gab Fälle, in denen ihre Ehefrauen oder Geliebten ermordet wurden. Oxana entschied, Geschäftsfrau zu werden und spanische Villen zu verkaufen. Oder sich doch einen Millionär zu angeln.

Jeder Russe kennt den Fernsehmoderator Maxim. Der Journalist leitet eine der populärsten politischen Talkshows des Landes. Die Sendung wird zwar im Voraus aufgezeichnet, aber eine Zensur hat es nie gegeben, beteuert er. Sein Berufsethos unterscheidet sich von der Medienarbeit der westlichen Kollegen. Im Westen sind die Medien die Vierte Gewalt. Sie sind so mächtig, kritisch und regierungsunabhängig wie nie zuvor. Die westlichen Medien treiben heute Staatschefs, Regierungen und Parlamente vor sich her, zwingen der Öffentlichkeit bestimmte Modethemen auf und verspüren Genugtuung, wenn es ihnen gelingt, einen populären Minister »abzuschießen«. Politiker laufen den Journalisten hinterher, kämpfen um die Teilnahme an Talkshows, bleiben an jedem ausgestreckten Mikrofon stehen. Hauptsache profilieren – aus halbwichtig soll wichtig werden. Es sind letztendlich die Medien, die eine Regierung mit dem Daumenheben aufwerten oder mit dem Daumensenken bestrafen. In Russland herrschen andere Zustände. Es gibt zwar im Vergleich zur Sowjetzeit keine direkte Pressezensur, und es existiert offiziell eine Meinungsfreiheit. Doch die Staatsmacht öffentlich zu kritisieren, gilt immer noch als strenges Tabu. Der zivile Anstand erfordert es, die Regierung in ihrem Wirken zu unterstützen. Während des politischen Diskurses zwischen Medwedew und Putin herrschte in den russischen Redaktionen Angst und Orientierungslosigkeit. Ein falscher Schritt konnte den Chefredakteur seinen Stuhl kosten. Der Grund für die Selbstzensur der Medien liegt in der öffentlichen Wahrnehmung. Laut Meinungsumfragen lehnt die Mehrheit der Russen eine freie Berichterstattung ab und befürwortet einen Journalismus, der sich für die nationalen Interessen und eine Stabilität des Staates einsetzt. In Maxims Talkshow und anderen Sendungen dürfen die Zuhörer und die Fernsehzuschauer daheim die Akteure der Streitgespräche per SMS beurteilen. Liberale Standpunkte ziehen dabei stets den Kürzeren. Im russischen Fernsehen herrscht größere Meinungsvielfalt als im Westen – bei nichtpolitischen Themen. Über soziale oder Umweltthemen wird gegensätzlicher diskutiert als im Westen. Maxim ist knapp über 40. Die Neunzigerjahre hat er nicht als Befreiung vom Totalitarismus, sondern als Anarchie erlebt. Nein, ein zweites Mal darf Russland nicht zerfallen. Als Meinungsmacher trägt er für die Stabilität in der Gesellschaft eine persönliche Verantwortung.

In der Sowjetunion gab es freie und gute Bildung für alle, die Gesundheitsfürsorge funktionierte, alle Bürger konnten sich einen Urlaub am Schwarzen Meer leisten. Damals waren viel mehr Menschen glücklich und zufrieden mit ihrem Leben als heute, beteuert Anja. Eigentlich gehört die 45-Jährige nicht zu den Verlierern der Wende, denn sie arbeitet heute für eine große westliche Beratungsfirma. Von ihrem früheren Gehalt als Hochschuldozentin konnte sie nicht leben. Täglich muss sie mit Paris, London und Berlin telefonieren. Was ihr täglich Sorgen bereitet, sind ihre Eltern, beide arbeitslos, alle Ersparnisse in den Neunzigerjahren verloren. Sie sind bereits in Pension, können aber von der Minimalrente nicht leben. Im Kommunismus hatte man ihnen eingebläut, dass Besitz und Geld verwerflich seien. Sie hatten sich dem Aufbau einer neuen, gerechteren Gesellschaftsordnung verschrieben. Nun waren sie nicht nur aller ihrer Illusionen beraubt, sondern auch vom Staat vergessen. Anjas Vater hatte Jahre seines Lebens im Baltikum, dann in Zentralasien, schließlich in der Ukraine gearbeitet, dort Elektrizitätswerke errichtet. Zuvor hatte er als Jugendlicher im Zweiten Weltkrieg Seite an Seite mit Ukrainern, Georgiern, Tschetschenen und Kasachen gegen die deutsche Wehrmacht gekämpft und die gemeinsame Heimat UdSSR mit dem eigenen Leben verteidigt. Heute fährt er nicht mehr in die unabhängig gewordenen Staaten, in denen er selbst von seinen früheren Mitstreitern vorgeworfen bekommt, russischer Okkupant gewesen zu sein. Nein, meint Anja, das Argument, dass andere europäische Länder Anfang des letzten Jahrhunderts ihre Imperien ebenfalls schmerzlich verloren hätten, zähle im Fall Russlands nicht. Ja, Russland habe 1918 seinen Weltmachtstatus verloren, aber anders als die Türkei und Österreich in nur einem Vierteljahrhundert wiedergewonnen – in noch bedeutenderer Größe als vorher. Die meisten Russen wollen ein Imperium, beteuert Anja, und das Gefühl dieser Größe ist für sie wichtiger als Freiheit, Demokratie und Kapitalismus. Deshalb wird in der Bevölkerung Stalin weiterhin glorifiziert, seine Verbrechen am eigenen Volk verschwiegen. Deshalb verteufeln die älteren Russen auch die Perestrojka und die »wirren« Neunzigerjahre. Für Russland war der Verlust des Imperiums 1991 die größte geopolitische Katastrophe und die größte historische Demütigung.

Eine Autostunde von Moskau entfernt liegt das Dreifaltigkeitskloster Sergiew Possad. Mehrere Gestalten, eingehüllt in schwarze Kutten, verlassen die Kirche. Die abendliche Stille legt sich über das Kloster. Die Gäste steigen eine steile Holztreppe nach oben und passieren einen langen Gang, an dessen Wänden kleine Öllämpchen leuchten. Sie betreten die Mönchszelle und bekreuzigen sich vor der alten Ikone des Heiligen Alexander Newski, vor der eine Kerze brennt. Vater Nikolaj, ein Mönch aus dem Panteleimon-Kloster vom Berg Athos, weilt hier zu Besuch. Seit vielen Jahren versucht er Russland zum wahren Glauben zu bekehren. Diejenigen, die in den Achtzigerjahren die religiösen Sendungen von Radio Liberty hörten, kennen seine Botschaft. Inzwischen pilgern Russen unterschiedlichster Couleur zu seiner Wirkungsstelle auf dem heiligen Berg in Griechenland, erbitten seine Gebete und fragen ihn um Rat. Sogar Putin hat ihn dort besucht. Vater Nikolaj ist, trotz seiner 55 Jahre, schon recht gealtert, doch seine lebendigen Augen sprühen voller Energie. Der Mönch achtet weniger auf die gesprochenen Worte, sondern baut auf seine Intuition. Die Finanzkrise sei eine ernste Warnung an die Menschheit des 21. Jahrhunderts, sich von materiellen Dingen ab- und geistigen Fragen zuzuwenden, der überall grassierenden Eitelkeit abzuschwören und ab und in Demut zu verweilen. Das übersensible Volk der Russen hätte den Systemwechsel nur mit schweren mentalen Blessuren überstanden. Die Russen seien getrieben vom unbändigen Willen, alles nachzuholen, was der Westen ihnen scheinbar voraus habe. Die Auferstehung der orthodoxen Kirche macht aber Hoffnung. Der Patriarch genießt im Land große Autorität. Die Kirche muss den Menschen in der geistigen Krise Orientierung verleihen, die propagierten liberalen Werte sind bei Weitem nicht so universell wie die christlichen. Im Westen ist die eigene Religion und Geschichte den Menschen langweilig geworden. Gerade zu Ostern versuchen Intellektuelle immer wieder, sich über die Auferstehung von Jesus Christus lustig zu machen. In Russland, wo vor 90 Jahren versucht wurde, das Christentum physisch auszurotten, gebe es dagegen heute keine einzige atheistische Publikation mehr. Langsam senkt sich die Nacht über das Kloster. Der Mönch gießt seinen Gästen heißen Tee ein. Weihrauchgeruch erfüllt den Raum. Ein Glockenschlag ertönt. Gleich beginnt die Nachtmesse.

Nikita aus einer größeren Provinzstadt war früher stellvertretender Chef der Abteilung zur Bekämpfung des organisierten Verbrechens. Ein ehrlicher Polizist. Eines Tages deckte er einen größeren Rauschgiftfall auf, in den einige seiner Polizeikollegen verwickelt waren. Nikita machte sich damit viele Feinde. Polizisten schoben ihm fingiertes belastendes Material unter. Eines Nachts wurde sogar auf ihn geschossen. Der Mann, der so viel Zivilcourage gezeigt hatte, musste für mehrere Wochen untertauchen. Doch es gelang ihm, seine

Unschuld zweifelsfrei zu beweisen. Trotzdem quittierte er den Dienst bei der Miliz und trat der Internationalen Polizei Assoziation IPA bei. Er erlernte Fremdsprachen und wurde Leiter der russischen Filiale dieser weltweiten Struktur. In seiner neuen Funktion fuhr er nun regelmäßig ins Ausland und baute mit westlichen Polizeikollegen ein breites Netzwerk auf. Der internationale Status dieser Vereinigung verlieh ihm den notwendigen Schutz gegen feindliche Angriffe zu Hause. Heute ist er Ehrenbürger seiner Stadt und leistet immer noch Außerordentliches für die Zivilgesellschaft. Die IPA organisiert neben dem professionellen Austausch auch gemeinsame Skiurlaube, Golf- und Fußballturniere, bei denen Nikita als Sieger vom Platz geht. Die Russen heute sind alle apolitisch, meint Nikita, aber es stimme nicht, dass im Land keine Zivilgesellschaft existiert. Sehr viele Bürger würden sich in sozialen, ökologischen, sportlichen oder künstlerischen NGOs engagieren, auch in der Provinz. Der rüstige Frührentner versorgt – typisch für viele wohlhabende Russen nach der Wende – zwei Familien und erzieht mehrere Kinder. Die beiden jüngeren Frauen sind bereit, mit Nikita jeweils eine halbe Ehe zu führen, denn es herrscht in der Provinz ein erschreckendes Defizit an leistungsstarken und verantwortungsvollen Männern. Nikita trinkt kaum. Der Sportliebhaber erhält seine Polizeirente und betreibt eine gutgehende Konsultationsfirma – ein guter Nebenverdienst. Dem lokalen James Bond kann niemand das Wasser reichen. Nikita, der längst Karriere im Westen hätte machen können, liebt sein Land trotz aller Unwägbarkeiten. Nicht alle seiner russischen Kollegen können das nachvollziehen. Nikita kann es nicht ausstehen, wenn Sicherheitsorgane ihre Macht zur Selbstbereicherung missbrauchen. Viele Russen haben heute mehr Angst vor der Polizei als vor Banditen. Die Polizei gilt als kriminellste Organisation Russlands.

Sergej schaltet die drei Mobiltelefone niemals aus. Sein iPod liegt ständig in der Nähe. Der Blick auf den Bildschirm ist zur Gewohnheit geworden. Fünf Flüge für diese Woche sind bereits gebucht. Die Reisepläne können sich natürlich im letzten Moment noch ändern. Morgens fliegt er mit der Aeroflot-Maschine nach Berlin. Nach einem kurzen Meeting geht es weiter nach Zürich, von dort muss Sergej einen Abstecher nach Singapur machen. Dabei macht sich die nicht vollständig auskurierte Erkältung immer noch bemerkbar. Er hat keinen Augenblick zum Verschnaufen, zwischendurch ruft er seine Frau an. Sergej erhielt seinen Job über die richtigen Beziehungen. Schnell lernte er, nach den existierenden Regeln der Bürokratie zu spielen. Nicht selten musste der Mann am anderen Ende des Tisches milde gestimmt werden. Dabei wurde es Sergej gar nicht einmal so schwer gemacht. Der Mann am Ende des Tisches erklärte ihm die festen »Tarife«. Sergej arbeitet im Topmanagement eines Ölunternehmens. Um sein Einkommen braucht er sich inzwischen keine Sorgen mehr zu machen. Er bekommt monatlich 7.000 Euro Gehalt, plus Bonus, was noch einmal das Fünffache des Gehalts ausmacht. Davon zahlt er 13 % Lohnsteuer. Sergej hält Aktienanteile an seinem Betrieb, die eine schöne Dividende abwerfen. Darüberhinaus erhält er ständig Provisionen für vermittelte Geschäfte. Dort bezieht er das Mehrfache seines Gehalts. Wichtig sind die Zugänge zu den richtigen Informationen. Je mehr er weiß, desto mehr persönlichen Einfluss gewinnt er im Betrieb und darüber hinaus. Bei allem Stress, den er durchstehen muss, legt Sergej großen Wert auf Lebensqualität. Er macht jeden Sommer und Winter einen sehr teuren Urlaub, mal in Italien, mal in Hongkong, mal auf den Malediven. So ein zweiwöchiger Urlaub darf durchaus 40.000 Euro kosten. Privat wohnt Sergej im besten Vorort von Moskau. Er besitzt eine große Villa und eine Stadtwohnung. In der Garage steht ein Mercedes für den Alltag und ein Porsche Cayenne für seine Ehefrau. Am Wochenende fährt Sergej noch einen Porsche Cabrio. Doch Sergej hat auch eine soziale Ader. Privat unterstützt er ein Waisenhaus mit 260 Kindern und finanziert gerade den Bau einer orthodoxen Kapelle in seinem Wohngebiet. Sergej wünscht sich, dass sein Sohn nach seinem Studienabschluss in London nach Hause zurückkehrt. Die Wurzeln des Ölmanagers liegen eindeutig in Russland.

Als Natia vor den Resten der Berliner Mauer stand, konnte sie sich die geteilte Stadt überhaupt nicht vorstellen. Ihre Eltern haben ihr wenig von der traurigen Vergangenheit erzählt und immer nur gesagt, sie solle nur nach vorne schauen. Die

22-Jährige absolviert ein Sprachsemester in Berlin und entspannt sich gerade beim Skifahren im österreichischen Nassfeld. Frohgemut sitzt sie nach der ersten gelungenen Abfahrt auf der Almhütte, ihre Skibrille auf der Stirn, und nippt an ihrem Kaffee. Ihr Skilehrer versucht zu flirten: Was ist bei euch zu Hause so anders als bei uns? Natia erzählt bereitwillig von ihren Eindrücken. Die jungen Leute wollen ein besseres Leben als ihre Eltern und ihre Zukunft eigenständig planen. Die Mädchen wollen Models werden, die Jungen hassen Bürojobs und drängen in die Wirtschaft. Nicht jeder kann aber Manager oder Rechtsanwalt werden. Ich habe keine Erinnerungen an den Kommunismus, sagt sie, ich bin durch und durch Europäerin. Natia lacht über die Erzählungen ihrer 20 Jahre älteren Schwester Inga, die sich gleich nach dem Ende der Sowjetunion, wie viele andere Schönheiten, einen ausländischen Ehemann geangelt hat. Sie zog nach Deutschland, wohl wissend, dass sie dort nach drei Jahren eine ständige Aufenthaltserlaubnis erhalten würde. Der betroffene Mann war verblüfft, als seine Ehe unverhofft zerbrach und er nach dem Scheidungsrecht seiner arbeitslosen und anspruchsvoll gewordenen Inga den Lebensunterhalt finanzieren musste, obwohl diese schon in der nächsten Liaison war. Damals ging das Gerücht um, dass die Frauen aus dem Osten deshalb so unwiderstehlich seien, weil es im Westen keine gutaussehenden Frauen mehr gäbe. Die schönen Frauen seien im Mittelalter allesamt als Hexen verbrannt worden, ihre Gene verlorengegangen. Heute respektieren sich Ost und West mehr. Die Rockkonzerte, Kinohits, Boutiquen in Russland, die Natia besucht, unterscheiden sich nicht von denen in Berlin. Natia aber steht auf Kleidung, die ihre Weiblichkeit betont. Ihr Freund pflegt Statussymbole wie teure Uhren und Autos. Die beiden kennen keine Furcht vor der Staatsmacht, die in der UdSSR noch präsent war. Sie fühlen sich nicht mehr als Leibeigene des Systems, besitzen Reisepässe und wissen, dass sie, wenn es in ihrer Heimat tatsächlich wieder krachen sollte, ins Ausland emigrieren können.

Vor 20 Jahren saß Borja noch im Keller, streng bewacht von einem Haufen Leibwächter. Den Sicherheitschef, einen KGB-General, musste er zu seinem Stellvertreter machen und ihm ein überhöhtes Gehalt zahlen. Dafür schützte dieser Borja vor Erpressern und schaltete unliebsame Konkurrenten aus. Borja wollte immer ins Business, noch als Jugendlicher stahl er ausländischen Touristen auf öffentlichen Toiletten Jeanshosen, die er dann in der Provinz verkaufte. Nach der Wende zwang er seinen Schuldner, eine westliche Lebensversicherung abzuschließen und danach Selbstmord zu begehen. Borja strich die Versicherungssumme ein. Später verhalf ihm sein Verwandter zu einem »strategischen« Job im Finanzministerium. Borja lernte schnell, wie er Staatsgelder, die als Aufträge an die lokale Industrie vergeben wurden, trickreich veruntreuen konnte. Budget zersägen – so nannte sich der Volkssport, dem er sich hingab. Jetzt ist Putin an der Macht, und Borja muss sich mit dessen Geheimdienstgefolge arrangieren, bedauerlicherweise höhere Bestechungssummen zahlen, um unbehelligt zu bleiben. Doch Borja dient gerne der Macht. Inzwischen verdient der Oligarch am lukrativen Ölexport Milliarden Rubel, ohne einen Finger zu rühren, und genießt das Leben eines Rentiers. Keiner zwingt ihn, Gelder in die Modernisierung seiner Produktionsstätten zu investieren. Borja ist ein entschiedener Gegner ausländischer Konkurrenz, die sprudelnden Ölquellen gehören den Einheimischen. In der WTO habe sein Land nichts verloren. Vom Grundsatz: Konkurrenz stärkt das Geschäft hält Borja nichts, sein Leitsatz heißt: The winner takes it all. Für ein Mäzenatentum hat der Mann noch weniger Gehör. Als er gebeten wurde, für ein Jugendlager zu spenden, entgegnete er barsch: Wenn ihr alle so klug seid, warum seid ihr dann so arm? Wenn ihn allerdings der Kreml als Sponsor für ein Sportfest braucht, steht er Gewehr bei Fuß. Seine Firma führt Borja wie ein Patriarch, Eigeninitiative wird bestraft, sein Personal agiert nach außen abweisend und aggressiv. Einen Betriebsrat hat er verboten, Gewerkschaften haben in Russland sowieso kaum Einfluss. Das windige Arbeitsrecht schützt im Zweifelsfall den Arbeitgeber. Borja zahlt kaum Umsatzsteuer, in Moskau unterhält er größere »Geldwaschanlagen« – Modeboutiquen, in die sich angesichts der überhöhten Preise keiner hineintraut.

Der 40-jährige Alexander besitzt eine gut gehende Baufirma in einer Stadt am Ural. 1999 beschloss er aus Idealismus, in die Politik zu gehen und schloss sich der neuen erfolgsversprechenden Volkspartei Einheitliches Russland an. Wie viele seiner Regierungskollegen, die ihre Direktorenposten in Unternehmen gegen öffentliche politische Ämter eintauschten, hat er seine Firma auf den Namen seiner Frau umgeschrieben. Ich bin Politiker geworden, weil ich an Russland glaube, beteuert er. Das Land habe jetzt die einmalige Chance, da es durch den beneidenswerten Geldregen aus dem Exportgeschäft finanziell so gut gerüstet ist wie kaum ein anderes Land der Welt, seine Wirtschaft auf moderne Standards umzurüsten. Die wichtigste Aufgabe sei die Schaffung eines Mittelstandes. Das funktioniere jedoch nur bei gleichzeitiger politischer Stabilität. Momentan gebe es im Land wenig Protestpotenzial, der Lebensstandard wachse rapide, jedenfalls für 80 % der Bevölkerung. Es werden wieder Familien gegründet, der Bevölkerungsrückgang ist gestoppt. Die relative Zufriedenheit sei jedoch kein Freibrief für die Regierung, Reformen zu verschleppen. Der gegenwärtige Staatsmonopolismus sei notwendig, um Wirtschaftsbereiche zu fördern, in welche die junge Privatwirtschaft noch nicht investiert. Als Beispiel nennt Alexander die Nanotechnologie und die Flugzeugindustrie. Absolute Priorität müssen die sozialen Programme genießen. Alexander ist von höchster Stelle mit dem Wohnungsbau betraut. Billige Plattenbausiedlungen sind nicht mehr in, sagt er: Wir konzentrieren uns auf den ökologischen Wohnungsbau, wobei auf diesem Gebiet noch viel Widerstand vonseiten konservativ denkender Gouverneure gebrochen werden muss. Für sie stehen stets die Interessen der Staatsmacht an oberster Stelle, vom Dienst am Volk haben sie noch nie etwas gehört. Zu den Errungenschaften Putins zählt Alexander die Verhinderung von Arbeitslosigkeit in Russland. Anders als in der EU herrsche in seinem Land praktisch Vollbeschäftigung. Er erklärt den neuen Gesellschaftsvertrag so: Die Regierung teilt die Einkünfte aus dem Energiegeschäft mit der Bevölkerung, dafür akzeptieren die Menschen temporäre Einschränkungen ihrer Freiheitsrechte. Nach einem intensiven Meinungsaustausch verabschiedet sich Alexander und fliegt wieder in seinen Wahlkreis. Seine Partei muss um Wählerstimmen kämpfen.

Oleg streicht seinen langen Bart, an dem noch einige Essensreste kleben. Eigentlich ist der alte russische Brauch, nachts mit Freunden in der Küche zu sitzen und über den Sinn des Lebens zu diskutieren, mit dem Ende der Sowjetunion ausgestorben. Früher tranken die Russen viel Wodka, heute wird vor allem in der Privatwirtschaft Tätigen höhere individuelle Verantwortung abverlangt. Ein brummender Schädel und eine durchzechte Nacht können sich schnell auf das Gehalt auswirken. Oleg hatte gerade seine Offizierslaufbahn begonnen, als die Sowjetunion auseinanderbrach. 1992 veranstaltete die NATO erste Informationsseminare in Moskau, zu denen Oleg eingeladen wurde. Fassungslos hörte er einen westlichen Experten davon sprechen, dass die NATO im Rahmen ihrer Partnerschaften mit postsowjetischen Ländern im Südkaukasus und auf der Krim Militärbasen errichten würde. Dann bricht der Dritte Weltkrieg aus, schrie er erbost und verließ wutschnaubend den Raum. Heute, bei der Feier zu seinem 50. Geburtstag, verteilt Oleg in der Küche bei Wodka und reichhaltigen Vorspeisen wieder Hiebe gegen den Westen. Er fühlt sich durch die Pläne zur NATO-Osterweiterung in seiner nationalen Würde verletzt. Die am Küchentisch Versammelten sind überzeugt: Die Finanzkrise hat den Erzfeind Amerika ruiniert und die EU dem Zerfall näher gebracht. So wie der Westen über die Auflösung der Sowjetunion triumphierte, wird jetzt Russland Schadenfreude über das Ende des Westens empfinden. Russen sind den Deutschen gegenüber sehr aufgeschlossen, verkündet Oleg und füllt sich seinen Teller mit sauren Essiggurken, eingemachten Pilzen und Salat aus frischer Roter Beete. Auf Asiaten und Afrikaner aber schauen die Russen herab. Russland versteht sich als hoch entwickelte Kulturnation Europas und will sich gegenüber anderen Kontinenten deutlich abgrenzen. Deshalb legen die Russen auch großen Wert darauf, dass andere westliche Kulturnationen ihnen den notwendigen Respekt zollen. Die Männerrunde nickt zustimmend. Eine zitternde Hand füllt die leeren Wodkagläser. Vom Westen in Sachen Demokratie belehrt zu werden, ist für Russland inakzeptabel. Pro-westliche Parteien können aus diesem Grund bei den Parlamentswahlen die Sieben-Prozent-Hürde nicht überspringen.

Ein Überlebenskünstler zwischen allen Fronten ist der »Chefideologe« des Kremls, Wladislaw Surkow. In seiner »Zauberwerkstatt« produziert er die politischen Ideen für das heutige und das künftige Russland. Der knapp 50-Jährige ist an Ideenreichtum, Geschmeidigkeit, Organisationstalent und Strategievermögen kaum zu überbieten und deshalb unersetzbar für das Funktionieren der Putinschen Machtvertikale. Surkow residiert im Kreml. Früher war der Halb-Tschetschene passionierter Schauspieler. In seiner Freizeit betätigt er sich als Schriftsteller, unter einem Pseudonym. In den Neunzigerjahren arbeitete er sich im Unternehmen Jukos von Chodorkowski hoch, mit dem Machtantritt Putins ging er jedoch in die Präsidialverwaltung. Von dort zieht er seit 1999 die Fäden im Machtgefüge der Kreml-Partei Einheitliches Russland. Surkow versteht, dass seine Landsleute politischen Veränderungen äußerst kritisch gegenüberstehen. Das hat mit den Katastrophen des 20. Jahrhunderts zu tun. Nach der Oktoberrevolution und nach dem Zerfall der Sowjetunion stürzten große Bevölkerungsteile in tiefe Armut. Trotzdem schafften es die Russen danach, sich mit dem gerade existierenden System zu arrangieren und dessen Vorteile schätzenzulernen. Surkow hat die staatsnahe Jugendbewegung Naschi gegründet. Zunächst sollte diese Institution als reine Gegenbewegung für mögliche bunte Revolutionen wie 2003 in Georgien und 2004 in der Ukraine fungieren. Naschi geriet, aufgrund der radikalen Rhetorik seiner Anführer, schnell in die nationalistische Ecke. Surkow hat aber, beim genaueren Hinsehen, die Führung der Kreml-Jugendorganisation weniger aus patriotischen Überzeugungstätern, sondern aus anpassungsfähigen Karrieristen gebildet. Er wünscht sich die Entwicklung eines gesunden Patriotismus im Land, weil nach dem Zusammenbruch der kommunistischen Ideologie viele Menschen Identitätsprobleme verspüren. Sein Ziel ist es, Jugendliche davon zu überzeugen, ihre Zukunft nicht im Westen, sondern in Russland suchen. Ansonsten befürchtet er einen Brain Drain. Unsere Landsleute müssen spüren, dass sie in Russland inzwischen gut leben können und Sicherheit haben. Jetzt muss nur noch die Kremlpartei Einheitliches Russland mit diesen Ideen die nächsten Parlamentswahlen gewinnen.

Präsident Jelzin schickte seinen Enkel Boris zum Studium nach London. Auch eine Tochter Putins studierte im Ausland. Die Familien der ranghöchsten russischen Regierungsmitglieder und Vorstände staatlicher Konzerne leben im Westen, wo das Leben komfortabler und sicherer ist und die Ärzte besser sind. Die Regierenden glauben nicht an eine dauerhafte Stabilität in ihrer Heimat. Andere Kinder der Herrschaftselite sind zu Hause gut versorgt. Die Söhne des Sekretärs des Sicherheitsrates, des Chefs der Auslandsaufklärung, des Vizepremiers für Rüstung – nur um einige prominente Beispiele zu nennen – sind Vizepräsidenten bei staatlichen Banken. Im 20. Jahrhundert gab es in Russland keinen Privatbesitz, große Erbschaften sind für das Land ein ganz neues Phänomen. Mit welchen Idealen wächst die Generation der Erben auf? Hat ihr die Ausbildung in den teuersten Eliteuniversitäten des Westens das technische und vor allem das moralische Rüstzeug verliehen, um in Russland irgendwann europäische Rechts- und Wirtschaftsnormen einzuführen? Werden die Söhne von Chodorkowski, Potanin oder Deripaska bessere Unternehmer, oder werden sie im Westen Sicherheit suchen, aber den Dschungel des russischen Kapitalismus nutzen, um dort zu verdienen? Oder werden sie es vorziehen, ausländische Frauen zu ehelichen, ihre Familien im Westen zu gründen und Russland auf immer zu verlassen? Schon heute trifft man junge reiche Russen, die ihren ständigen Wohnsitz in europäischen Luxushotels haben, monatelang auf ihren Jachten im Mittelmeer segeln oder Lustschlösser in den Alpen erwerben. Revolutionäre sind diese Leute nicht. Im Westen kam es bekanntlich als Folge der Antikriegsbewegung in Amerika zu linken Studentenprotesten, die später als 68er Revolution in die Geschichte eingingen. In Deutschland kam es 20 Jahre nach dem Zweiten Weltkrieg zum Aufstand der Nachkriegsgeneration gegen das konservative Denken ihrer Eltern. Die Jungen forderten mehr Freiheit und eine radikalere Vergangenheitsbewältigung der Schrecken des Dritten Reichs. Kann es in Russland einmal eine ähnliche Protestbewegung der Jungen gegen die Alten geben? Oder reflektieren die Jungen einfach nur das Leben ihrer Eltern, sind zufrieden mit dem Zustand Russlands und suchen sich lediglich anzupassen?

11 WIRD RUSSLAND WIEDER EIN IMPERIUM?

Wer will zurück nach Russland?

Für die künftige Entwicklung Russlands gibt es fünf grobe Szenarien. Das erste: Alles bleibt, wie es ist. Der postsowjetische Raum wird eine Eigendynamik mit ständigen Wechseln zwischen Demokratie und autoritärer Herrschaft erfahren. Er bleibt auf Dauer krisenanfällig und der Sogwirkung der EU und Chinas ausgesetzt. Der Einfluss Russlands auf die früheren Teile seines Imperiums wird geschwächt. Russland wird alle Kräfte für die eigene Stabilität aufwenden müssen (Wahrscheinlichkeit: 35 %). Zweites Szenario: Die Ukraine, Belarus, Moldawien und die Länder des Südkaukasus werden Teil des Westens, Zentralasien gerät teils unter die Kontrolle von China; ein anderer Teil wird Bestandteil des Mittleren Ostens. Russland bleibt auf sich allein gestellt und auf Jahre hinaus Rohstoff- und Energielieferant für die EU und Asien. Es wird von seiner geopolitischen Bedeutung her in etwa die Rolle Brasiliens in Lateinamerika spielen (Wahrscheinlichkeit: 25 %). Das dritte Szenario: Russland gelingt – mit den Instrumenten der Energiegroßmacht – eine teilweise Wiederherstellung seines Einflussgebietes im Rahmen einer »slawischen Union« mit der Ukraine und Belarus oder einer »eurasischen Union«

mit Kasachstan. Dann bleibt Russland ein ernst zu nehmender Rivale des Westens, was eine strategische Partnerschaft zwischen EU und Russland aber nicht ausschließt (Wahrscheinlichkeit: 25 %). Die vierte Variante: Russland schafft den Durchbruch zur Demokratie, schließt sich zusammen mit den westlichen Ex-Sowjetrepubliken einem durch EU und NATO geprägten Europa an und wird innerhalb Europas einen ähnlichen Stellenwert wie heute Frankreich oder Großbritannien einnehmen (Wahrscheinlichkeit: 10 %). Das fünfte, extreme Szenario eines Zerfalls in 20 Ministaaten würde bedeuten, dass sich Russland aus der Weltgeschichte verabschiedet (Wahrscheinlichkeit: 5 %). Dieses Szenario ist genauso unrealistisch wie die utopische Wunschvorstellung russischer Nationalisten von der Wiederauferstehung der Sowjetunion.

Die Mehrheit der Analytiker glaubt an die Verwirklichung des ersten Szenarios. In der EU ist man sich sicher, im Vergleich zu dem autoritären russischen Herrschaftsmodell auch weiterhin das attraktivere System zu besitzen, das in Zukunft eine positive Sogwirkung auf alle östlichen Nachbarn entfalten kann. Russlands politisches System, das auf einem spezifischen Nationalstaatsgedanken basiert, ist wenig attraktiv für andere Länder. Eine Integration Russlands wird, wenn sie erfolgt, nur entlang pragmatischer Wirtschaftsinteressen verlaufen oder angesichts einer besonders großen Gefahr von außen gelingen. Wirtschaftlich kooperieren die ehemaligen Sowjetrepubliken inzwischen mit anderen Wirtschaftsblöcken in Europa und Asien. Die NATO-Osterweiterung eignet sich nicht für ein konsolidierendes Feindbild, da einige der postsowjetischen Staaten längerfristig durchaus Interesse an einem Beitritt zur NATO besitzen, solange diese die Eintrittstür in den Westen darstellt. Der Wirtschaftsriese China ist für die neuen unabhängigen Länder heute kein Schreckgespenst mehr, im Gegenteil. Bleibt als Feindbild der islamische Extremismus, vor dem sich Moskau allerdings auf eigenem Territorium – im Nordkaukasus – nicht schützen, geschweige denn andere Staaten verteidigen kann.

Als Imperium versuchte Russland stets zu erobern und integrierte Länder zu missionieren. Heute wird Russland vom Westen her in Fragen der Demokratie selbst missioniert. Für die auf dem europäischen Kontinent gelegenen Ex-Sowjetrepubliken sind die Anziehungskräfte der EU und der NATO einfach zu stark, um einen entgegengesetzten Trend in Richtung Russland zu erzeugen. Wer im Südkaukasus den größten Einfluss gewinnt, hängt davon ab, ob Russland oder der Westen die Energietransitrouten kontrolliert. Zentralasien ist heute mit einem freischwebenden Himmelskörper zu vergleichen, der gleich von drei Fixsternen angezogen wird – Russland, China und dem Mittleren Osten. Die russische Sprache verliert als übergreifendes Kommunikationsmittel an Bedeutung. In den Staaten Zentralasiens und Südkaukasus wächst die neue Generation ganz ohne Russisch auf.

Gemäß dem zweiten Szenario müsste die EU Russland aus dessen früherer Einflusssphäre vertreiben. Vor der Strategie der Östlichen Partnerschaft durch die EU hat der Westen nach Kräften die pro-westlichsten Ex-Sowjetrepubliken Georgien, Ukraine, Aserbaidschan und Moldawien unterstützt, die sich in der Organisation GUAM (benannt nach den Anfangsbuchstaben ihrer Mitglieder) zusammenschlossen. GUAM sollte ein Forum für den gegenseitigen Beistand dieser Länder bei ihrer angestrebten Integration in den Westen werden. Doch der GUAM kamen laufend Buchstaben im Namen abhanden, weil sich einige der Mitgliedsländer zurück nach Russland orientierten. Nach dem Georgien-Krieg wurde die Organisation eingestampft.

Momentan erzielen westliche Versuche, Staaten wie die Ukraine oder Belarus an sich zu binden und gleichzeitig Russlands Kreise im früheren Sowjetraum zu stören, allerdings wenig Effekt und zeugen eher von Hilflosigkeit. Deshalb gebietet der Realismus, sich das Szenario 3 näher anzusehen. Im Schatten der Finanzkrise ist es Russland gelungen, seine Einflusszone im »Nahen Ausland«, dem Territorium der 1991 aufgelösten Sowjetunion, wieder zu stärken. Moskau hat große Teile seiner Währungs- und Goldreserven für die Zeit nach der Finanzkrise angelegt und hofft, sich künftig in die Energiesysteme und andere strategische Industriezweige der Nachbarn einkaufen zu können. Der Westen hat dagegen nichts unternommen, weil er zu sehr mit den eigenen Problemen beschäftigt war. Das Potenzial für zusätzliche EU-Erweiterungsrunden scheint im Westen durch die Finanzkrise verbraucht. Die westeuropäischen Steuerzahler können nicht endlos für die Rettung maroder Wirtschaftssysteme an ihrer östlichen Peripherie zur Kasse gebeten werden. Weder die USA noch die EU besitzen heute freie Ressourcen, um solch schwierigen Transformationsländern wie der Ukraine und Belarus unter die Arme zu greifen. Außerdem könnte nach den Umstürzen in Nordafrika die ambitionierte Östliche Partnerschaftsstrategie der EU einer dringlicheren Südlichen Mittelmeerstrategie weichen.

Es ist zwar kaum vorstellbar, dass Russland kurzfristig zum ebenbürtigen Rivalen der EU aufsteigt. Doch ein Reintegrationsprojekt, aufgebaut auf einem integrierten Energiekomplex, wäre vorstellbar. Nach dem Scheitern der Gemeinschaft Unabhängiger Staaten (GUS), ein attraktives Gegengewicht zum EU-Modell im Osten zu entwickeln, treibt Moskau jetzt die Idee eines »Einheitlichen Wirtschaftsraumes« voran, dessen Kern die Zollunion bilden soll. Dies ist keine Katastrophe, vielleicht entspricht ein solcher Prozess der historischen Normalität. Die Länder zwischen Russland und der EU wollen nicht ewig im Wartezimmer verweilen. In dem Moment, in dem sie verstehen werden, dass ihre baldige Aufnahme in die EU illusorisch ist und sie nur mit Versprechen hingehalten werden, könnten sie das Angebot eines Beitritts zur »Eurasischen Wirtschaftsunion« durchaus prüfen.

Der Test für die Reintegration ist die Zollunion. Nach der Finanzkrise ordnete sich die Weltwirtschaft in Regionalwirtschaftsblöcken neu. Russland will da nicht abseitsstehen. Seit 2011 vereint die Zollunion drei integrationswillige Länder: Russland, Kasachstan und Belarus. Die Zollunion bietet ungehinderten Marktzugang, die Zölle werden nur an den Außengrenzen erhoben, im gemeinsamen Raum herrscht Warenfreizügigkeit. Eine Einladung an die Ukraine ist ausgesprochen. Die Zollunion durchlief eine schwierige Geburt. Zunächst warnte der Westen die Länder vor dem Zusammengehen, weil er den Beitritt dieser Länder zur WTO ausschließen würde. Selbst in Russland gab es zwischen Befürwortern einer Westannäherung und der GUS-Reintegration unterschiedliche Meinungen darüber, ob Moskau sich auf die Zollunion fokussieren oder sich zunächst in die WTO integrieren sollte. Die Zollunion führte keinen einheitlichen Energiepreis ein, auf den Belarus gehofft hatte. Ziel des Zusammenschlusses ist auch eine Abschottung vor Billigimporten aus China. Laut dem Generalsekretär der Zollunion werden der Rubel und die russische Amtssprache im Wirtschaftsbündnis dominieren und die Zentrale in Moskau liegen. Doch ein russlandtypisches Bedrängen der Nachbarn könnte andere Reintegrationskandidaten wieder abschrecken. Moskau benötigt ein gewichtiges Partnerland, mit dem es das Integrationsprojekt gleichberechtigt angehen könnte – nach dem Modell des deutsch-französischen Motors in der EU. Die Optionen sind Kasachstan und die Ukraine.

Einer der bekanntesten Oligarchen in der Ukraine ist Viktor Pintschuk. Der 50-Jährige ist ein typischer Gewinner der undurchsichtigen Privatisierungen der Neunzigerjahre, die sein Milliardenvermögen begründeten. Der Stahlmagnat und größte Pipelineproduzent der Ukraine betrat noch vor der Orangenen Revolution den Weg des Mäzenatentums. Heute steht er in einer Reihe mit den berühmten Philanthropen Bill Gates und George Soros. Pintschuk sponsert Konzerte, verteilt Universitätsstipendien, kämpft gegen Aids. Er fördert das vielbeachtete Museum für moderne Kunst in Kiew. 2004 gründete er das internationale Forum Yalta European Strategy (YES) mit Ausrichtung auf eine Integration der Ukraine in die EU. Im Tagungsort der YES, dem ehemaligen Zarenpalast Livadija auf der Krim, wo 1945 auch die Jalta-Konferenz stattfand, geben sich die Größen dieser Welt die Klinke in die Hand. Für den ehemaligen Chef des IWF, Dominique Strauss-Kahn, ist YES zum interessantesten Forum in Osteuropa geworden. Vor einer Kulisse ähnlich dem verschneiten Skiresort Davos versammelt Pintschuk seine Vertrauten, um nach einer neuen Strategie für die Ukraine zu suchen.

Die Ukraine wickelt je 30 % ihres Außenhandels mit der EU, Russland und dem Rest der Länder ab. Sie ist erfolgreich der WTO beigetreten und hat Handelspräferenzen durch die EU und andere WTO-Länder bekommen. Nun soll sie der Zollunion beitreten, um billiges Gas aus Russland beziehen zu können, doch dadurch würden WTO-Regelungen verletzt. Das

Problem, vor dem die Ukraine steht, ist nicht nur ein technisches, sondern auch ein politisches. In der Zollunion drohen ihr Einbußen von bis zu 60 % ihres Außenhandels mit nichtrussischen Staaten. Russland lockt die Ukraine dagegen nicht nur mit einem subventionierten Gaspreis in sein neues Reintegrationsmodell, sondern auch mit der Idee eines gemeinsamen Marktes für Landwirtschaftsprodukte – etwas, was die EU Kiew bislang verweigert. Pintschuk schlägt vor, alle Argumente abzuwägen und einen Plan zu erarbeiten, wie die Ukraine sowohl ein Assoziierungsabkommen mit der EU als auch mit dem Einheitlichen Wirtschaftsraum abschließen könnte. Kiew will kein Ende der Westintegration, aber auch keinen ewigen Streit mit Russland. Die Mehrheit der ukrainischen Bevölkerung möchte sowohl in Europa aufgehen als auch enge Beziehungen mit Russland unterhalten. Nachdem die Regierung der Orangenen Revolution das Verhältnis zu Russland beschädigt hatte, musste jetzt eine Abrüstung erfolgen.

Gemeinsame Nachbarschaft EU – Russland: Wie lange geht das gut?

Ein Beitritt der Ukraine zum »Einheitlichen Wirtschaftsraum« hatte schon vor der Orangenen Revolution auf der Tagesordnung gestanden. Doch die »Orangene Regierung« wollte durch das Schüren von Konflikten mit Russland und der Proklamierung der Ukraine als Frontlinie der Verteidigung des »freien Westens« gegen ein »neoimperiales Russland« bei der NATO und der EU Schutzbedürfnisse hervorrufen, um sich schneller im Westen zu verankern. Statt die Euphorie nach der erfolgreichen Orangenen Revolution für den Aufbau eines Rechtssystems und einer Marktwirtschaft zu nutzen, ging Präsident Viktor Juschtschenko daran, einen ukrainischen Nationalstaat in Ablehnung alles Russischen zu kreieren. Er instrumentalisierte das ukrainische Transportmonopol für russische Gaslieferungen nach Westen, um Moskau zu erpressen. Letztendlich scheiterte die Orangene Revolution an internen Machtkämpfen, der Unfähigkeit, die Wirtschaft zu reformieren und an den unüberwindbaren Energieabhängigkeiten von Russland.

Die Ukraine gehörte zu denjenigen europäischen Ländern, die von der Finanzkrise am schwersten getroffen wurden. Im Gegensatz zu Russland verfügte die Ukraine nicht über einen Rettungsanker in Form eines milliardenschweren Reservefonds. Kiew gab einen beträchtlichen Teil des defizitären Staatsbudgets als soziale Gaben an die Bevölkerung aus und verlor dadurch das Vertrauen des IWF. 2009 war das Land mit 32 Milliarden US-Dollar hoch verschuldet und konnte das russische Gas nicht mehr bezahlen. Premierministerin Timoschenko handelte einen Kompromiss mit Moskau aus, woraufhin Juschtschenko sie des Staatsverrates bezichtigte. Es war ein Wunder, dass die Ukraine in diesen Tagen nicht den Bankrott erklärte und zu einem zweiten Griechenland wurde.

Juschtschenko wurde 2010 abgewählt, in der zweiten Wahlrunde setzte sich der Ostukrainer Viktor Janukowitsch gegen die pro-westliche Timoschenko durch. Gleich darauf vollzog der neue Präsident die schärfste außenpolitische Kehrtwendung in der jüngsten ukrainischen Geschichte. Die Ukraine verzichtete offiziell auf einen NATO-Beitritt und verlängerte die Stationierung der russischen Schwarzmeerflotte auf der Krim für ein weiteres Vierteljahrhundert. Kiew garantierte den reibungslosen Transit des russischen Gases über ukrainisches Territorium. Dafür erhielt die Ukraine wieder Vergünstigungen beim Gasgeschäft. Putin nannte den politischen Preis, den die Ukraine für die vollständige Rückkehr zu russischen Energiesubventionen entrichten müsste: den Beitritt zum »Einheitlichen Wirtschaftsraum«.

Früher verspürte der Westen Angst vor einem wiedererstarkenden Russland, was ein wesentlicher Grund dafür war, warum er sich so intensiv mit der Ukraine beschäftigte. Nun schwieg der Westen, denn er war froh darüber, dass der Gastransit von Russland über ukrainisches Territorium nach Westeuropa störungsfrei verlief und dass Moskau sich von der NATO nicht mehr bedrängt fühlte. Dass Janukowitsch sogleich die Verfassung ändern ließ und das zuvor zugunsten des Parlaments geschwächte Präsidentenamt wieder aufwertete, gefiel dem Westen ebenso wenig wie der Aufbau einer Putinähnlichen Machtvertikale in der Ukraine. Doch angesichts der geopolitischen Bedeutung der Ukraine verstand der Westen durchaus Kiews Wunsch, nach fünf Jahren des Chaos endlich eine innere Stabilität zu erlangen. Der IWF überwies Kiew die letzte Tranche des Kredits, den er der vorangegangenen Orangenen Regierung in Höhe von insgesamt 16 Milliarden US-Dollar gewährt, aber nicht vollständig ausbezahlt hatte. Im Gegenzug erfüllte Kiew die strengen Sparauflagen des IWF und begann die geforderten Reformschritte umzusetzen. Und siehe da, die Ukraine konnte die Wirtschaftskrise halbwegs überwinden. 2009 war die Industrieproduktion um 40 % eingebrochen – 2010 stieg das BIP um 20 % im Vergleich zum Vorjahr, der Staatshaushalt nahm gleichzeitig 44 % mehr Mittel ein. Die Ukraine war nicht mehr das Sorgenkind Europas. Die UEFA gab endgültig grünes Licht für die Durchführung der Fußball-EM 2012.

So war es nicht verwunderlich, dass auch der Gasstreit zwischen Moskau und Minsk den Westen kaltließ. Der weißrussische Autokrat Alexander Lukaschenko geriet in der Finanzkrise ebenfalls ins Straucheln. 16 Jahre lang war es ihm mehr oder weniger gelungen, in Belarus eine Symbiose von staatlicher Planwirtschaft und Markt herzustellen. Seinem Interviewer aus Berlin schilderte er in einem zweistündigen Gespräch die Vorzüge seines konservierten Sozialismus: das soziale Gefüge sei intakt, der Staat nehme seine Fürsorgepflicht ernst, es gebe keine gierigen Oligarchen, kaum Arbeitslosigkeit. Doch 2009 geriet Lukaschenko wie andere in der Finanzkrise in Bedrängnis. Geld gab es im nichtkapitalistischen Belarus nicht. Er stand vor der Qual der Wahl, russische oder westliche Investoren an der folgenden Privatisierung der eigenen Wirtschaft zu beteiligen. Von dieser Entscheidung konnte seine Machtbasis betroffen sein. Deshalb begann Lukaschenko ein gefährliches Spiel. Er provozierte die Russen, indem er fast die Zollunion platzen ließ. Selbstsicher erklärte der Autokrat, er brauche kein russisches Öl mehr, denn er habe in Venezuela Ersatz gefunden. Der bis zur Weißglut getriebene Präsident Medwedew reagierte scharf und griff Lukaschenko, entgegen allen üblichen diplomatischen Regeln, persönlich an. In den russischen Medien wurde nun ein Hetzartikel nach dem anderen gegen den »Diktator« Lukaschenko publiziert. Der belarussische Staatschef warf sich daraufhin in die Arme der EU, lud westliche Wirtschaftsbosse ein, versprach von nun an freie Wahlen abzuhalten und aus Belarus einen Rechtsstaat zu machen. Zu den Präsidentschaftswahlen wurden mehrere Oppositionskandidaten zugelassen, was den Westen milde stimmte. Als Geste des guten Willens ließ er alle politischen Gefangenen frei und erkaufte sich damit eine Aufhebung der westlichen Sanktionen.

Führende EU-Politiker fuhren neugierig nach Minsk, um die Lage mit eigenen Augen zu begutachten. Einige kamen zum vorschnellen Schluss, dass Belarus durchaus zu einem echten EU-Beitrittskandidaten heranwachsen könnte. Die Chancen, Minsk aus dem Moskauer Bündnis herauszubrechen, standen gut. Und dann, am Wahlabend im Dezember 2010, war alles wieder beim Alten. Lukaschenko gewann haushoch, manche behaupteten, durch massive Wahlfälschung. Die enttäuschte Opposition ging protestierend auf die Straße. Als sich die Demonstranten dem Regierungssitz näherten und einige Aktivisten das Gebäude stürmen wollten, witterte Lukaschenko eine von außen »gesteuerte Revolution« und ließ den Protest mit Polizeigewalt auseinanderjagen. Die Anführer der Opposition wurden zusammengeschlagen, verhaftet und der Volksverhetzung angeklagt. Der Revolutionsversuch gegen Lukaschenko war gescheitert. Die belarussische Opposition besaß einfach keine Führungspersönlichkeit, wie sie die Russen seinerzeit in Jelzin und die Ukrainer in Juschtschenko gehabt hatten. Eine wirkliche Alternative zu Lukaschenko konnte eigentlich nur aus dem System selbst kommen.

Der Westen war entsetzt: Gerade war in Frankfurt ein größerer deutsch-weißrussischer Wirtschaftskongress abgehalten und zahlreiche Kooperationsverträge unterzeichnet worden – und nun dieses Malheur. Der Westen verhängte wieder Sanktionen gegen Lukaschenko. Doch dieser hatte neue politische Gefangene gemacht, die er bei der nächsten Gelegenheit gegen die Rücknahme der westlichen Sanktionen »einzutauschen« gedachte.

Nur wenige Tage nach den blutigen Präsidentschaftswahlen in Belarus trat die Zollunion in Kraft. Plötzlich hatten sich Moskau und Minsk über alle strittigen Punkte geeinigt. Russland besaß keine Alternative zu Lukaschenko, denn die Gegenkandidaten hätten Belarus von Moskau entfernt. Für die russischen Militärs war Belarus der Puffer gegen die NATO. Lukaschenko spielte diesen Trumpf gegenüber Moskau aus. Die russische Tariferhöhung für Öllieferungen nach Belarus, wegen der heftig gestritten worden war, wurde aufgehoben. Russland hatte Zugeständnisse gemacht und Belarus mit seiner Reintegrationspolitik doch wieder eingefangen.

Die Orientierung der Länder des postsowjetischen Raums hängt heute von den subjektiven Vorstellungen ab, die die gerade an der Macht befindenden Herrschaftseliten entwickeln. Der Wechsel von einem Präsidenten zum anderen kann in einem einzelnen Land zu einer 180 Grad-Wendung in der Außenpolitik führen. Markante Beispiele sind die Ukraine und Moldawien. Die Kurskorrektur in Kiew ist gerade behandelt worden. Als in Moldawien die Kommunisten regierten, betrieb Chisinau eine russlandfreundliche Diplomatie. 2010 kam eine pro-westliche Regierung ans Ruder, und die Beziehungen zwischen beiden Ländern verschlechterten sich dramatisch. Unter solchen Umständen kann eine sichere Prognose, wohin sich der postsowjetische Raum bewegt, nicht erfolgen. 2015 könnte beispielsweise Janukowitsch wieder durch Timoschenko abgelöst werden, dann stünde die Ukraine sofort wieder im Lager des Westens. Ein Belarus ohne Lukaschenko könnte ebenfalls Zuflucht im Westen suchen. Dramatische Veränderungen stehen irgendwann einmal in Zentralasien an. Die noch aus der Sowjethierarchie stammenden Präsidenten könnten nach ihrem Ausscheiden durch vollkommen andere Politiker ersetzt werden. Dort sind allerdings pro-westliche Figuren unwahrscheinlicher, vielmehr ist zu rechnen mit islamischen Kräften oder gar chinesischen Vasallen.

Kaum Einfluss besitzt Russland im Südkaukasus. Georgien ist praktisch ein Verbündeter der USA und nach dem Fünf-Tage-Krieg 2008 aus der GUS ausgetreten. Das wegen seiner reichhaltigen Energievorkommen von allen Seiten hofierte Aserbaidschan ist inzwischen stark genug, eine unabhängige

Politik gegenüber Russland und dem Westen zu betreiben. Im Südkaukasus herrschen zwei territoriale Konflikte vor. Seine abtrünnigen Provinzen Abchasien und Süd-Ossetien hat Georgien durch einen selbstverschuldeten Militärschlag an Russland verloren. Abchasien und Süd-Ossetien werden wohl jahrzehntelang mit demselben Status leben müssen wie Nordzypern, das seit 40 Jahren de facto existiert – jedoch lediglich von der Türkei anerkannt wird. Russland aus Abchasien und Süd-Ossetien wieder zu vertreiben, gehört jedenfalls nicht zu den Prioritäten westlicher Politik.

Bei dem zweiten Konflikt – um Berg-Karabach – scheinen Fragen der Energieversorgungssicherheit der Grund dafür zu sein, warum die USA, die EU und Russland diesen Territorialkonflikt im eingefrorenen Zustand belassen wollen. Im Streit um die von Armenien und Aserbaidschan beanspruchte Region Berg-Karabach sind die Fronten völlig verhärtet. Nach altem Völkerrecht gehört die Region eindeutig zu Aserbaidschan. Armenien hat es Aserbaidschan vor 20 Jahren gewaltsam entrissen. Doch nach der neuen Auslegung des internationalen Völkerrechts, in der das Recht eines Volkes auf Selbstbestimmung über die territoriale Souveränität eines Staates gestellt werden kann (Beispiel Kosovo), hat Armenien ein wichtiges Argument in der Hand. Das Massaker an der armenischen Minderheit, das in den Endtagen der Sowjetunion in Aserbaidschan stattgefunden hat, führte dazu, dass diese Minderheit nicht mehr im aserbaidschanischen Staatsverband leben möchte und in Armenien ihre Schutzmacht sieht.

Die neue Seidenstraße oder Einbahnstraße nach China?

Einerseits sorgen sich der Westen und Russland um die Stabilität im Südkaukasus. Russland sieht Aserbaidschan als einen strategischen Partner im internationalen Gasgeschäft an. Der Südkaukasus ist gleichzeitig Russlands wichtiger Korridor in den Iran. Über neue Eisenbahnstrecken sollen russische Güter an den Indischen Ozean geliefert werden. Armenien ist ein militärischer Verbündeter Russlands, und Moskau hätte bestimmt nichts dagegen, wenn künftige Pipelines aus Aserbaidschan in die Türkei nicht nur über Georgien, sondern auch über Armenien verlaufen würden. Der Westen ist seinerseits an einer Ignorierung Armeniens ebenso wenig interessiert. Als die beiden historischen Erzfeinde Türkei und Armenien 2010 über die Öffnung ihrer Grenzen beratschlagten, witterte der Westen Morgenluft. Das von allen Seiten isolierte Armenien hätte über die Brücke Türkei Einzug in die EU erfahren, über Ankara hätte der Westen seinen Einfluss im Südkaukasus stärken können. Doch die Maximalforderung der Armenier an die türkische Seite, ein offizielles Schuldeingeständnis für den 100 Jahre zurückliegenden Genozid an den Armeniern abzulegen, führte die Gespräche in die Sackgasse.

Aserbaidschan wird sich mit dem Verlust von Berg-Karabach nicht abfinden. Wenn es die im Krieg gegen Armenien verlorene Region nicht über Verhandlungen zurückerlangt, droht Baku mit einem Militärschlag. Seit Jahren steckt Aserbaidschan den Löwenanteil seines Gewinns aus dem Öl- und Gasexport in die eigene Aufrüstung. Für den Westen ein Horror-Szenario, weil über den Südkaukasus die für die Energieversorgung Europas so wichtige Nabucco-Pipeline gelegt werden soll. Die Energiesicherheit des Westens wäre ernsthaft gefährdet. Ohne die Stabilisierung des Südkaukasus kann der Westen auch die moderne Seidenstraße nach Zentralasien nicht verlegen.

Thomas Kunze, Leiter der Außenstelle der Konrad-Adenauer-Stiftung in Usbekistan, steuert seinen Geländewagen sicher und elegant durch die staubigen Straßen von Taschkent. Gerne führt er seine weitgereisten Gäste aus Berlin zum Essen aus. Es ist Ende Oktober, aber man kann draußen sitzen, im kleinen Hof mit plätscherndem Brunnen. Natürlich bestellt Kunze Plow, das Nationalgericht des Landes – saftiges Fleisch mit rötlichem Reis vermischt. Das Lieblingslokal von Joschka Fischer, behauptet der Wirt. Hier wird der Plan für die Nabucco-Pipeline ausgebrütet. Fischer ist bekanntlich Lobbyist dieses Projektes. Nach dem Mittagessen geht es sofort weiter in die Konferenz mit der Tochter des Staatspräsidenten.

Etwa 100 meist junge Usbeken verfolgen mit wachsender Spannung, wie sich die Chefin des neuen außenpolitischen Think-Tanks Gulnara Karimowa gegenüber den deutschen Experten in der Podiumsdiskussion über die geopolitische Zukunft Zentralasiens behauptet.

Zentralasien liegt nicht in der direkten gemeinsamen Nachbarschaft zwischen Russland und der EU, ist aber dennoch ein Zankapfel. Dort leben 53 Millionen Menschen auf einer Landfläche, die so groß ist wie die EU. Große Teile Zentralasiens bestehen aus Wüste und sind unbewohnbar. Die fünf zentralasiatischen Länder Kasachstan, Kirgisistan, Usbekistan, Tadschikistan und Turkmenistan sind nach der für sie überraschenden Unabhängigkeitsgewinnung 1991 alle funktionierende Staaten geworden. Das war keine Selbstverständlichkeit, weil es, anders als im Südkaukasus, hier keine nationalstaatlichen Traditionen gab und Zentralasien, umgeben vom Kaspischen Binnenmeer, hohen Bergen, China, islamischem Extremismus und Russland keinen Zugang zu den Weltmärkten besaß. Einerseits war die Region immer Peripherie gewesen, andererseits verlief früher quer durch dieses Gebiet die berühmte Seidenstraße, bis die Entdeckung des Seeweges nach Indien sie obsolet machte und Zentralasien für 500 Jahre von der Weltkarte tilgte. Im Zeitalter der Kolonisierung stritten sich zwei Weltimperien – Großbritannien und das zaristische Russland – um die Vormachtstellung in diesem Knotenpunkt dreier Weltkulturen. Zentralasien erhielt kurz nach dem Zerfall des zaristischen Russlands 1917 die Chance, sich in den nach der Kolonialzeit politisch neu entstandenen Mitteleren Osten zu integrieren, doch die Bolschewiken ließen den kostbaren islamischen Prunkschatz des Imperiums nicht gehen.

Nach dem Zweiten Weltkrieg wurde die strategische Bedeutung Zentralasiens für die Energieversorgung erst richtig erkannt. Die Sowjetunion erachtete die fossilen Energievorräte des Kaspischen Meeres als strategische Reserve und förderte sie nicht. Deshalb existierte lange Zeit kein Pipelinesystem für den Abtransport von Öl und Gas aus Zentralasien. Nach dem Ende der UdSSR schien der Westen von der Fülle der Energievorräte und Rohstoffe der Kaspischen Region überrascht zu sein und stürzte sich sofort auf die gigantischen Rohstoffreservoire. Dabei geriet der Westen in eine Konfrontation mit Moskau, das die kaspischen Ressourcen fast als sein Eigentum betrachtete.

Die zentralasiatischen Staaten konkurrieren heftig miteinander – um Vorherrschaft, Kredite, Energieressourcen und Wasser. Das Konfliktpotenzial ist größer als auf dem Balkan. Die Staatsgrenzen basieren auf der künstlichen Grenzziehung aus der Zeit der UdSSR. Stalin ließ sie willkürlich, quer durch die ethnischen Siedlungsräume ziehen, mit dem teuflischen Hintergedanken, dass jeder Versuch der Loslösung aus dem sowjetischen Staatsverband blutige Konflikte in den unterschiedlichen Volksgruppen hervorrufen würde. Das Fergana-Tal, am Schnittpunkt der Länder Usbekistan, Kirgisistan und Tadschikistan gelegen, gilt als das explosivste Dreiländereck der Welt.

Die Zukunft der zentralasiatischen Region ist offen. Der russische Einfluss geht eindeutig zurück und bleibt dennoch bislang der stärkste im Vergleich zu den anderen äußeren Akteuren. Die Machteliten Zentralasiens sind noch mehrheitlich sowjetischen Ursprungs und mit Moskau über politische Netzwerke verbunden. Im Notfall können die zentralasiatischen Herrscher nur von Russland reale Sicherheitsgarantien und den Schutz ihrer Regime erwarten. 2009 ging allerdings die russische Energievorherrschaft in Zentralasien zu Ende, als die lokalen Gasproduzenten für ihren Gasexport nach Moskau Weltmarktpreise verlangten. Russland gab nach, um wenigstens auf diese Art und Weise seinen Einfluss in der Region noch eine Zeit lang aufrechterhalten zu können. Dafür muss Moskau sich aber sehr anstrengen und eine pro-russische Nachwuchselite in der Region schaffen.

Zum Westen pflegen die Eliten Zentralasiens ein ambivalentes Verhältnis. Investitionen und Technologietransfer werden begrüßt, eine Einmischung in die inneren Angelegenheiten wird jedoch nicht geduldet. Die Politiker Zentralasiens fürchten einen westlichen Demokratietransfer in ihre Region. Sie weisen ihre westlichen Partner auf die Gefahren des Islamismus hin, müssen sich aber ständig den Vorwurf gefallen lassen, dass ihr Kampf gegen den islamischen Terrorismus nur Vorwand zur Legitimität ihrer autoritären Regime ist. Der

Westen war den zentralasiatischen Staaten dennoch willkommen in der Region – als Gegengewicht zu Russland. Durch das gegenseitige Ausspielen der Großmächte sicherten sich die Länder Zentralasiens politische Vorteile und kassierten auf beiden Seiten. Letztendlich ist diese Diplomatie elementarer Bestandteil ihrer Überlebensstrategie geworden.

Zentralasien – jahrzehntelang in Isolation gehaltener Hinterhof der Sowjetunion – ist über Nacht zum Tummelplatz der heutigen Welt- und Regionalmächte geworden. Zunächst versuchte die Türkei die jungen Nationen zu turkisieren. Dazu reichte aber die Kraft nicht. Die jungen zentralasiatischen Staaten brauchten keinen neuen »großen Bruder«. Dann erhob der Iran Ansprüche auf eine Führungsrolle in der Regionalkooperation mit den neuen Anrainerstaaten des Kaspischen Meeres. Der Iran fürchtete um seinen Stellenwert als Ko-Verwalter der strategisch so bedeutsamen Erdgas- und Erdölreservoire des Kaspischen Raums, welche Teheran früher nur mit Russland teilen musste. Inzwischen hatte sich aber die einzig verbliebene Supermacht der Welt – die USA – mit ihren Ölkonzernen an der West- und Ostküste des Kaspischen Meeres niedergelassen und bestimmte den geografischen Verlauf des Handels mit Energieträgern. 15 Jahre dauerte es, bis die USA das bestehende russische Pipelinemonopol im Südkaukasus brechen konnten und das Öl über Georgien und die Türkei seinen Weg auf die westlichen Märkte fand. Amerika betrieb in der Region des Kaspischen Meeres klassische Machtpolitik und praktizierte die Eindämmung der geopolitischen Rivalen Russland, China und Iran. Vom Stützpunkt Zentralasien aus kontrollieren die USA zusätzlich die Grenzregion zwischen Indien und Pakistan.

Westliche Politiker bekennen, dass die NATO im zehn Jahre währenden Afghanistankrieg den Westen und seine Werte am Hindukusch gegen Islamisten und Terroristen verteidigt. Zentralasien ist ein Nutznießer des westlichen »Verteidigungskrieges«, denn bevor die ISAF-Truppen nach den Terroranschlägen vom 11. September 2001 in Afghanistan einzogen, standen schwerbewaffnete Islamisten der El Kaida möglicherweise vor einer Invasion in Zentralasien. Islamistische Terrorgruppen verübten in Usbekistan 1999 und 2004 blutige Anschläge, in Tadschikistan erstritten sich die Islamisten Plätze in der Regierung, und Turkmenistan verhandelte 2001 mit den Taliban über einen Nichtangriffspakt. Ein Übergreifen des Islamismus auf Zentralasien hätte die Radikalisierung der 13 Millionen russischen Muslime zur Folge gehabt. Russland öffnete ohne lange zu überlegen dem Westen die Tore nach Zentralasien, damit er die Taliban und die El Kaida aus Afghanistan vertreiben konnte. Vor dem 11. September hatte der Kreml selbst Überlegungen angestellt, die Taliban mit gezielten Luftschlägen zu attackieren. Doch dafür reichten Moskau weder die militärischen Kräfte noch der politische Wille. Die Amerikaner wendeten 2001 das Blatt, doch wurden nun sie und nicht mehr Russland zur Schutzmacht Zentralasiens gegen den Islamismus.

Der Blick des Westens auf Zentralasien ist geprägt von Kritik und Sorge, weil keines der aus der Erbmasse des Sowjetimperiums hervorgegangenen zentralasiatischen Länder eine Demokratie mit freier Marktwirtschaft geworden ist. Für den Westen sind die Zentralasiaten keine Wertepartner, höchstens Sicherheitsverbündete. Die von der EU in den Neunzigerjahren konzipierten technischen Kooperationsprojekte in den Bereichen Transport- und Energieinfrastruktur wurden zunächst wieder eingestellt. Die Europäer bekamen das ungute Gefühl, dass die zentralasiatischen Partner von ihnen ausschließlich Geld wollten. Westliche Firmen wurden dort ständig über den Tisch gezogen. Dann kam 2006 der russisch-ukrainische Gaskrieg, und die EU begriff, dass sie für ihre Energiesicherheit Alternativen aufbauen und ihre Energieimporte diversifizieren musste. Die Blicke der Europäer richteten sich notgedrungen wieder auf Zentralasien.

Reintegration oder Zerfall?

Obwohl europäische Politiker immer wieder betonen, dass die 2007 mit deutschem Polit-Design aufgelegte Zentralasien-Strategie der EU keine Energiebeschaffungsstrategie ist, stimmt diese Aussage nicht. Die Zentralasienstrategie hat den Plänen der Nabucco-Pipeline den Weg geebnet. Von der Realisierung dieses Projektes hängt aber auch im Wesentlichen ab, ob die EU zu einem Akteur in Zentralasien wird oder ihre Zelte wieder abbrechen muss. Die EU erweckte in ihrer Strategie die fast schon in Vergessenheit geratenen Infrastrukturprojekte TRASECA und INOGATE zu neuem Leben und versuchte europäischen Konzernen Anreize für Investitionen in den Rohstoffreichtum Zentralasiens zu geben. Die EU wollte sogar im Wasserstreit vermitteln und für Zentralasien nach dem Vorbild der Stahl- und Kohleunion im Nachkriegseuropa den Plan einer Wasserunion entwerfen. Kein Wunder, dass die Strategie in Moskau, ebenso wie die nachfolgende Östliche Partnerschaft, als Instrument zur Eindämmung von Russlands Einfluss gesehen wurde. Warum fehlte in der Zentralasienstrategie ein klares Bekenntnis zur Kooperation mit Russland? Doch die EU fuhr in Zentralasien ohnehin konfus mehrgleisig. Die nationalen Energieunternehmen konkurrierten um Kooperationsverträge, das eigene Hemd war den Firmen näher als die Suche nach einer utopischen gesamteuropäischen Interessenskonvergenz.

Nach Ansicht des Osteuropa-Chefs der Deutschen Bank, Peter Tils, hat das energiehungrige China in Zentralasien seine russischen, amerikanischen und europäischen Rivalen längst überflügelt. Chinas Handel mit Zentralasien hat sich in den letzten zehn Jahren verzehnfacht, Russlands nur verdoppelt. Vom Volumen her liegen China und Russland etwa in derselben Größenordnung. Peking vergibt an die zentralasiatischen Regierungen größere Kredite, die diese jetzt in Form von Gaslieferungen abbezahlen. Für fünf Milliarden US-Dollar wurde die Verkehrsinfrastruktur Kasachstans in Richtung Osten, nach China, errichtet. Die Basare in den zentralasiatischen Städten platzen vor chinesischen Waren. Chinesen werden in Zentralasien als Tsunami gesehen, als Schicksal, dem die Staaten nicht entgehen können. China ist so stark, dass die zentralasiatischen Länder sich mit ihm verständigen müssen.

Die Politisch-Militärische Gesellschaft beleuchtete die Lage in Zentralasien im Lichte einer Verlängerung des Bundeswehreinsatzes in Afghanistan. Die EU-Zentralasienstrategie sei zwar als »weiche« Variante zur robusteren US-Strategie der Eindämmung von Nebenbuhlern in der Region gut gewählt, aber es gebe Zweifel darüber, ob die EU als Nachzügler noch zu einem Mitspieler in dieser Weltregion werden könnte. Die Staudämme und Pipelines bauen inzwischen Chinesen und Russen. Die EU musste die Außenwirtschaftsförderung eigener Unternehmen zum wesentlichen Element ihrer Diplomatie in Zentralasien machen.

Deutschland tut das jetzt – bei der beginnenden Öffnung Turkmenistans, dem bisher isoliertesten Land Zentralasiens. Aschchabad sucht nach Wegen, seine Energieexporte zu diversifizieren, um nicht nur von Russland und China abhängig zu sein. Turkmenistan ist der zweitgrößte Gaslieferant im Osten. Es braucht dringend eine neue Infrastruktur und vor allem einen modernen Flughafen. Das Land galt jahrelang als stalinistische Diktatur, jetzt landen dort ständig Maschinen mit Politikern und Geschäftsleuten aus dem Westen. Sogar der EU-Kommissionspräsident kam 2010 hierher.

2005 kam es in Zentralasien zu zwei Aufständen, eine davon paradoxerweise im liberalsten zentralasiatischen Land, in Kirgisistan. Hier fegte die Tulpenrevolution das alte Regime genauso weg, wie die Volksbewegung den tunesischen Diktator Ben Ali in die Wüste schickte. Der Westen sah den Prozess als Fortsetzung der bunten Revolutionen in Georgien und der Ukraine. Fast zeitgleich folgten Unruhen im usbekischen Andischan, die von der Staatsmacht brutal unterdrückt wurden. Dies war kein Volksaufstand wie in Kirgisistan oder später in Nordafrika, aber die EU verurteilte das Massaker und verhängte gegen Taschkent zunächst scharfe Sanktionen, die jedoch sofort wieder aufgehoben wurden, weil Usbekistan als Basislager für die Versorgung der NATO-Truppen im Krieg in Afghanistan benötigt wurde.

2010 brach im fragilen Kirgisistan ein zweiter Massenaufstand aus – jetzt gegen die Clique des neuen Präsidenten. Armut, Diskriminierung der Minderheiten und soziale Ungerechtigkeiten trieben die Menschen auf die Straße. Es kam zum erneuten Präsidentensturz und – was viel schlimmer war – zu ethnischen Pogromen gegen die usbekische Minderheit. Dabei wurden Kalaschnikows eingesetzt. Westliche Vorschläge, im Rahmen einer OSZE-Friedensmission Sicherheitskräfte nach Kirgisistan zu entsenden, wurden von der neuen Übergangsregierung in Bischkek zunächst angenommen, dann aber schnell verworfen. Die EU versuchte die Partnerschaftsstrategie anzuwenden, doch sie blieb im Konflikt nur Zaungast.

Kirgisistan, in den Neunzigerjahren als einzige Demokratie in Zentralasien gefeiert, drohte in einen Nord- und einen Südteil zu zerfallen, was die Gesamtregion destabilisieren konnte. Es mag verwundern, dass eine militante Terrororganisation wie die »Islamische Bewegung Usbekistans« den Umsturz in Kirgisistan nicht nutzte, um ihrem Ziel, ein Kalifat in Zentralasien zu etablieren, näherzukommen. Offenbar war die internationale Dschihad-Bewegung noch zu sehr in den Kampf gegen den Westen in Afghanistan verwickelt. Eine dritte Revolution in Kirgisistan würde nach Meinung von Experten schon einen islamistischen Charakter tragen.

Ein mögliches Zukunftsszenario für Zentralasien liegt in der Integration in den Mittleren Osten. Dafür wären aber tiefgreifende Veränderungen in der Mentalität der herrschenden Eliten notwendig, eine Distanzierung vom sowjetischen Erbe. Eine solche Kehrtwende würde wahrscheinlich das aus der Sowjetära geerbte hohe Bildungsniveau in den Ländern zerstören. Vor 20 Jahren war es viel höher als der Ausbildungsstandard in Indien, dem Iran und den arabischen Staaten. Aus wirtschaftlichen Überlegungen heraus könnten Länder wie Kasachstan und Turkmenistan jedoch durchaus gewillt sein, sich den arabischen OPEC-Staaten anzunähern. Pessimisten glauben, dass eine Verschmelzung Zentralasiens mit der Region des Mittleren Ostens, wenn überhaupt, nur über eine radikale Islamisierung erfolgen kann. Die heutige relative Stabilität Zentralasiens wäre verflogen.

Politische Beobachter stellen sich die Frage, ob die Massenunruhen und die demokratischen Revolutionen in der arabischen Welt auch auf Zentralasien übergreifen könnten. Parallelen gab es offensichtlich. In Zentralasien war, 20 Jahre nach dem Ende der Sowjetunion, eine neue Generation ohne Erinnerungen an den Kommunismus aufgewachsen, die theoretisch in der Lage war, mit ähnlichen politischen Forderungen aufzutrumpfen wie die jungen Araber. Der kluge kasachische Staatschef Nasarbajew verstand die Gefahr als erster. Er stoppte den Versuch seines Parlaments, ihn zum Präsidenten auf Lebenszeit auszurufen und zog es vor, sich für die letzte Amtszeit doch vom Volk wählen zu lassen. Damit nahm er jeglichem Gegner seiner Regierung den Wind aus den Segeln und legitimierte seine Herrschaft für die nächsten Jahre. Nasarbajew war auch der eigentliche Begründer der »Eurasischen Wirtschaftsunion« – einem halbwegs geglückten Reintegrationsprojekt auf dem Territorium der Ex-Sowjetunion, welches nicht einer russischen Dominanz entsprang. Interessanterweise ging es ihm nicht um den Aufbau einer regionalen Wirtschaftsintegration mit den zentralasiatischen Nachbarstaaten, sondern vielmehr um die Idee einer riesigen Freihandelszone zusammen mit Russland, einem Staat, mit dem sein Land die längste zusammenhängende Landesgrenze der Welt (fast 7000 Kilometer) unterhält. In der Finanzkrise schlug Nasarbajew die Idee einer gemeinsamen eurasischen Währung, Evras, vor. Später war er Pate bei der Gründung des Einheitlichen Wirtschaftsraumes, der 2012 Realität wird.

Kasachstan und Russland trieben die Reintegration im postsowjetischen Raum gemeinsam voran, wie einst Deutschland und Frankreich den Grundstock für die EU legten. Zusätzlich arbeitete Moskau fieberhaft daran, die Ukraine in das gemeinsame Reintegrationsprojekt einzugliedern. Der Gedanke dahinter war verlockend: der Einheitliche Wirtschaftsraum sollte mit der EU eine Freihandelszone bilden, dann wäre die Vereinigung Europas mit Eurasien perfekt. Nasarbajew nutzte die Chance der kasachischen Präsidentschaft in der OSZE 2010 nicht, um diese internationale Organisation aus ihrem Dornröschenschlaf zu erwecken. Sie wäre dazu prädestiniert gewesen, den euroatlantischen und den eurasischen Raum auf eine neue Art und Weise zusammenzuführen. Die OSZE hätte zu einem weitaus wirkungsvolleren Instrument zur Lösung existierender territorialer Konflikte im postsowjetischen Raum heranreifen müssen. Doch der Westen begrenzte ihren Aktionsradius auf den Demokratietransfer in die Nachfolgestaaten der Sowjetunion. Die neuen unabhängigen Staaten hatten aber das Lehrer-Schüler-Verhältnis nach

20 Jahren allmählich satt. Sie wollten die OSZE aufwerten, doch das wiederum verhinderten die westlichen Staaten, die keine Konkurrenz zur NATO errichten wollten.

Bis dahin waren noch etliche Hindernisse zu überwinden. Geografie ist bekanntlich Schicksal, und ein Land wie Kasachstan konnte nicht einfach aus seinem zentralasiatischen Kontext ausbrechen, obwohl es legitimer Träger der eurasischen Idee war. Ein anderes Mitglied des Einheitlichen Wirtschaftsraumes, der Weißrusse Lukaschenko, schlug vor, die Organisation für den Vertrag der kollektiven Sicherheit (ODKB) zum Schutz ihrer Mitgliedsstaaten gegen Revolutionen von außen einzusetzen. Sollte die ODKB zum Abwehrinstrument gegen die sogenannten bunten Revolutionen umfunktioniert werden? Wohl kaum, denn in der Kirgisistan-Krise demonstrierte das Bündnis eher Ohnmacht. Eher wäre die von westlichen Staaten dominierte OSZE als Friedensstifter zum Zuge gekommen.

Die ODKB hatte viele Konstruktionsfehler. Erstens versuchten einzelne Mitgliedsstaaten mit den USA Sonderkonditionen für die Bereitstellung von Militärbasen auf ihren Territorien auszuhandeln. Für die Nutzung dieser Stützpunkte zahlte Washington einen Pachtzins, der den von Moskau für den Weltraumbahnhof im kasachischen Bajkonur entrichteten Preis um ein Mehrfaches überstieg. Zweitens rüstete Russland seine Militärverbündeten aus veralteten Waffenarsenalen aus, was die Verteidigungskapazitäten der Länder nicht sonderlich stärkte. Drittens vermochte Moskau seine Bündnispartner nicht dazu zu überreden, Abchasien und Süd-Ossetien als unabhängige Staaten anzuerkennen. Russland benötigte die ODKB jedoch, um eine Unabhängigkeit gegenüber China in Zentralasien zu bewahren. Diese Truppe lehrt heute weder China noch die Islamisten das Fürchten. Auch die NATO will die ODKB nicht aufwerten, indem sie mit ihr einen Kooperationspakt unterzeichnet. Die Zukunft der Südflanke des ehemaligen russischen Imperiums bleibt ungewiss.

12 HILFT UNS RUSSLAND IN AFGHANISTAN?

Gibt es eine gemeinsame Sicherheitsagenda?

Hinter den riesigen schwarzen Zypressen und Palmen versteckt sich die Villa La Collina. Konrad Adenauer nutzte den Ort vor 50 Jahren als Refugium. Der Frühling hat Einkehr gehalten, die untergehende Sonne lädt zum abendlichen Spaziergang durch den Park ein. Der Blick schweift vom Hügel auf die andere Seite des Gardasees. Nur das leise Geräusch eines vorbeifahrenden Motorboots durchbricht kurz die Stille. Doch die Ruhe täuscht. Die Männer, die draußen auf der Terrasse heftig gestikulieren, sind nicht hergekommen, um die Natur zu genießen. Sie sind alle von weither angereist, ihre Heimat ist Zentralasien. Hier, in der norditalienischen Idylle, treffen sie auf deutsche Terrorismusexperten. Die EU will die alte Seidenstraße, über die im Mittelalter der Handel zwischen Europa und Asien seinen Anfang nahm, reaktivieren. Westliche Technologien, Kredite, aber auch demokratische Ideen wollen die Europäer auf dem alten Karawanenweg am Ostufer des Kaspischen Meeres befördern. In umgekehrter Richtung sollen reichlich Öl und Gas aus der Mitte Asiens nach Westen fließen.

Die Sonne über den schneebedeckten Alpengipfeln ist fast untergegangen, die Bäume werfen lange Schatten auf die Terrasse. Es ertönt der Gong zum Abendessen. So funktioniert eure Seidenstraße nicht, stöhnt der hochgewachsene Mann aus Usbekistan. Die Seidenstraße ist zur gefährlichsten Drogenroute nach Europa geworden. 90 % der weltweiten Heroinproduktion stammen aus Afghanistan. Die Islamisten finanzieren damit ihren Krieg gegen den Westen. Leidtragende des Drogenhandels sind neben vielen anderen auch die Staaten des postsowjetischen Raumes. Opium gelangt über zwei Hauptrouten auf die europäischen Märkte – über den Iran und die Türkei auf den Umschlagplatz Balkan und über die zentralasiatischen Staaten nach Russland und von dort über die Ukraine nach Europa. Drogen, so Russlands oberster Drogenkämpfer, General Viktor Iwanow, sind inzwischen für Russland ein größerer Feind als die islamistischen Terroristen. Sie zersetzen die Gesellschaften in den postsowjetischen Ländern. Seit Beginn des NATO-Einsatzes in Afghanistan ist der illegale Drogenverkehr aus der Region um ein Vielfaches angewachsen. Warum gelingt es Russland und der NATO nicht, bei der Bekämpfung dieses Übels enger zusammenzuarbeiten? Russlands Sicherheitsbeamte erinnern an den britischen Opiumkrieg gegen die Chinesen vor 100 Jahren und verdächtigen den Westen, ihrem Land absichtlich Schaden zufügen zu wollen. Sie sprechen hinter vorgehaltener Hand auch über den illegalen Drogenschmuggel über NATO-Militärbasen nach Westen. Fakt ist, dass die ISAF von der internationalen Gemeinschaft kein Mandat zur Drogenbekämpfung erhalten hat. Sie will sich auch in den Mohnanbau der afghanischen Bauern nicht einmischen, um sich nicht unnötigerweise mit der Bevölkerung anzulegen. Eine halbe Million afghanischer Bauern lebt vom Mohnanbau.

Wer Mitglied im Valdai-Klub werden möchte, muss eine ausgezeichnete Kondition besitzen und mit der russischen Powerfrau Swetlana Mironjuk gut auskommen können. Die 40-jährige Mutter von fünf Kindern ist Präsidentin der größten staatlichen Nachrichtenagentur RIA Nowosti. Mironjuk ist eine kluge und unabhängige Frau. Medwedew hört auf sie, und Putin hat sie ebenfalls gern. Der Valdai-Klub lässt seine

Mitglieder überall debattieren, ob auf einem Luxusdampfer auf dem Strom Lena in der Diamantenregion Jakutien, bei einer Tasse Tee im Hauptquartier des raubeinigen tschetschenischen Präsidenten Ramsan Kadyrow, in einer Kosakensiedlung in Rostow am Don oder in einer Erdölraffinerie im sibirischen Chanty-Mansijsk. Der Klub soll eine internationale Stiftung werden, russische und ausländische Industrieunternehmen werden sich als künftige Sponsoren betätigen. 2010 tagte der Valdai-Klub zum ersten Mal im Cecilienhof in Potsdam. In dem Gebäude, wo 65 Jahre zuvor die deutsche Teilung durch die Alliierten vollzogen wurde, warfen nun Sicherheitsexperten einen Blick auf das neue große Konfliktpotenzial im Mittleren Osten. Sollten Pakistan und Afghanistan in die Hände von radikalen Islamisten fallen, steige die Kriegsgefahr für Russland. Die russischen Sicherheitsexperten wollten von ihren deutschen Kollegen wissen, wie die sich die Lage nach dem Abzug der NATO aus Afghanistan vorstellten. Deutsche Konferenzteilnehmer interessierten sich im Gegenzug dafür, welche Rolle die Schanghai Organisation für Zusammenarbeit, der Russland, China und die zentralasiatischen Länder als Vollmitglieder sowie Indien, Pakistan und Iran als Beobachter angehören, in der Konfliktregion übernehmen könnte.

Internationalen Analytikern ist keineswegs entgangen, dass China in der SchOZ zusehends dominiert. Das Stabsquartier dieser Institution befindet sich nicht in Moskau, sondern in Peking. Über diese Organisation lösen China und Russland gemeinsam Fragen der Sicherheit und Wirtschaftskooperation im eurasischen Teil der Welt. Innerhalb der SchOZ besteht ein Energieklub, der sich mit Fragen der Energiesicherheit und der Versorgung befasst. Zu einem funktionierenden Militärbündnis wird sich die Organisation zum jetzigen Zeitpunkt jedoch nicht wandeln. China und Russland wollen keine Gegnerschaft zur NATO provozieren, solange das westliche Verteidigungsbündnis Schutzschild gegen den islamischen Extremismus an den Grenzen zu Afghanistan bildet. Es existiert allerdings schon ein Aktionsplan für die gemeinsame Verteidigung für die Zeit nach dem Abzug der NATO aus Afghanistan, gemeinsame Militärmanöver werden im Lichte künftiger Bedrohungen abgehalten. Auch Militärbasen zum vorbeugenden Kampf gegen den internationalen Terrorismus werden in Zentralasien errichtet. Nie zuvor haben russische und chinesische Militärs so eng kooperiert wie heute im Rahmen der SchOZ.

Putin ist geradezu ein Fan der SchOZ. Kaum eine Diskussionsrunde des Valdai-Klubs verlief, ohne dass Russlands starker Mann diese Organisation als neuen Faktor in der Weltpolitik ausdrücklich lobte. Die SchOZ möchte sich aktiv am Aufbau der künftigen asiatischen Sicherheitsordnung beteiligen, sogar eine Führungsrolle übernehmen. Moskau wird die SchOZ als Vehikel für seine ambitionierte Energieaußenpolitik nutzen. Der Iran hofft insgeheim, von der SchOZ Schutz gegen den Westen zu erhalten, deshalb strebt er eine Vollmitgliedschaft in dieser Organisation an. Russland und China werden aber keine Sicherheitsgarantien für Teheran abgeben. Vielleicht kann aber im Rahmen der SchOZ der iranische Atomkonflikt auf dem Verhandlungsweg gelöst werden. Zuallererst wird sich die eurasische Organisation jedoch dem Kampf mit den internationalen Drogenkartellen an den Grenzen zu Afghanistan stellen müssen. Führende US-Experten auf der Konferenz waren bezüglich der Erfolgsaussichten der SchOZ in der Befriedung Afghanistans skeptisch. Nach dem verlorenen Krieg in Afghanistan sei Russlands Einfluss auf die Länder der islamischen Region drastisch gesunken. Amerika hoffe eher auf eine stabilisierende Rolle Indiens und Pakistans im Mittleren Osten. Doch europäische Experten waren sich sicher: Früher oder später kommt es zu einer formalen Sicherheitskooperation zwischen den Mitgliedstaaten der SchOZ und der NATO im Mittleren Osten.

Russland befürwortet eine militärische Zusammenarbeit auf der Ebene NATO – ODKB. Russland wäre dann als ebenbürtiger Sicherheitspartner des Westens endlich anerkannt. Im Falle einer NATO-Partnerschaft mit der SchOZ säßen allerdings die unberechenbaren Chinesen bei allen Entscheidungen mit am Tisch. Letztendlich jedoch ist die Einbeziehung der aufsteigenden Großmacht China in eine größere Verantwortung bei der regionalen Konfliktlösung unabdingbar.

Der Schlüssel zum Erfolg einer globalen Partnerschaft zwischen Russland und den USA liegt in der Verhinderung des iranischen Atomwaffenprogramms. Dabei löst die russische Haltung im Westen oftmals Irritationen aus. Russland wird nicht müde, immer wieder zu unterstreichen, dass Iran durchaus das Recht zur zivilen Nutzung der Atomenergie habe. Moskau selbst verkauft Teheran die dafür notwendige Technologie und baut den Atomreaktor in Buscher. Der Iran bleibt ein wichtiger Handelspartner Russlands, der beste Kunde der russischen Rüstungsindustrie. Beide Länder eint der Wunsch, den Einfluss äußerer Akteure auf die Öl- und Gasförderung im Kaspischen Meer zu unterminieren. Russland und der Iran verhinderten, wie schon beschrieben, den Bau westlicher Pipelines durch das Binnengewässer.

Russland besitzt keinen Einfluss auf die Geopolitik des Irans. Von einem möglichen Zerfall des Iraks, aus dem die USA sich gerade zurückziehen, würde der Iran profitieren. Im Grunde genommen ist das iranische Atomwaffenprogramm kaum zu stoppen. Bei einem westlichen Militärschlag gegen die mutmaßlichen Atomanlagen würde das Mullah-Regime den gesamten Mittleren Osten in Brand legen. Der Iran könnte die Öltransportwege aus dem Persischen Golf blockieren. Eine durch Irans Atombombe in Gang gesetzte militärische Aufrüstung anderer Regionalmächte des Mittleren Ostens würde die Sicherheit Israels massiv gefährden und der NATO keine Wahl lassen, als Israels Sicherheit mit militärischen Mitteln zu verteidigen.

Eine iranische Atombombe wäre eine große Bedrohung auch für Russland. Die geografische Nähe macht Russland eher zum Ziel von iranischen Raketen als die fernerliegenden Staaten Europas und die USA. Ein religiös motivierter Krieg zwischen Russland und dem Iran scheint auf den ersten Blick völlig unrealistisch, doch der Iran hätte das Potenzial, islamistische Bewegungen in Russland zu radikalisieren und den Nordkaukasus gegen Moskau aufzuwiegeln. Teheran fördert den Terrorismus nicht, solange sich Russland im Atomstreit nicht völlig auf die Seite des Westens schlägt.

Der Kreml hat sich in den letzten Jahren aber auch konziliant gegenüber westlichen Sanktionsforderungen an den Iran gezeigt. Er hat die bestellten Flugabwehrsysteme nicht an Teheran verkauft und dadurch beim Mullah-Regime großen Unmut hervorgerufen. Die Iraner verwarfen daraufhin ihre Pläne, das Uran für ihre zivilen Atomanlagen in Russland anreichern zu lassen und die alten Brennstäbe ebenfalls dort zu entsorgen. Dem Iran kann auch nicht entgangen sein, dass es in der jüngsten Vergangenheit zu einer diplomatischen Annäherung zwischen Russland und Israel gekommen ist. Über ein Drittel der heutigen Bevölkerung Israels besteht aus Juden, die in den letzten Jahrzehnten aus Russland und anderen Nachfolgestaaten der Sowjetunion emigriert sind. Dadurch ist zwischen Tel Aviv und Moskau eine kulturelle Nähe entstanden, die durchaus zu Allianzen auf globaler politischer Ebene führen kann. Eine Entwicklung fürchtet Moskau jedoch am meisten: Dass die USA und der Westen eine Militäroperation gegen den Iran durchführen, das Land anschließend besetzen und ein neues pro-amerikanisches Schah-Regime in Teheran installieren könnten. Am Ende könnten NATO-Truppen dauerhaft im Iran stationiert werden – Russland würde dies als fortgesetzte Einkreisung durch den Westen empfinden.

Raketenabwehr – Russland als Schutzmacht Europas?

Der russische NATO-Botschafter Dmitri Rogosin sitzt zurückgelehnt in der Bar des Nobelhotels *Bayerischer Hof*, wo gerade die Münchner Sicherheitskonferenz zu Ende geht. Er nippt an seinem Bier und verkündet gutgelaunt, dass er gerade zum Sonderbevollmächtigten des Präsidenten für die Zusammenarbeit mit der NATO in Fragen der Raketenabwehr ernannt worden ist. Vor sieben Jahren kümmerte sich Rogosin noch in der Funktion des Sonderbevollmächtigten des Präsidenten für Kaliningrad um eine einvernehmliche Lösung mit der EU für den visafreien Passagiertransit zwischen der russischen Exklave und dem Kernland. Nach dem Beitritt Litauens und Polens zum Schengener Raum hätten russische Staatsbürger normalerweise für das Durchqueren dieser beiden Länder EU-Visa benötigt. Rogosin erwirkte in zähen Verhandlungen eine

Ausnahmegenehmigung für Transitreisende, die bis zum heutigen Tag funktioniert. Ex-Bundesaußenminister Hans-Dietrich Genscher gab Rogosin wichtige Tipps, wie die Bundesrepublik während des Kalten Krieges den Transitkorridor nach Westberlin geregelt hat. Rogosins Gesichtsausdruck wird ernst. Gerne würde er nach Berlin kommen, um dort seine ersten Ideen für eine Kooperation in Sachen einer europäischen Raketenabwehr vorzustellen.

Eine Raketenabwehr existierte schon im Kalten Krieg. Laut ABM-Vertrag zwischen den USA und der UdSSR durfte jede der beiden Supermächte nur jeweils ein bodengestütztes Abwehrsystem gegen Angriffe ballistischer Interkontinentalraketen besitzen. Die USA schützten mit den Waffen ihre Militärkommandozentrale, die Sowjets stellten die Raketen um Moskau auf. In der Ära von Ronald Reagan begannen die USA in der Raketenabwehr Elemente ihrer künftigen Unverwundbarkeit zu sehen. Zehn Jahre nach der erfolgreichen Eroberung des Mondes dominierten die Amerikaner den Weltraum. Diese strategische Errungenschaft wollten sie mit niemandem teilen. In Zukunft sollten weltraumgestützte Waffen- und Aufklärungssysteme entwickelt werden, die Amerika unbesiegbar machen sollten. Wie in Science-Fiction-Filmen der Achtzigerjahre würden feindliche Raketen in ihrem frühen Flugstadium erfasst und abgeschossen werden. Mit seiner Strategic Defense Initiative (SDI) wollte Reagan der strauchelnden Sowjetunion den Todesstoß versetzen. Die UdSSR hätte, um das strategische Gleichgewicht wieder herzustellen, mitziehen müssen und wäre praktisch »totgerüstet« worden. Durch den Sieg im Kalten Krieg erwarben die USA eine Vormachtstellung, die kaum ein anderes Weltimperium je zuvor besessen hatte. Washington widmete sich der Befriedung von Regionalkonflikten und half Russland bei der Abrüstung. 2000 kamen die Republikaner unter George W. Bush wieder an die Macht zurück erweckten das Projekt »Krieg der Sterne« zu neuem Leben. Ausschlaggebend waren einerseits die näherrückenden militärischen Auseinandersetzungen mit einzelnen Staaten der arabischen Welt, andererseits aber auch die neugewonnene Stärke Russlands unter dem neuen Präsidenten Putin, der, kaum im Amt, die separatistische Republik Tschetschenien wieder zurückeroberte. Die USA sahen den günstigen Zeitpunkt gekommen. Sie brauchen auf niemanden in der Welt Rücksicht zu nehmen und sich mittels einer technisch weiterentwickelten Raketenabwehr und supermoderner Radaranlagen einen Schutzwall gegen mögliche Raketenangriffe – aus welcher Richtung auch immer – errichten, sie wollten damit unverwundbar werden. Eine der ersten außenpolitischen Handlungen Bushs war die Kündigung des alten ABM-Vertrags mit Moskau.

Der Kosovo-Krieg 1999 und der Irak-Krieg 2003 hatten demonstriert, dass die USA und ihre NATO-Verbündeten die Überlegenheit besaßen, Kriege in kürzester Zeit durch Luftangriffe zu gewinnen, ohne das Leben eigener Soldaten aufs Spiel zu setzen. Die Terrorangriffe gegen Amerika vom 11. September zwangen die Supermacht, ihre Verteidigungskapazitäten zu überdenken. In der islamischen Welt waren offensichtlich Kräfte am Werk, die einen Krieg mit den Vereinigten Staaten anzetteln wollten. Bush proklamierte den Dritten Weltkrieg gegen den internationalen Terrorismus. Durch moderne Raketenabwehranlagen sollte aber auch das eigene Territorium gegen feindliche Raketenangriffe geschützt werden. Noch waren weder der Iran, der Irak, Pakistan, Libyen oder Nordkorea in der Lage, Trägerraketen zu bauen, die Amerika wirklich bedrohen konnten. Doch in 20 Jahren könnten diese oder andere Staaten diese Technologie durchaus erworben haben. Warum sollten die USA, wenn sie die technischen und finanziellen Möglichkeiten zur Sicherung ihrer eigenen Verteidigung besaßen, auf die Raketenabwehr verzichten?

Nach der NATO-Osterweiterung äußerten die neuen Mitgliedsstaaten aus Mittelosteuropa den Wunsch, ebenfalls in den Genuss des amerikanischen Raketenschutzschirmes zu gelangen. Die Bush-Regierung entschied daraufhin, die Raketenabwehr in Polen und Tschechien zu installieren. Die Westeuropäer verhielten sich eher passiv. Für sie war der Kalte Krieg zu Ende, ein neuer globaler Militärkonflikt nicht in Sicht. Sie teilten auch nicht die dramatische Bedrohungsanalyse der USA, die den Mittleren Osten als möglichen Ausgangspunkt eines Dritten Weltkrieges sah. Insgesamt ging die NATO davon aus, dass ihr Abschreckungspotenzial, das im

Kalten Krieg hervorragend funktioniert hatte, auch in den nächsten Jahrzehnten ausreichen würde. Die Lösung globaler Sicherheitsprobleme sahen viele in Europa weniger in der Raketenabwehr als vielmehr in der Intensivierung der Abrüstung so, in der Stärkung des Regimes sowie in der Nichtverbreitung von atomaren und Massenvernichtungswaffen.

Widerstand gegenüber der Raketenabwehr kam aus Russland. Moskauer Militärstrategen fühlten sich vom Vorrücken der neuen Raketentechnologie und von den Radaranlagen, die auf das ehemalige Territorium des Warschauer Paktes gerichtet waren, herausgefordert. Die NATO hatte aus russischer Sicht das bestehende strategische Gleichgewicht verletzt. Der damalige Präsident Putin drohte auf der Münchner Sicherheitskonferenz 2007 der NATO mit negativen Konsequenzen, Russland lasse sich nicht militärisch einkreisen. Am Tag der amerikanischen Präsidentschaftswahlen 2009, aus denen Obama als Sieger hervorging, drohte Medwedew unverhohlen mit der Stationierung russischer Raketen im Gebiet Kaliningrad – wenige Kilometer von den Stellungen der amerikanischen Raketenabwehr auf polnischem Territorium entfernt.

2010 setzten sich Medwedew und Obama, zwei junge Politiker, die ihre politischen Karrieren nicht mehr im Kalten Krieg gemacht hatten, zusammen und berieten, wie sie die beiderseitigen Beziehungen mit einer positiven Agenda reaktivieren konnten (Reset). Die USA änderten ihre Pläne zur Stationierung von Raketenabwehrsystemen in Mittelosteuropa. Der Bau von Radaranlage in Tschechien, von wo aus die NATO nicht nur den Persischen Golf, sondern auch das gesamte westliche Territorium Russlands überwachen konnte, wurde verworfen. Statt der Raketenabwehr installierten die USA auf dem Territorium ihres Verbündeten Polen nur eine Luftabwehr. Für Moskau eine Genugtuung, denn Russlands strategische Interessen waren nicht mehr bedroht. Die eigentliche Raketenabwehr sollte als mobiles System auf Militärschiffen im Mittelmeer montiert werden. Russland wurde eingeladen, sich an den ersten Manövern bei der Abwehr feindlicher Raketen zu beteiligen.

Es war noch der alte US-Präsident Bill Clinton, der in den Neunzigerjahren die Idee hatte, sein Land und Russland über die Konstruktion einer gemeinsamen Raketenabwehr einander näherzubringen. Den Spezialisten war natürlich von vornherein klar, dass diese Kooperation eher ein politisches als ein militärisches Ziel verfolgte. Die Kompatibilität der amerikanischen und russischen Systeme war kaum zu erreichen. Auch fehlte zwischen den Militärs beider Seiten das Vertrauen, diese sensible Militärtechnologie zu teilen. Politisch konnte die gemeinsame Raketenabwehr jedoch die früheren Kontrahenten zu Bündnispartnern machen. Allein die Tatsache, dass Amerikaner und Russen die künftige Gefahrenlage der Welt gleich einschätzten und die Notwendigkeit gemeinsamer Schutzvorkehrungen gegen Raketenangriffe aus der arabischen Welt erachteten, ließ die Konturen der Sicherheitsallianzen in der Weltordnung von morgen aufblitzen. Was für die USA besonders wichtig war: Russland stand, indem es sich der Raketenabwehridee anschloss, im Konflikt mit dem Iran nun fest an der Seite des Westens.

Auf dem Lissaboner NATO-Gipfel wurde in Bezug auf eine Kooperation in der Raketenabwehrfrage eine grundsätzliche Einigung erzielt. Doch bekanntlich steckt der Teufel immer im Detail. Plötzlich trat doch wieder das tradierte Misstrauen zwischen den Partnern auf, die sich gerade erst umarmt hatten. Jede Seite bestand darauf, ihr Territorium eigenständig zu kontrollieren und angreifende Raketen über dem eigenen Gebiet selbst abschießen zu müssen. Insbesondere Moskau lehnte einen NATO-Abschuss von Raketen über russischem Territorium ab, war aber bereit, feindliche Flugkörper, die aus einem südlich gelegeneren Land gegen NATO-Staaten gerichtet wären, zu eliminieren. Umgekehrt sollte die NATO auf Russland gezielte Raketen in ihrem Luftraum unschädlich machen. Was Moskau verhindern wollte, war eine Rückkehr zu den Plänen eines globalen Raketenverteidigungssystems, das ausschließlich den strategischen Zielen der USA dienen würde. Der Kreml entwickelte die Idee einer sektoralen Raketenabwehr, an der sich die USA nur gleichberechtigt mit europäischen NATO-Ländern und Russland beteiligen könnten. Bestandteil der kollektiven Verteidigung sollte auch eine gemeinsame Kommandozentrale werden. In diesem Falle wäre Russland bereit, eine Schutzmacht Europas zu werden.

Russland beschlich das Gefühl, dass der Westen es, wie seinerzeit bei der Friedenssicherung im Kosovo, nur einbinden wollte, um russisches Störpotenzial zu neutralisieren. Tatsächlich zweifelte der Westen an der technologischen Fähigkeit der russischen Seite, moderne Raketenabwehrsysteme zu entwickeln. Das Abwehrsystem A-135, das in der Sowjetära als Verteidigungsring um Moskau gedient hatte, war genauso veraltet wie die von Putin als Teil einer gemeinsamen Raketenverteidigung vorgeschlagenen Radaranlagen in Aserbaidschan. Dann kam der Libyen-Krieg, in dem die NATO erneut ihre Lufthoheit demonstrierte. Russland, in der Krise nur Zaungast, erklärte, es werde aus dem Staatsbudget 30 Milliarden US-Dollar für die Herstellung modernster Raketenabwehrgeräte bereitstellen. Moskau kündigte an, seinen Verteidigungshaushalt, der mit 50 Milliarden US-Dollar sowieso schon 3 % des Bruttoinlandsproduktes ausmachte, weiter anzuheben.

Die russische Führung fürchtete nicht, dass sie selbst Ziel einer NATO-Strafaktion für etwaige Menschenrechtsverletzungen wie im Falle von Milosevic und Gaddafi werden könnte. Der als liberal geltende Sicherheitsexperte Alexej Arbatow brachte die wahren Ängste Russlands auf den Punkt: Nach Libyen wird jetzt jeder arabische Diktator nach einer Atomwaffe trachten, um sich vor solchen westlichen Strafaktionen zu schützen.

Nordkaukasus: Skiparadies oder Kalifat?

Der russische Präsident Medwedew steht kurz vor seiner Reise nach Davos. Vor dem Publikum des Weltwirtschaftsgipfels will er für Investitionen nach Russland werben. Er weiß, wie schwierig diese Aufgabe ist. Ausländische Unternehmen haben selten so lautstark über Korruption geklagt wie jetzt. Früher fürchteten sich Russlandreisende vor allen Dingen vor dem Terrorismus. Er wurde für ausländische Besucher in Russland zum ständigen unerwünschten Begleiter. Medwedew wollte die Geschäftswelt beruhigen. Der islamistische Terror hatte mit den furchtbaren Geiselnahmen im Moskauer Musical-Theater Nordost 2002 und in der Schule von Beslan 2004 seinen Höhepunkt erreicht. Danach schien es den Sicherheitsorganen gelungen zu sein, den Aktionsradius der Terroristen auf den östlichen Nordkaukasus zu begrenzen. Die russischen Spezialkräfte durchkämmten die Wälder und Täler des Nordkaukasus nach Restbeständen der Widerstandsarmee und flüchtigen Terrorbanden. Mit gezielten Tötungen von Feldkommandeuren schien Russland die Terrorgefahr langsam in Griff zu bekommen. Moskau wurde von Anschlägen einstweilen verschont. Dann geschah der verheerende Selbstmordanschlag zweier »schwarzer Witwen« auf die Moskauer Metro 2010. Moskau schickte wieder Spezialtruppen in den Nordkaukasus, verschärfte die Sicherheitsvorkehrungen an allen öffentlichen Plätzen in der Hauptstadt und meldete die Zerschlagung weiterer Terroristengruppierungen im nordkaukasischen Untergrund.

Das Präsidentenflugzeug stand schon aufgetankt auf der Rollbahn, um nach Zürich zu fliegen, da kam plötzlich die Nachricht von einem neuen Terroranschlag auf dem Flughafen von Domodedowo. Ein Selbstmordattentäter aus Inguschetien riss sich und fast zwei Dutzend unschuldiger Menschen mit in den Tod, darunter zahlreiche Ausländer, die sich zu dieser tragischen Stunde in der Wartehalle befanden. Ein Mitarbeiter der Deutschen Bank kam ums Leben.

Nein, Moskau war den Terror noch lange nicht los. Aber wie konnte Russland ihn besiegen? Dem Westen war die Sache klar: Russlands Versuche, ausschließlich mit purer Gewalt Ordnung im Nordkaukasus zu schaffen, produzierte Gegengewalt. Andere Beobachter verwiesen auf die Tatsache, dass der Nordkaukasus zur ärmsten Region des Landes gehöre. Nirgends seien die sozialen Probleme so groß, nirgends die Arbeitslosigkeit so hoch wie in den nordkaukasischen Republiken. Besonders arbeitslose Jugendliche seien für den Terrorismus leicht zu rekrutieren. Einige westliche Politiker bemängelten den fehlenden Dialog der russischen Staatsmacht mit dem Islam. Statt Minderheiten zu unterdrücken, sollte die Regierung den islamischen Völkern der explosiven Region eine konkrete Zukunftsperspektive innerhalb des russischen

Staates und der russischen Gesellschaft geben. Ein weiterer Kritikpunkt war die Korruption, die im Nordkaukasus stärker als in anderen Teilen Russlands grassierte. Der Großteil der Gelder, die Moskau in den wirtschaftlichen Wiederaufbau des Nordkaukasus investierte, verschwand sofort in den dunklen Kanälen örtlicher Bürokratien. Der Bevölkerung war das Vertrauen in die lokalen Machthaber völlig abhandengekommen, die aufrührerische Tätigkeit der Islamisten im Untergrund fand einen fruchtbaren Nährboden. Russische Politiker begannen hinter vorgehaltener Hand zu flüstern: Russland kann den Nordkaukasus nicht befrieden, Moskau soll sich von dieser Region trennen, solange es noch geht.

Wie konnte eine Region, deren malerische Naturschönheit sich in der Weltliteratur der vergangenen Jahrhunderte niedergeschlagen hatte, so im Sumpf der Korruption, von Armut, Terrorismus, Gewalt und religiösem Fanatismus versinken? Blicken wir 20 Jahre zurück. Die Sowjetunion bestand aus 15 Republiken. Natürlich war keine von ihnen unabhängig, alle besaßen nur wenig kulturelle Autonomie und wurden zentralistisch von Moskau aus regiert. Die größte Sowjetrepublik, die Russische Föderation, umfasste 89 Subjekte. Zu diesen Subjekten zählten auch die sieben nordkaukasischen Teilrepubliken (autonome Republiken). Als 1991 die Sowjetunion auseinanderfiel, nahmen sich die 15 Sowjetrepubliken sofort ihre Unabhängigkeit. Den Teilrepubliken wurde die Souveränität indessen abgesprochen, ansonsten wäre aus dem geordneten Zerfall der UdSSR ein Chaosgebilde mit bürgerkriegsähnlichen Unruhen und unkontrollierbaren Atomwaffen entstanden. Auch die internationale Gemeinschaft erkannte die ehemaligen Sowjetrepubliken als völkerrechtliche Subjekte an, während sie die ebenfalls nach Freiheit strebenden Teilrepubliken zur unbedingten Integration in die neuen Staatsgebilde verpflichtete.

Einige der Teilrepubliken wollten sich ihrem Schicksal partout nicht ergeben. Sie griffen zur Waffengewalt. Die Welt wurde Zeuge von Bürgerkriegen und Massenflucht in Georgien, Armenien und Aserbaidschan. Tschetschenien versetzte Russland 1996 eine empfindliche Niederlage. Tschetschenische Widerständler flogen nach Moskau, um in der letzten Verhandlungsrunde auf dem Flughafen die Kapitulation aus den Händen der russischen Regierung entgegenzunehmen. Tschetschenien wäre heute wahrscheinlich, ebenso wie Abchasien und Süd-Ossetien, ein quasi-souveräner Staat, wenn sich die Führung dieser nordkaukasischen Teilrepublik nicht auf den Weg eines extremistischen Fundamentalismus begeben hätte. Denn statt sich nach der Vertreibung der Russen 1996 dem friedlichen Aufbau zu widmen, öffneten die Rebellen ihre Türen den sogenannten Wahabiten. Diese extremistische Bewegung griff aus den arabischen Golf-Staaten auf den Kaukasus über. Fanatische Islamisten kamen nach Tschetschenien, um dort die Idee eines »Gottesstaates« oder »Kalifats« zu verwirklichen. Sie ähnelten den Taliban in Afghanistan. Das Kalifat sollte sich über den gesamten Nordkaukasus bis in die Tiefen Russlands erstrecken, wo es sich mit den islamisch-geprägten Völkern Tatarstans und Baschkiriens vereinigen sollte. 1999 besetzte eine Streitmacht Gebiete in der tschetschenischen Nachbarrepublik Dagestan. Die Islamisten standen damit am Kaspischen Meer – gefährlich nahe an den Öl- und Gastransitstrecken nach Europa. Putin, damals vom Posten des Geheimdienstchefs in das Amt des Ministerpräsidenten aufgestiegen, ließ die russische Armee wieder aufmarschieren. Die Islamisten wurden zurückgedrängt und geschwächt, Tschetschenien wieder dem russischen Staatsverband einverleibt. Doch Russland bezahlte dafür einen hohen Preis. Von 1994 bis 2010 fielen im Nordkaukasus 10.000 Soldaten und Offiziere der Armee sowie Sondertruppen des Innenministeriums, die Zahl der Verletzten beläuft sich auf 27.000. Nach inoffiziellen Angaben lag die Zahl der Gesamtopfer, inklusive ziviler, bei fast 100.000 (*Nesavisimaja Gaseta*).

Ähnlich wie die Zaren 150 Jahre zuvor setzte Putin nicht auf eine russische Militärokkupation, sondern ernannte den Vertreter des mächtigsten Clans in Tschetschenien – zunächst Ahmad Kadyrow, nach seiner Ermordung dessen Sohn Ramsan Kadyrow – zum Statthalter von Tschetschenien. Der Erfolg zeigte sich darin, dass die Terroranschläge aus dem tschetschenischen Untergrund mit den Jahren reduziert wurden. Viele der Widerständler liefen zu Kadyrow über. Heute ist Tschetschenien die stabilste Teilrepublik im Nordkaukasus.

Die Rebellen und Islamisten zogen sich in die tschetschenischen Nachbarregionen zurück. In die am östlichsten gelegenen Teilrepublik Dagestan scheint sich eine ganze Kohorte von islamistischen Propagandisten aus dem arabischen Ausland abgesetzt zu haben. Jeden Monat wird dort ein Attentat auf die örtliche Machtzentrale verübt. Terroristen versteckten sich aber auch im Untergrund in Inguschetien. Anders als in Nord-Ossetien, wo das Christentum stärker verbreitet ist, boten diese beiden islamisch geprägten Teilrepubliken den Extremisten einen gefährlichen Nährboden. Von dort aus operieren sie heute in vereinzelten Gruppen und schaffen es durch gezielte Terrorattentate immer wieder, Moskau einen Schock zu versetzen. Dieser neuen Generation von Terroristen aus dem dagestanischen oder inguschetischen Untergrund geht es heute weniger um die nationale Unabhängigkeit ihrer Territorien, sondern vielmehr um die Errichtung eines radikal-fundamentalistischen »Gottesstaates«. Darüber lassen ihre Internetseiten nicht den geringsten Zweifel. Geheimdienste vermuten, dass sie Unterstützung von der El Kaida erhalten. An der Spitze der nordkaukasischen Islamisten steht Doku Umarow, der letzte übriggebliebene Warlord aus den Tschetschenienkriegen. Alle seine Vorgänger, die zum Terrorismus konvertierten, wurden von Spezialeinheiten aufgespürt und gezielt getötet. Umarow, der sich Emir nennt, ist der Drahtzieher hinter den Attentaten auf die Moskauer Metro 2010 und auf den Flughafen Domodedowo 2011.

Steht Russland vor einer neuen Gewaltspirale? Falls Russland es nicht schafft, den zivilen Wiederaufbau im Nordkaukasus stärker voranzutreiben und den friedlichen Islam als gesellschaftliche Grundlage zu akzeptieren, wird diese Region zum russischen »Nahen Osten« (Uwe Halbach). Moskau mag es gelungen sein, die strategischen Öl- und Gaspipelines um den Nordkaukasus herum zu verlegen, so dass die Milliardeneinnahmen aus dem Energieexportgeschäft durch mögliche Unruhen in diesem Teil des Landes nicht gefährdet sind. Doch die russische Regierung verliert die Kontrolle über die Region. Die Teilrepubliken in die Unabhängigkeit zu entlassen, wäre der falsche Weg. Die Mehrheit der nordkaukasischen Ethnien wünscht sich keine Unabhängigkeit von Moskau, sondern fordert nur eine funktionierende öffentliche Ordnung und einen zielgerichteten wirtschaftlichen Wiederaufbau, ohne Korruption und Vetternwirtschaft. Anders als die charismatischen tschetschenischen Rebellen der Neunzigerjahre stoßen die heutigen Islamisten in den breiten Bevölkerungsschichten mit ihren radikalen Parolen nicht auf Sympathie. Der Nordkaukasus benötigt einen Stabilitätspakt – ähnlich dem, der vor 15 Jahren für den Balkan entwickelt wurde. Alleine kann Russland diese Aufgabe nicht stemmen, das weiß auch Medwedew, der trotz des Terroranschlags in seiner Heimat nach Davos kommt. Der Präsident hat einen überraschenden Vorschlag parat. Die ausländischen Geschäftsleute in Davos trauen ihren Ohren nicht: Medwedew will den Nordkaukasus zu einer Touristenattraktion machen. Vor allem im Winter sollen die schneebedeckten Berge Skifahrer aus aller Welt anlocken. Die lokale Bevölkerung würde im Tourismussektor Beschäftigung finden, ausländische Investitionen dem heutigen Kampfgebiet der Islamisten eine völlig andere Infrastruktur geben. Um den Fünftausender Elbrus herum könnten hochwertige Hotelanlagen entstehen. Die Winterolympiade 2014 müsste hierbei den ersten Synergie-Effekt erzeugen. Dass kurz nach Medwedews Präsentation in Davos eine russische Gruppe von Extremtouristen, die sich auf Skiern auf den Elbrus vorwagten, von islamistischen Banditen aus Maschinengewehren beschossen wurde, zeigt, wie weit entfernt der Kreml noch von der Verwirklichung seiner Wunschvorstellungen für die Krisenregion ist.

Beide, Russland und Deutschland, führen heute erfolglose Kriege zur Stabilisierung von Regionen, in denen der islamische Extremismus zu Hause ist. Russland kann den Nordkaukasus nicht befrieden, Deutschland kämpft im Rahmen der ISAF vergeblich für eine Demokratisierung Afghanistans. Eine erfolgreiche Befriedung des Nordkaukasus wäre genauso im westlichen Interesse wie die Stabilisierung Afghanistans im russischen. Ein Scheitern Moskaus könnte die Region in ein zweites Taliban-Afghanistan verwandeln. Der erschöpfte Westen kann für das kulturfremde Afghanistan keine liberale Werteordnung kreieren. Die NATO muss auf eine Verständigung mit den gemäßigten Taliban hoffen. Das alternative Szenario wäre eine Rückkehr der Terrorzellen der El Kaida mit allen sich daraus ergebenden Konsequenzen. Ein wiederholter Terrorangriff auf die USA wie am 11. September 2001 würde militärisch beantwortet werden müssen. Das Kalkül der islamischen Terroristen bei den Anschlägen vom 11. September bestand darin, die USA in einen zermürbenden Krieg auf dem Terrain im Mittleren Osten zu verwickeln, in der lokalen Bevölkerung den Hass gegen die westliche Führungsmacht zu schüren und die USA nach Pakistan zu locken. Eine Intervention der Amerikaner in Pakistan, dem eigentlichen Versteck der El Kaida, hätte zu einem Bürgerkrieg geführt, den die Fundamentalisten zur Machtergreifung genutzt hätten. Sie wären ihrem Ziel, die pakistanische Atombombe in ihre Gewalt zu bringen, näher gekommen.

An vielen Schauplätzen der muslimischen Welt haben sich islamische Söldnerarmeen gebildet, die westliche Militärs vor Herausforderungen stellen. Im ersten Tschetschenien-Krieg wurde Russland von einer solchen Streitmacht besiegt. Islamisten bereiten Terrorangriffe vor. Sie wollen größtmögliche Aufmerksamkeit erzeugen und erschüttern. Sie planen, so Geheimdienstberichte, die parallele Besetzung des Berliner Fernsehturms, des Pariser Eiffelturms und des Londoner Tower. Wehrlose Geiseln sollen aus 100 Meter Höhe öffentlichkeitswirksam in den Tod geworfen werden. Der islamistische Terrorismus wird aggressiver. »Wir werden ihn nicht los«, tituliert der Sicherheitsexperte Joachim Krause seinen Artikel in der Zeitschrift *Internationale Politik*. Auch nicht nach der Liquidierung des El Kaida Chefs Bin Laden durch den CIA.

Entwickelt Russland einen gesunden Patriotismus?

Der Nobelkurort Courchevel übt seit dem Fall der Mauer eine ganz besondere Anziehungskraft auf die reichen Osteuropäer aus. Hier, in den französischen Hochalpen, beziehen viele der bekannten Oligarchen aus Russland und der Ukraine ihr

Winterquartier. Geld spielt bei den Galaveranstaltungen keine Rolle. Politiker, Künstler, Spitzensportler werden, wenn es sein muss, per Hubschrauber auf den Berg gebracht. Doch das, was sich an diesem Dezemberabend im unteren Teil Courchevels abspielt, haben die verwöhnten Gäste des Skiresorts noch nicht gesehen. Ein großes weißes Zelt ragt, bunt erleuchtet, aus den Schneemassen in den nächtlichen Himmel. Der Platz ist streng abgeriegelt, aber die zahlreichen VIPs, die trotz des heftigen Schneetreibens mit ihren Luxuslimousinen die 1,8 Kilometer steile und dunkle Alpenstraße hochfahren, werden am Schluss für alle ihre Strapazen belohnt. Viktor und Elena Pintschuk feiern ihre gemeinsamen runden Geburtstage, mit 300 geladenen Freunden. Nach einem fürstlichen Dinner, zubereitet vom französischen Sternekoch, präsentiert der weltbekannte Cirque du Soleil eine einstündige Akrobaten-Show. Danach bringt die amerikanische Pop-Sängerin Christina Aguilera die Gesellschaft in Schwung. Auf der Tanzfläche bewegt sich alles, was in der Ukraine Rang und Namen hat.

Boxweltmeister Witali Klitschko strahlt: Die Ukraine ist in Europa angekommen. Und es wird noch besser. In anderthalb Jahren findet in Polen und der Ukraine die Fußballeuropameisterschaft statt. Für die Dauer der Sportveranstaltung werden für die Ukrainer die Schengen-Visabarrieren in die EU aufgehoben, für einige Wochen wird sich die Ukraine mitten im EU-Europa wiederfinden. Die anwesenden Russen horchen auf. Ihr Land hat gerade im Wettkampf um die Austragung der Fußballweltmeisterschaft 2018 gesiegt. Ein unerwarteter Erfolg. Russland weiß, dass es das internationale Großevent ebenfalls nutzen muss, um endlich in Europa anzukommen.

Vor der Fußball-WM 2006 war der Begriff Patriotismus in Deutschland negativ besetzt. Aufgrund seiner nationalsozialistischen Vergangenheit musste Deutschland bei der Zurschaustellung des eigenen Nationalstolzes und heimatlicher Gefühle höllisch aufpassen. Ein Amerikaner oder Franzose durfte Patriot sein, ein Deutscher musste Zurückhaltung üben, um nicht in den Verruf des Nationalismus zu geraten. Das Weltfußballturnier im eigenen Land brachte die Wende. Die »weiche« patriotische Welle, die Deutschland während des Siegeszugs der eigenen Mannschaft ergriff, weckte sogar beim sportlichen Gegner Sympathien. Die Schlachtrufe »Deutschland, Deutschland« in den Stadien, die fahnengeschmückten Balkone und Autos, die Hupkonzerte – sie jagten Außenstehenden keine Furcht vor einem deutschen Chauvinismus ein. Im Gegenteil, Millionen deutscher Fans demonstrierten einerseits Solidarität mit der eigenen Sportnation, zeigten sich aber gleichzeitig so gastfreundlich wie kein Turnieraustragungsland zuvor. Der deutsche Patriot war wieder salonfähig.

Russland kann 2018 Deutschlands nationale Großleistung wiederholen. Denn das Land steckt in einem ähnlichen Dilemma wie Deutschland. Viele Nationen fürchten sich vor dem russischen Patriotismus. Manche Beobachter wähnen Russland heute auf dem Weg in einen aggressiven Nationalismus. Ende 2010 kam es auf dem Manegen-Platz in Moskau zu einer Großdemonstration russischer Nationalisten gegen die Regierung, nachdem ein russischer Fußballfan von einem Hooligan der gegnerischen nordkaukasischen Mannschaft getötet worden war. Kämpfe zwischen russischen Jugendlichen und Migranten aus dem Kaukasus und Zentralasien nehmen in Russland dramatische Züge einer gefährlichen Xenophobie an. Die staatliche Ordnungsmacht reagiert oft zu spät oder sympathisiert stillschweigend mit den Neonazis. In den Medien wird kaum Aufklärung betrieben. Nirgends in Europa sind die Skinheads so stark wie in Russland. Menschen nichtweißer Hautfarbe fürchten in dunklen U-Bahnhöfen oft um ihr Leben. Das russische Internet ist voller faschistischer Losungen. Dem Extremismus sind jüngst mehrere liberale Publizisten, Anwälte und Richter zum Opfer gefallen. Jelzins Privatisierungsminister Tschubajs entging nur knapp einem Attentat, das ein ehemaliger Geheimdienstler verübte. Zwei prominente Todesopfer waren die Journalistin Anna Politkowskaja und der Rechtsanwalt Stanislaw Markelow. Die Drahtzieher der Morde sind nicht gefasst, Menschenrechtsorganisationen vermuten, dass die Mörder vom FSB gedeckt werden.

In den Unterschichten der russischen Gesellschaft gärt eine brandgefährliche chauvinistische Stimmung. Vielerorts spürt man die ohnmächtige Wut auf den Verlust des Imperiums. Die Schuld für den Untergang der Sowjetunion wird bei anderen gesucht. Die Zukunft des Landes sieht man in der

Wiedererlangung früherer Dominanz, auch über andere Völker. Man kann eigentlich von Glück sprechen, dass der Nationalismus bisher keinen Weg in die Politik gefunden hat. In dieser Hinsicht spielt die ultranationale Partei von Schirinowski die Rolle eines Blitzableiters. Sie tritt zwar bei Wahlen mit nationalistischen Parolen an, steht aber in entscheidenden politischen Fragen auf der Seite des Kremls. Putin, der im Westen als Antidemokrat verschrien ist, trägt in Wirklichkeit ein großes Verdienst daran, dass es bislang gelungen ist, Nationalisten von der Macht fernzuhalten.

Die russische Gesellschaft ist noch verschlossen, die Mentalität der Menschen ist von der sowjetischen Vergangenheit, die nicht verarbeitet wurde, tief geprägt. Die Russen fordern für sich einen starken Nationalstaat und merken nicht, dass die eigene Bevölkerung dramatisch schrumpft. Im Jahre 2050 werden, UN-Schätzungen zufolge, 20 Millionen weniger Menschen in Russland leben. Gleichzeitig wächst die Bevölkerung in Indien und den islamischen Nachbarstaaten in einem rasanten Tempo. Die vordergründige Aufgabe der russischen Regierung wäre es, die eigenen Bürger darüber aufzuklären, dass Russland nur wirtschaftlich überleben kann, wenn es zu einem Einwanderungsland wird. Noch konnte Russland das Schrumpfen seiner Bevölkerung, das in den Wirtschaftskatastrophen der Neunzigerjahre einsetzte, durch eine nicht unerhebliche Immigration ethnischer Russen aus den ehemaligen Sowjetrepubliken wettmachen. Doch das Potenzial einwanderungswilliger Auslandsrussen ist ausgeschöpft. Als Nächstes muss Moskau auf eine kontrollierte Migration von Chinesen, Koreanern und Fachkräften aus den islamischen Ländern bauen. Diese werden auf jeden Fall den Weg nach Russland suchen. Die Erderwärmung wird die Gegend am Äquator unbewohnbar machen, Demografen erwarten eine Massenmigration von Afrikanern und Asiaten nach Norden. Das Klima in Sibirien wird milder werden und bessere Lebensbedingungen offerieren. Wie wird die ethnische Zusammensetzung der russischen Bevölkerung, die heute noch zu 80 % aus Russen besteht, in 50 Jahren aussehen? Als Resultat dieser Prognosen muss der Kreml heute schon seine Politik eines starken russischen Nationalstaates modifizieren. In einem Land, in dem der eigene Nationalstolz die Triebfeder des gesellschaftlichen Lebens darstellt, ist eine Abkehr von der russischen und christlich-orthodoxen Leitkultur jedoch äußerst schwierig.

Wagen wir den Blick in die Kristallkugel. Juni 2018. In den ausverkauften Stadien, in denen die Weltmeisterschaftsspiele stattfinden, weht überall die russische Trikolore. 32 Mannschaften nehmen mit riesigem Fananhang am Turnier statt. Außerhalb der Stadien gibt es Verbrüderungsszenen, die Russen zeigen sich von ihrer gastfreundlichsten Seite, auch in den Provinzstädten, wohin normalerweise kaum ausländische Touristen kommen. Die Gäste sind hochzufrieden, sie durften ohne Visum in die Russische Föderation einreisen, brauchten sich nicht zu registrieren, finden gemütliche Hotelzimmer und überall einen freundlichen Service vor – und natürlich auch komfortable Stadien. Überall können sie sich mit der einheimischen Bevölkerung auf Englisch unterhalten. Auch das Nachtleben verläuft überall friedlich. Die Polizei braucht nicht einzuschreiten – nirgends kommt es zu den befürchteten ausländerfeindlichen Übergriffen. Mit »Rossija-Rossija«-Sprechchören treiben die russischen Fans ihre Nationalmannschaft, von einem holländischen Coach trainiert, bis ins Finale. Der Gegner ist Deutschland. Egal, wer dieses Spiel gewinnt, der große Sieger heißt Russland. Das lange Zeit in seiner totalitären Vergangenheit gefangene Land kann sich mit Hilfe der Fußball-WM von den Altlasten seiner Mentalität befreien, seinen Nationalstolz und Patriotismus im toleranten Umgang mit den anderen Nationen zeigen. Russland ist ein offenes Land geworden. Die Vorbehalte in der breiten Bevölkerung gegenüber dem Westen sind dem neuen europäischen Geist gewichen. Einem solchen Russland gebührt ein Platz im gemeinsamen Haus Europa.

13 OKTOBERREVOLUTION 2017

Das Schlusskapitel des Buches soll den Perspektiven Russlands gewidmet sein. Statt über gute und schlechte Alternativen nachzudenken, habe ich ein extremes Szenario gewählt, das die Lage in bunten Farben beschreibt und die Gefahrenmomente aufdeckt, vor denen das riesige Transformationsland steht. Die Kernaussagen des gesamten Buches können besser verstanden werden, wenn sie im Kontext der nachfolgenden – höchst zugespitzten – Ereignisse betrachtet werden. Was nun folgt, ist auch eine Verdichtung von zahlreichen Gesprächen, an denen ich als Zeuge teilnehmen durfte. Der Leser möge sich in das Jahr 2017 versetzen, in dem Russland den 100. Jahrestag der Oktoberrevolution begehen wird.

Moskauer Allgemeine Zeitung vom 3. Dezember 2016:

Seit 2011 wird die Welt von Massenunruhen, Umstürzen und lokalen Kriegen erschüttert. Regime, die als ewig stabil galten, kollabieren. Autokraten und Diktatoren, die zuvor in Washington, Paris und London auf höchster Ebene hofiert wurden, sitzen nun kläglich auf der Anklagebank des Internationalen Gerichtshofs in Den Haag. Die USA sind geschwächt, aber die NATO spielt mit allerletzten Kräften die Rolle der Weltpolizei. Eine zweite Finanzkrise, vom Ausmaß her schlimmer als die erste, hat die Weltwirtschaft in eine tiefe Rezession gestürzt. Der internationale Ölpreis ist unter die Marke von 50 US-Dollar gefallen – eine Katastrophe für die Energieexportnation Russland. Das Land steckt in einer selbstverschuldeten Wirtschaftskrise, die geplante Modernisierung verzögert sich, Moskau ist immer noch nicht in der WTO angekommen. Der frühere Masterplan des Kremls, den Westen von russischen Energieexporten abhängig zu machen, ist gescheitert. Der Westen diversifiziert seine Energiebeziehungen zu Russland. Die EU hat im Rahmen der neuen Mittelmeerunion mit den demokratisch gewordenen nordafrikanischen Staaten eine breite Energieallianz geschaffen und verlegt neue Pipelines von Afrika nach Europa. Russlands Reservefonds ist aufgebraucht, die Einnahmen aus dem Energieexport sind extrem niedrig und verschwinden in undurchsichtigen Kanälen. Die Bevölkerung ist durch steigende Lebensmittelpreise, Inflation und Arbeitslosigkeit aufgebracht und kann nicht endlos durch Steuererhöhungen zur Sanierung der Staatskasse gebeten werden. Renten, Löhne und Gehälter werden verspätet oder überhaupt nicht ausgezahlt. Russland kehrt wieder zu den politischen Unruhen und alten Machtkämpfen zwischen Demokraten, Kommunisten und Nationalisten zurück. Nach den Parlamentswahlen haben sich alle Rivalen gegen die Staatsmacht verbündet und ein Amtsenthebungsverfahren gegen den Präsidenten eingeleitet.

Südrussische Zeitung, 18. Dezember 2016:

Nach den Parlamentswahlen lieferten sich radikale Demonstranten Massenschlägereien mit der Polizei. Es folgten landesweite Massenunruhen. Hunderttausende demonstrierten von Kaliningrad bis Wladiwostok für den Rücktritt des Präsidenten. Die Staatsmacht ließ Truppen des Innenministeriums aufmarschieren, doch konnten sie der Situation nicht Herr werden. Eine immer bedrohlichere Menschenmenge versuchte auf den Roten Platz vorzudringen und den Kreml zu stürmen. Die Staatsmacht ließ Panzer auffahren und in die Menge schießen. Besonders prekär scheint die Lage in Kaliningrad zu sein. Dort wurden Rufe nach einer Abspaltung laut. Augenzeugen zufolge musste sogar die Armee intervenieren. Moskau verliert zusehends die Kontrolle über die Region.

Berliner Nachrichten, 7. Februar 2017:

Der Präsident hat sich im Kreml verbarrikadiert und verlässt den Amtssitz nur über den geheimen Metroschacht tief unter der Stadt, den Stalin im Zweiten Weltkrieg benutzt hatte. Die Sicherheitsdienste, einst Prunkstück seiner Macht, schlagen die wütenden Proteste mit äußerster Brutalität nieder. Die einst handzahmen Oligarchen haben sich mit ihren Milliarden ins Ausland abgesetzt und finanzieren von dort die Oppositionsparteien. Nachdem sämtliche Versuche, mit den Demonstranten ein Konsens zu finden, gescheitert sind, rät die Armeeführung dem Kremlchef zum Rückzug. Doch dieser will nicht von der Macht lassen. Hilfe aus dem Westen kann er nicht erwarten. Im Gegenteil, in den USA und der EU ertönt ebenfalls der Ruf: Weg mit dem Diktator! Der Westen hat sich mit der aufständischen Bevölkerung solidarisiert. Der Präsident hat sein Amt korrumpiert, Reformen verschleppt, Freiheiten eingeschränkt und klebt an seinem Stuhl. Der UN-Sicherheitsrat beantragt eine Sondersitzung zu der Lage in Russland.

Aus dem Protokoll der Sitzung des Sicherheitsrates, 2. März 2017:

Präsident: Russland steht vor einem Bürgerkrieg und einem Staatszerfall. Die Lage ist explosiv, von außen wächst der Druck seitens des Westens, der mit Sanktionen droht. Ich trete nicht ab, die können lange warten. Gott sei Dank besitzen wir Atomwaffen, sonst würde die NATO eine ähnliche Strafaktion gegen Russland durchführen wie gegen Milosevic, Hussein und Gaddafi.

Premierminister: Der Präsident kann nicht abdanken, denn was wird dann aus der Herrschaftselite? Er ist der Schiedsrichter zwischen allen Einflussgruppen aus Politik und Wirtschaft. Ohne ihn gibt es neue Umverteilungskämpfe und eine Revolution. Russland muss vermeiden, in eine ähnlich gefährliche Situation zu geraten wie Zar Nikolaus II. vor 100 Jahren.

Geheimdienstchef: Verdeckte Aktivitäten ausländischer Geheimdienste stecken hinter den Unruhen. Islamisten wollen die Lage vollends destabilisieren. Ein »Sonderkomitee zur nationalen Rettung« sollte die Ordnung im Land wiederherstellen. Das Ausland bringen wir zur Räson, indem wir Atom-U-Boote nach Kaliningrad entsenden oder an der Gasschraube drehen.

Verteidigungsminister: Der Präsident hat dieses Land aus den Ruinen des Kommunismus aufgerichtet, nun muss er seine Ehre für die Geschichtsbücher retten. Abdankung ist die einzige Lösung. Danach kommt eine provisorische Regierung, die dem Präsidenten samt Familie Amnestie gewährt und mit Sondervollmachten die Wirtschaft reformiert und das Land vor dem Zerfall rettet.

Moskauer Allgemeine Zeitung, 3. März 2017:

Gestern ist der Präsident von all seinen Ämtern zurückgetreten. Die Macht in Russland liegt in den Händen einer Übergangsregierung. Im Oktober sollen Neuwahlen abgehalten werden. Der Präsident hat Moskau Richtung Sotschi verlassen. Dort bleibt er unter Hausarrest.

Russische Welle, 23. März 2017:

Der Rücktritt des Präsidenten war wie eine Neuauflage der Februarrevolution 1917. Im Land ist eine große Erleichterung zu spüren. Die Situation scheint sich wieder zu beruhigen. Die Truppen des Innenministeriums wurden in die Kasernen zurückbeordert. Über den Städten kreisen keine Polizeihubschrauber mehr. Auch finden keine Verhaftungen mehr statt. Die Streiks sind beendet, das öffentliche Leben funktioniert wieder. Die Duma verzeichnet einen größeren Einflussgewinn. In den Talkshows wird über den Ausweg aus der Krise heftig gestritten. Demokraten, Nationalisten und Kommunisten feiern die Abdankung des Präsidenten. Der Chef der Kommunistischen Partei erhielt ein wichtiges Amt – den Außenministerposten. Seine erste Reise führte ihn nach Washington, wo er um IWF- und Weltbankkredite für die angeschlagene Wirtschaft bat. Als die Amerikaner ablehnten, fuhr er nach Brüssel und äußerte dort den Wunsch, unter den Euro-Rettungsschirm zu schlüpfen. Der Rettungsschirm sollte für Russland in der Krise die Funktion eines Marshall-Plans erfüllen. Erwartungsgemäß kam er mit leeren Händen zurück. Morgen fährt der Chefdiplomat nach China. Peking ist mit der Kreditvergabe großzügiger als der Westen. Inzwischen emigrieren jedoch immer mehr Russen nach Westen.

Sibirischer Kurier, 13. April 2017:

Die neugewählte Duma hat den berühmten Oligarchen aus dem sibirischen Arbeitslager an der chinesischen Grenze befreit. Er wurde in ein verschlossenes Zugabteil gesetzt und fuhr sieben Tage lang bis Moskau. Als er in der Hauptstadt ankam, verglichen Medien ihn mit Lenin, der von der deutschen Wehrmacht 1917 in einem plombierten Waggon über Finnland nach Russland eingeschmuggelt wurde, um eine Revolution anzuzetteln. Morgen wird er eine Pressekonferenz abhalten und seine »Aprilthesen« verkünden.

Auszüge aus den Aprilthesen:

In Russland ist eine Übergangsregierung an der Macht, sie ist aber nicht demokratisch gewählt und deshalb nicht legitim. Russland muss eine Parlamentsrepublik werden, wie alle anderen europäischen Demokratien. Russland muss weg vom Präsidialsystem, denn dieses wirft Russland in die totalitäte Vergangenheit einer Ein-Mann-Herrschaft zurück. Das Symbol der Diktatur – das Lenin-Mausoleum – muss 25 Jahre nach dem Fall des Kommunismus endlich vom Roten Platz verschwinden. Der Kommunismus, der das Land fast 75 Jahre in der Sklaverei hielt, muss in derselben Art und Weise international geächtet werden wie der deutsche Nationalsozialismus nach dem Zweiten Weltkrieg. Die noch unter uns lebenden Mörder und Henker des stalinistischen Regimes müssen aufgespürt und vor Gericht gestellt werden. Der Geheimdienst, die Nachfolgeorganisation des berüchtigten KGB, gehört ebenfalls aufgelöst. Seine Aktivitäten der vergangenen 25 Jahre sollen untersucht werden. Russland muss alle Opfer der stalinistischen Gewaltherrschaft im In- und Ausland entschädigen. Nur dann kann Russland sein Gewissen reinwaschen. Russland muss sich im künftigen Europa nach dem Vorbild Nachkriegsdeutschlands integrieren. In der Außenpolitik benötigt Russland eine neue Entspannungspolitik mit der internationalen Gemeinschaft. Russland sollte durch eine totale militärische Abrüstung mit gutem Beispiel vorangehen. Russland gehört in die NATO und die EU, muss sich aber den Beitritt in diese Organisationen verdienen. Russland sollte bei territorialen Fragen großzügig sein, dann kann es auch Nachsicht vonseiten seiner Partner erwarten. Die Kurilen-Inseln müssen an Japan zurück. Einen Teil des russischen Nordpols können wir getrost an die USA verkaufen wie damals Alaska, zu einem entsprechenden Preis. Der Hafen von Wladiwostok kann an China verpachtet werden. Russland muss das Ende seiner imperialen Ambitionen im postsowjetischen Raum proklamieren und alle seine Militärbasen in diesen Ländern schließen. Die Duma wird prüfen, inwieweit das Festhalten am Nordkaukasus noch den Interessen Russlands entspricht. Auf jeden Fall muss den Völkern dort größtmögliche Autonomie gewährt werden. Wenn wir das alles tun, sind wir ein moderner Staat und werden vom Westen akzeptiert.

Moskauer Abendblatt, 13. April 2017:

Der Oligarch hat die alte russische Idee vom »Dritten Rom« verschmäht. Er erklärte, sie sei der russischen Integration in die internationale Staatengemeinschaft abträglich. Seiner Meinung nach habe sie Russland jahrhundertelang von den europäischen Freiheitsidealen ferngehalten. Sein Vorschlag: Russland soll »Dritter Westen« werden. Das Ideal, das er zeichnet, klingt revolutionär. Während des Kommunismus kannten die Russen den Westen nur vom Hörensagen, jetzt hatten Millionen die Chance, Europa aus der Nähe zu betrachten. Die meisten Russen verstehen, dass ein Leben im Rechtsstaat, im Pluralismus, in gegenseitiger Toleranz und mit sozialem Schutz besser ist als im autoritären System. Sie akzeptieren, dass die Zukunft des Landes in der Öffnung und nicht in der Abwendung von Europa liegt. Doch die Mehrheit der Bevölkerung fürchtet nichts mehr als Anarchie und soziale Verarmung wie nach dem Verfall der Sowjetunion. Der Oligarch wird in Russland niemals Präsident werden.

Moskauer Rundschau, 17. Mai 2017:

Die Aprilthesen haben den Oligarchen zum Aushängeschild der Demokraten gemacht. Der Mann, den wir alle früher als Märtyrer bemitleideten, wenn er in Handschellen gefesselt im Käfig des Gerichtssaals saß, ist zum russischen Mandela geworden. Den russischen Demokraten fehlte bislang ein intellektueller politischer Kopf, der sie an die Macht bringen konnte. Die Demokraten aus der vergangenen Jelzin-Epoche sind alle gealtert. Sie werden noch häufig mit den Bolschewiken von 1917 gleichgesetzt, die, statt zu überzeugen, ihre Politik mit Gewalt durchsetzten. Sie müssen sich rehabilitieren, beweisen, dass sie nicht nur die Interessen der oberen Zehntausend unterstützen, sondern für die Nöte der gesamten Bevölkerung stehen. In schweren Zeiten wollen die Russen keine radikalen Reformen, sondern soziale Stabilität und staatliche Ordnung. Sie erinnern sich, wie gut sie im Imperium aufgehoben waren und wollen diese alten Zeiten zurück. Der Westen, der auf den späten Erfolg der liberalen Revolution in Russland hofft, versteht das Land und seine Bürger weiterhin nicht.

Moskauer Abendblatt, 27. Mai 2017:

Seit April verschlechtern sich die Wirtschaftsdaten von Russland. Politische Machtkämpfe sind an der Tagesordnung. Die Übergangsregierung hat kaum noch Unterstützung im Volk, die Protestbewegung erhält neuen Zulauf. Nach 15 Jahren fanden in Russland erstmals wieder landesweite Streiks statt, mancherorts wurde das öffentliche Leben völlig lahmgelegt. Der Westen kann die von der Regierung erbetene Hilfe nicht leisten, denn er kämpft bekanntlich selbst gegen die Folgen der Finanzkrise. Die provisorische Regierung ist hilflos und hat den politischen Kompass verloren. Das Volk ist des Demonstrierens müde und verlangt eine Ordnungspolitik der eisernen Hand. Die Privatisierung soll aufgehoben werden, Oligarchen enteignet werden. Die Menschen fordern einen Staatssozialismus. Zwischen Anhängern der Reformer und der Nationalisten kommt es zu militanten Ausschreitungen. Im Lager der Nationalisten bildet sich eine Kampftruppe junger Aktivisten heraus, die mit ihrem militärischen Drill und schwarzen Uniformen bei den Menschen auf der Straße unangenehme Gefühle hervorrufen. Die Losung »Russland den Russen« hört man inzwischen an jeder Ecke.

Frankfurt Times, 31. Mai 2017:

In Russland haben sich die Nationalisten mit der Armee verbunden. Die Nationalisten fordern von der Regierung eine Verstaatlichung der Wirtschaft, zusätzliche Militärausgaben und ein härteres Vorgehen gegen die Kriminalität. In der Außenpolitik sollen die nationalen Interessen gegenüber dem Westen stärker verteidigt werden. Die Regierung folgte diesem populistischen Ansinnen und stellte die Zusammenarbeit mit der WTO, der EU und der NATO ein. Neuer Außenminister ist ein altbekannter Nationalist, gegen den lange Zeit wegen Volksverhetzung ein Einreiseverbot in die Ukraine und nach Georgien verhängt worden war. Er orientiert die Diplomatie auf das »Sammeln russischer Erde« – die Reintegration des postsowjetischen Raums. Die Idee von einem »slawischen Bund«

findet aber auch in rechtsgerichteten Kreisen in der Ukraine und in Belarus, wo die Wirtschaftslage ähnlich schlecht ist, Zustimmung.

Moskauer Merkur, 9. Juli 2017:

Vor einigen Tagen versuchte eine verzweifelte Menschenmenge, einige Bürgermeisterämter in der Provinz zu besetzen. Sie forderte den Rücktritt der Übergangsregierung und die Machtübertragung an das Parlament. Als sie ein Waffendepot stürmte und Kalaschnikows erbeutete, wurde die Situation brenzlig. Der Kreml entsandte Spezialtruppen des Innenministeriums unter dem Kommando eines kosakischen Generals zur Niederschlagung der Aufständischen. Nachdem die Ordnung wiederhergestellt worden war, beauftragte die Regierung den General, seine zuverlässigen Kampfverbände in der Nähe des Kremls zu positionieren, um weitere Aufstände in der Hauptstadt zu unterbinden. Dieser folgte dem Befehl, doch dann forderte er plötzlich vom Regierungschef diktatorische Vollmachten, um gegen das Parlament vorzugehen. Er wolle Russland von den pro-westlichen Reformern befreien, denn deren Modernisierungspolitik empfinde er als Verrat an den russischen Grundwerten. Der russische Bonaparte wollte aber auch im Nachhinein die Kommunisten für die Zerstörung des zaristischen Russlands vor Gericht stellen. Die Übergangsregierung befürchtete, dass er gegen sie putschen und eine Militärdiktatur errichten werde. Der General wurde für abgesetzt erklärt.

Moskauer Morgenblatt, 27. Juli 2017:

Wochenlang weigerte sich der General, die Befehlsgewalt über die inneren Truppen abzugeben. Stattdessen appellierte er über die Medien an die Bevölkerung, sich mit ihm gegen die Duma zu verbünden. Drei Wochen lang standen sich schwerbewaffnete Spezialverbände und regierungstreue Truppen gegenüber. Dann wurde der General verhaftet, die reguläre Armee griff nicht ein. Die Armeeoffiziere genossen all ihre Privilegien und verspürten keine Lust, ihr Luxusleben gegen eine Gefängniszelle einzutauschen. Der Putsch zeigte, dass der Rücktritt des Präsidenten keineswegs zu einer Demokratisierung des politischen Systems geführt hat. Es kam auch nicht zu der ersehnten Herausbildung einer Zivilgesellschaft. Wirtschaftliche Verbesserungen blieben aus. Sollte erneut ein Militärputsch in Russland stattfinden, könnte er besser organisiert und dann auch erfolgreicher sein.

Auszug aus einem Abhörprotokoll. Moskau. Juli 2017:

Tiefe Bassstimme: Der General ist mit seinem Putsch gescheitert – wie Kornilow 1917. Er hätte halb Russland niederbrennen und das Blut von drei Viertel der Bevölkerung vergießen müssen – dann wäre Russland gerettet. Er hatte die Chance, die Schmach des Staatszerfalls von 1991 wettzumachen. Unsere Vorfahren hätten voller Stolz auf ihn als Helden herabgeblickt.

Sanfte Frauenstimme: Der General liebte Russland, doch er hatte kein Programm. Er hätte klarer sprechen müssen, dass der westliche Liberalkapitalismus historisch gescheitert ist. Er produziert nur noch unbändige Gier und Egoismus. Wir müssen der westlichen Wertearroganz unsere bessere Weltanschauung entgegensetzen. Wir sind zu stolz, um eine Kopie des Westens zu werden.

Heisere Männerstimme: Um die Macht zu ergreifen, genügt es nicht, nur immer gegen etwas zu sein. Russland muss einen nationalen Weg der Solidarität zwischen allen Mitgliedern unserer Gesellschaft finden. Die Russen lieben Gleichheit, persönliches Streben nach Glück gibt es in Russland nicht. Der größte Wunsch der Menschen ist ein starkes Russland. Nur als Imperium hat unser Volk eine Zukunft.

Barsche Männerstimme: Der General verstand nicht, dass Russland nicht alleine auferstehen kann. Sich alleine zu modernisieren, bringt nichts. Wir tragen zwar die Hauptlast, aber die anderen slawischen Bruderstaaten müssen mit anpacken. Der General hätte die Russen besser mobilisieren können, wenn er die Wiedervereinigung aller slawischen Völker proklamiert hätte.

Leise Frauenstimme: In den letzten 400 Jahren haben Polen, Schweden, Franzosen und Deutsche abwechselnd versucht, uns zu erobern. Wir gingen jedes Mal als Sieger vom Platz. Heute sind wir zerstückelt und stehen vor einer übermächtigen westlichen Konkurrenz. Der General hätte in den Besitz von Atomwaffen gelangen müssen, dann hätte der Westen wieder vor uns gezittert.

Männerstimme (Akzent): Die Slawen sterben aus. Russland muss die fähigsten Ausländer holen, im Zarenreich bestand das Offizierskorps zu einem Drittel aus Deutschen. Oder Russland unterwirft die Emigranten aus China, Kaukasus und Zentralasien mit aller Gewalt der russischen Leitkultur. Russland den Russen greift aber zu kurz. Die Zukunft liegt im Bündnis mit Eurasien. Von dort kommen die Ideen der Erneuerung der Welt.

(Undeutliches Gemurmel, im Hintergrund Polizeisirenen)

Astana Stadtanzeiger, 3. August 2017:

In der kasachischen Hauptstadt Astana fand der Gipfel der Schanghai Organisation für Zusammenarbeit statt. Die Teilnehmer sprachen ausführlich über die besorgniserregende Entwicklung beim nördlichen Nachbarn Russland. Die Unruhen in Russland haben auch auf die russischsprachige Minderheit in Kasachstan übergegriffen. Chinesen, Inder, Pakistaner und Kasachen diskutierten, wie sie Russland in der Not stützen konnten. Der russische Außenminister reiste zum Gipfel an. Der chinesische Staatschef bot Moskau im Verlauf der Sitzung finanzielle Hilfen an, im Gegenzug müsse Russland seine Öl- und Gasexporte stärker Richtung China ausrichten. Peking sei auch bereit, russische Ölraffinerien, Gasförderstätten und

Pipelines für eine Gesamtsumme von einer Billion US-Dollar zu erwerben. Für den Seltene-Erden-verarbeitenden Konzern Norilsker Nickel boten die Chinesen 20 Milliarden US-Dollar. Man wolle, so Peking, auch dem Vorschlag der russischen Liberalen, die Arktis an die Amerikaner zu verpachten, zuvorkommen. Auch den Handelshafen in Wladiwostok würden die Chinesen sofort kaufen, sie bräuchten einen direkten Zugang zum Pazifischen Ozean. Das Südchinesische Meer scheint der neuen Weltmacht China zu klein geworden zu sein.

Russische Welle, 7. August 2017:

Auf dem Gipfel der SchOZ musste Russlands Außenminister Rede und Antwort über die Stabilität in Sibirien und im Fernen Osten stehen. Der chinesische Staatschef betonte, dass, falls Moskau die Kontrolle über seine entfernten Territorien verlieren sollte, Peking gerne bereit sei, Vermittlungsgespräche mit widerspenstigen Gouverneuren zu führen. Der Präsident betonte, dass in diesem Teil Russlands immerhin die größten Bodenschätze der Erde lagerten, deshalb sei China über Instabilitäten in der Region höchst besorgt. In Sibirien lebten Hunderttausende chinesischer Staatsbürger, Peking werde sie im Notfall schützen. Der Außenminister verspürte wenig Lust, dem Gipfel länger beizuwohnen. So sei Russland zuletzt im Jahr des Zerfalls der UdSSR behandelt worden. Zum Abschied drohte er, dass, falls ausländische Staaten den sibirischen oder fernöstlichen Separatismus fördern würden, Moskau seine Handelsbeziehungen mit den entsprechenden Ländern aussetzen werde. Er erinnerte auch daran, dass die russischen Atomraketen im östlichen Landesteil von der Zentralmacht wie ein Augapfel gehütet würden. Interessant war die ausbleibende Reaktion der anwesenden zentralasiatischen Staatschefs. Sie verstanden nur zu gut, dass sich die Akzente in Asien zugunsten Chinas verschoben haben. Über ihr Schicksal wird künftig nicht mehr in Moskau entschieden.

Artikel von S. Bulatow in der Moskauer Rundschau, 19. August 2017:

In Kasachstan ist die Idee von Eurasien höchst populär. Eurasien heißt inzwischen eine Bewegung mit konkreten politischen Inhalten. Das alte Europa ist im Abstieg begriffen, sein Einfluss auf die Welt ist klein. In Asien dominiert China wirtschaftlich, aber noch nicht politisch. Kasachstan, das sowohl in Europa als auch in Asien liegt, schlägt vor, an der Schnittstelle beider Kontinente ein neues Machtzentrum zu schaffen. Die Idee von Eurasien enthält Elemente der früheren Sowjetunion, was für große Teile der nostalgiebefallenen Bevölkerungsschichten in Russland und Kasachstan attraktiv ist. Russland hat in der Perestrojka den strategischen Fehler begangen, das westliche demokratische System zu übernehmen. Damit ist Russland gescheitert. Vernünftiger wäre es gewesen, das chinesische politische Modell anzunehmen und notwendige Reformen behutsam von oben durchzuführen. Die Februarrevolution in Russland bietet sich nun als Zäsur an. Von Eurasien aus muss eine neue politische Linke die Welt erobern, die für mehr soziale Gerechtigkeit steht, aber gleichzeitig den Staat stärkt. Die eurasische Bewegung bietet sowohl russischen Kommunisten als auch Nationalisten Platz. Beide Gruppen könnten mit der eurasischen Bewegung fusionieren. Ziel muss die gerechtere soziale Wirtschaftsordnung sein. Die beiden Länder Russland und Kasachstan sollten einen gemeinsamen Unionsstaat mit einer Einheitsregierung schaffen. Dieser Unionsstaat hätte die größten Rohstoff- und Energiereserven der Erde. Dem Unionsstaat könnten andere Länder beitreten. An einer strategischen Partnerschaft mit China führt allerdings kein Weg vorbei. China wird einen Assoziierungsstatus mit Eurasien erhalten.

Auszug aus einem Abhörprotokoll. Moskau. August 2017:

Tiefe Bassstimme: Russland ist das größte Land in Europa und in Asien. Doch der Westen verachtet unsere Kultur und zwingt uns in die Knie. Deshalb sind wir gegen die Westintegration.

In Asien herrscht kein Wertefetischismus, niemand dort will uns erziehen. Mit Groß-Eurasien kann sich Russland identifizieren und seinen Großmachtstatus zurückgewinnen.

Männerstimme (Akzent): Vor fast 500 Jahren hat Iwan IV. die Festung Kasan eingenommen und die Herrschaft der Tataren-Mongolen in Russland beendet. Ohne diesen Sieg wäre das Moskauer Fürstentum niemals Weltimperium geworden. Nun kommen die Nachfahren der Tataren-Mongolen aus der zentralasiatischen Steppe und wollen am künftigen Imperium teilhaben.

Sanfte Frauenstimme: Russland wird zweifellos eine führende Rolle in Eurasien einnehmen. Wenn die Errichtung eines Bundes mit den slawischen Brüdern scheitert, sollte Moskau die historische Chance mit den integrationswilligen Kasachen nutzen. Hauptsache Russland wird wieder Weltmacht und wird respektiert. Die Gründung Eurasiens hilft Russland, die innere Stabilität wiederzufinden.

Tiefe Bassstimme: Erinnert euch an den Zerfall der UdSSR vor 26 Jahren. Russland wollte die GUS nur mit der Ukraine und Belarus gründen. Die zentralasiatischen Länder, die um Aufnahme bettelten, wies Moskau brüsk zurück. Jetzt hat sich die Situation um 180 Grad gewendet. Kasachstan bietet Russland den rettenden Beitritt zu Eurasien an.

Heisere Männerstimme: Die Initiatoren des eurasischen Bundes verlangen: Der kasachische Präsident soll Vorsitzender der Staatenunion werden. Nur er kann mit seiner noch aus der Sowjetzeit stammenden politischen Erfahrung den Konsens zwischen den Eliten unserer Länder herstellen und den Bund nach außen hin glaubwürdig vertreten. Hauptstadt wird Astana.

(Gemurmel im Saal, leiser Beifall, Schritte, Tür wird zugeknallt)

Leise Frauenstimme: Der Aufbau der Organisationsstrukturen für die eurasische Bewegung wurde in zahlreichen Regionen Russlands schon geschaffen. Die Gouverneure unterstützen sie stärker als das zerstrittene Moskau. Die Bewegung wird bei den nächsten Wahlen antreten. Ziel ist die Mehrheit in der Duma. Danach gründen wir den Unionsstaat.

Stimme Deutschlands, 11. September 2017:

Die gesamte Weltöffentlichkeit hat bislang die Entwicklung in Russland mit wachsender Spannung verfolgt und die anderen Probleme der Weltpolitik ignoriert. Doch nun brechen im Nahen und Mittleren Osten neue Massenproteste und Unruhen aus. Der von der westlichen Staatengemeinschaft in die Ecke gedrängte Iran sperrte mit Kriegsschiffen und Tankern die Straße von Hormus und den Suez-Kanal. Der Öltransport aus dem Persischen Golf nach Westen wurde massiv beeinträchtigt. Der Ölpreis an den internationalen Handelsbörsen übersprang von einem Tag auf den anderen die Marke von 150 US-Dollar. Die Übergangsregierung in Russland erklärte, in freudiger Erwartung des warmen Geldregens, ihre Bereitschaft, einzuspringen und Öl und Gas in allen erforderlichen Mengen nach Europa zu liefern. Doch der Westen wollte seine Energieversorgung nicht von einem instabilen Russland abhängig machen. Aber hat er Alternativen? Russland glaubt, seine angeschlagene Wirtschaft jetzt retten zu können. Das russische Parlament erklärte, dass die Einnahmen aus dem Energiegeschäft nicht der Übergangsregierung, sondern der Duma zugeführt werden müssten.

Pekinger Merkur, 12. September 2017:

Die Volksrepublik China verlangt, dass Russland die nach der Februarrevolution abgeschlossenen Lieferverträge einhält. Peking weigert sich aber, den höheren Preis für die Energieträger zu bezahlen. In der Duma unterstützen die Nationalisten, die sich in Eurasier umbenannt haben, die Forderungen Chinas.

Die Übergangsregierung argumentiert dagegen, der Öl- und Gastransit nach China sei gefährlicher geworden. Eine Pipeline nach China wurde von Terroristen gesprengt. Die Übergangsregierung in Russland gerät immer mehr zwischen die Fronten und zeigt sich immer häufiger handlungsunfähig. Die Radikalisierung der Gesellschaft nimmt beängstigende Ausmaße an. Alle verlangen den Sturz der Übergangsregierung. Die Islamisten fordern wieder ihr Kalifat im Nordkaukasus. Die Selbstmordanschläge auf drei Moskauer Bahnhöfe, die zahlreiche Menschen in den Tod rissen, geschahen zum ungünstigsten Zeitpunkt. Die Bevölkerung ist aufgebracht, sie fordert von der Regierung ein hartes Vorgehen gegen den Terror.

Südrussische Zeitung, 13. September 2017:

Der große Geländewagen kam vom Khyber-Pass. Trotz pechschwarzer Nacht fuhr er ohne Beleuchtung. Kein Polizist in der Provinz Nangarhar im Osten Afghanistans würde es wagen, dieses Auto anhalten. Unbehelligt setzte es seinen Weg in Richtung des Weißen Gebirges fort. Beim Morgengrauen endete die Fahrt an den Stufen zum Höhlenkomplex. Dort versteckt sich die Bergfestung Tora Bora mit ihren unterirdischen Tunneln und Waffenlagern für mehr als 1.000 Kämpfer. Die Besatzung, bärtige Männer in schwerer Kampfausrüstung, lebt in dieser Festung völlig autark. Hier wurden die Attentate des 11. September geplant. Tora Bora wurde später von US-Sondertruppen erobert, doch heute, drei Jahre nach dem Abzug der NATO aus Afghanistan, befindet sich hier wieder das Hauptquartier der El Kaida. Die von weither angereisten Männer, alle aus der Islamischen Bewegung Usbekistans, dem ältesten islamistischen Terrornetzwerk in der ehemaligen Sowjetunion, kommen des Öfteren zur Lagebesprechung in die Bergfestung. Sie eint der Hass auf die westliche Zivilisation, die Gottes Gebote missachtet und überall ihre Unmoral verbreitet.

Auszug aus einem geheimen Abhörprotokoll. Tora Bora. September 2017:

Anwar: Der iranische Revolutionsführer Chomeini schrieb 1989 einen Brief an den damaligen Sowjetführer Gorbatschow, in dem er den Übertritt Russlands zum Islam vorschlug. Heute leben in Russland 15 Millionen Mohammedaner, ihr Anteil an der Bevölkerung wächst. Irgendwann wird Russland Teil des Großen Kalifats werden, das seinen Ausgangspunkt in Eurasien haben wird.

Abdul: 1917 hat der Islam in der Oktoberrevolution keine Rolle gespielt, 2017 wird er zum entscheidenden Faktor. Vom Nordkaukasus und Zentralasien aus wird er bis zum Ural vordringen und Russland in zwei Teile spalten. Wenn wir sowohl die Ölvorräte am Golf als auch die sibirischen Energieressourcen kontrollieren, können wir die Weltwirtschaft nach Belieben dominieren. Dann wird sich auch der Westen beugen müssen.

Abu Ali: Unsere langjährige Taktik war es, sich eines zerfallenden Staates zu bemächtigen. Somalia, Jemen und Afghanistan waren militärisch unterentwickelt. Eine Machtergreifung in Pakistan würde uns die Atomwaffe in die Hand geben. Noch begehrlicher wäre das Atomwaffenpotenzial Russlands im Falle eines Staatszerfalls. Die Instabilitäten in Russland gilt es zu nutzen.

Berliner Nachrichten, 28. September 2017:

An allen Ecken der Welt brennt es. Die Ölvorräte des Persischen Golfs drohen der westlichen Kontrolle zu entgleiten, die Revolutionen in den arabischen Ländern haben bedauerlicherweise nicht zum weltweiten Siegeszug der Demokratie geführt. Einige der alten Diktatoren wurden zum Rückzug aus der Politik gezwungen, doch an ihrer Stelle sitzen jetzt jüngere Autokraten. Das islamistische Terrornetzwerk El Kaida gewann als Folge der Massenunruhen größeren Einfluss in den arabischen Ländern als zuvor. Afghanistan wurde wieder zur Hochburg des internationalen Terrorismus. Der Nahe Osten steht, wie so oft, vor einem neuen Waffenkonflikt. Der Iran scheint die Atombombe inzwischen zu besitzen. Völlig unberechenbar ist die Lage in Nordkorea. Aber dieses Problem betrifft eher China. Die EU kämpft in der Finanzkrise um den Erhalt ihrer Wohlstandssysteme, die NATO ist unterfinanziert und wankt ziellos einer neuen Weltordnung entgegen. Aus Osteuropa kommen schlimme Nachrichten. Den westlichen Verbündeten droht ein Massenexodus aus Russland und den umliegenden Staaten. Wie seinerzeit aus Nordafrika überfluten immer neue Wirtschaftsflüchtlinge die Auffanglager in Polen und der Slowakei. Die Migrationswelle aus Russland hat auch Deutschland fest im Griff. Die EU ist mit diesem Andrang völlig überfordert. Die von Osthistorikern gezogene Parallele zu den vier Millionen Emigranten aus dem zaristischen Russland, die in Folge der Oktoberrevolution 1917 in den Westen flüchteten, versetzt die Staaten in Angst. Die Energiesicherheit des Westens ist ernsthaft bedroht, der Höchstpreis für Rohöl würgt die Konjunktur ab. Im harten Konkurrenzkampf des Westens mit China um den Zugang zu den sibirischen Rohstoffen und Energieträgern hat Peking eindeutig die Nase vorn.

Stimme Deutschlands, 3. Oktober 2017:

Im Chaos in Russland sehen die USA drei Entwicklungsszenarien: Den Aufbau eines eurasischen Imperiums mit Unterstützung der Armee und der Geheimdienste, den dritten Zerfall nach 1917 und 1991 oder, im Falle eines Wahlsieges der Liberalen, den mittelfristigen Anschluss an die EU. Ihre größte Sorge betrifft den postsowjetischen Raum. Wie gefährlich ist die Wiedererrichtung eines Moskauer Imperiums für Amerikas Verbündete? Das Potenzial des Westens, Staaten wie der Ukraine und Georgien im Falle einer russischen Aggression beizustehen, ist begrenzt. Die Eliten dieser Staaten haben ihrer Bevölkerung eine schnelle Verankerung im Westen versprochen. Diese Versprechen können nicht eingelöst werden.

Wenn es zum Zerfall käme, müsste sich Washington wieder um das Problem der Nichtverbreitung von Atom- und Massenvernichtungswaffen kümmern. Wikileaks hat auf der Karte Russlands genau die neuralgischen Punkte angegeben, die Amerika im Falle von globalen Unruhen unter seine Kontrolle bringen muss. Manche Politiker der USA bedauern, dass sie Jelzin, als dieser so kooperationswillig war, nicht stärker zur Abrüstung gedrängt haben. Die Möglichkeit einer Annäherung Russlands an den Rest Europas begeistert USA nicht. Sie würden dann ihren Einfluss auf Europa verlieren und Moskau könnte mit Deutschland die Vorherrschaft in Europa übernehmen.

Neue Moskauer Zeitung, 3. Oktober 2017:

Der US-Präsident befürwortet im Konfliktfall die Unterstützung der russischen Reformpartei, obwohl deren Anführer untereinander zerrstritten sind. Die USA brauchen Russland als Juniorpartner in der Weltpolitik. Die USA wollen nicht, dass die sibirischen Bodenschätze unter chinesische Kontrolle geraten. Im russischen Machtkampf 1993 hatten die USA Jelzin gegen sein Parlament unterstützt und beide Augen zugedrückt, als dieser die Duma mit Panzern beschießen ließ. Im Falle einer Niederlage hätte Jelzin innerhalb weniger Augenblicke in die nahegelegene US-Botschaft flüchten können. Diesbezügliche Absprachen waren rechtzeitig getroffen worden. Zur Belohnung erhielten amerikanische Konzerne danach großzügige Konzessionen bei der Ölförderung in Sibirien, am Kaspischen Meer und in Sachalin. Die Chance, sich in Sibirien zu verankern, haben die Amerikaner jedoch taktisch verspielt. Nachdem Putin in Russland an die Macht kam, wendete er sich den Deutschen, Franzosen und Italienern zu. Die Amerikaner haben es Putin niemals verziehen.

Auszug aus dem Protokoll. Langley, Virginia, USA.
3. Oktober 2017:

Keith: Russland steht wie 1917 und 1991 vor einer Revolution. Sollen wir Russland helfen oder den Erzrivalen vor die Hunde gehen lassen? Sind die Russen überhaupt in der Lage, ihr Haus wirtschaftsgerecht zu restaurieren?

George: Russland durchlebt die letzte große Krise in seiner 30-jährigen Transformation vom Kommunismus hin zur Demokratie. Danach wird Russland, das Teil der europäischen Zivilisation ist, unser Verbündeter.

David: Die UdSSR lebt. Die autoritäre Mentalität ihrer Führer ist geblieben. Der Kreml hegt weiterhin Welteroberungspläne, vor allem in seiner Nachbarschaft. Der Kalte Krieg endet erst, wenn Russlands Demokratie siegt.

Toni: Am Fortgang des Kalten Krieges trägt Amerika Mitschuld. Statt Siegerjustiz zu betreiben sollten wir Russland als Kulturnation ernst nehmen und ihm erlauben, den eigenen Weg zur Demokratie zu gehen.

Paul: Russland stirbt, auf seinem Territorium werden 20 Einzelstaaten entstehen, viele davon islamisch geprägt. Wir sollten die Autonomiebestrebungen unterstützen, die ethnischen Minderheiten sind Amerikas Chance.

Angela: Es kann nicht im Interesse Amerikas sein, dass Sibirien chinesisch oder islamisch wird. Im künftigen globalen Nord-Süd-Konflikt brauchen wir Russland als weltgrößten Flächen- und Rohstoffstaat fest auf unserer Seite.

Stedman: Die Russen reden mehr mit der EU als mit uns, doch sie springen sofort, wenn wir sie ebenbürtig behandeln. Solange Russland die zweitgrößte Atommacht ist, brauchen wir Moskau als Partner in der Nichtverbreitung.

Frankfurt Times, 23. Oktober 2017:

Gestern fanden in Russland, unter widrigsten Umständen, die Parlamentswahlen statt. In seiner letzten Sitzung hatte das alte Parlament eine Verfassungsänderung beschlossen, nach der Russland von einer präsidialen in eine parlamentarische Republik umgewandelt werden sollte. Für die Menschen in Russland stehen jedoch viel existenziellere Fragen im Vordergrund. Im Nordkaukasus haben sich drei Teilrepubliken von Moskau abgespalten. Bewaffnete arabische Extremisten scheinen dort sogar das Kommando übernommen zu haben. In Moskau kam es daraufhin zu blutigen Straßenschlachten zwischen Anhängern der Eurasier und der zahlreich vertretenen kaukasischen Diaspora. Die Außenpolitik steht mit dem Rücken zur Wand: Japan fordert die vollständige Rückgabe der Kurilen-Inseln, die EU ruft Moskau auf, etwas gegen den Wirtschaftskollaps in Kaliningrad zu unternehmen, ansonsten müsse Brüssel eigenmächtig handeln, um eine humanitäre Katastrophe zu verhindern. China beschwert sich über gewaltsame Übergriffe russischer Skinheads auf chinesische Gastarbeiter und droht ebenfalls mit »adäquaten Gegenmaßnahmen«. Die Region Krasnojarsk verfügte einen Ausfuhrstopp für Lebensmittel, kaum ein Subjekt der Föderation vermag noch Steuern an die Zentrale zu entrichten. Ausländische Unternehmer sind nach der Februarrevolution Hals über Kopf aus Russland abgereist. Russland verzeichnet einen generellen Produktionsstopp, bedingt durch Streiks, technische Defekte, fehlende Aufträge und das Ausbleiben von Krediten. Das Land hält sich nur durch Öl- und Gasexporte über Wasser, wobei die Einnahmen aber im Korruptionssumpf versinken.

Moskauer Abendblatt, 26. Oktober 2017:

Das Ergebnis der Parlamentswahlen ist eine Überraschung. Die Eurasier erhielten nur 25 % der Stimmen. Ihr Versprechen, das Land groß und stark zu machen, erzeugte angesichts der Situation an Russlands Grenzen nur Hohngelächter. Die beiden stärksten Parteien, liberale Reformer und Kommunisten, bilden im neuen Parlament eine Koalition. Ihre erste Amtshandlung zielte auf die Absetzung der Übergangsregierung, doch diese widersetzte sich und verbarrikadierte sich im Kreml. Daraufhin bildete die Duma eine neue Regierung und siedelte diese in das legendäre und symbolträchtige Weiße Haus um. Gestern überschlugen sich die Ereignisse. Plötzlich legte das Kriegsschiff *Astoria* am Flussufer gegenüber des Weißen Hauses an und feuerte mit schweren Geschützen gegen das Regierungsgebäude. Im selben Moment drang eine Panzerkolonne nach Moskau ein und umzingelte das Weiße Haus. Begleitet von schwerbewaffneten Elitetruppen erschien ein Oberst im Parlamentssaal, er ging an das Rednerpult und sagte mit tiefer Bassstimme: »Die liberalen Reformer sind der Spionage für den Westen überführt. Wir müssen sie vor Gericht stellen. Die Macht im Land gehört von heute an dem Sonderkomitee der nationalen Rettung. Russland ist von Feinden umzingelt. Einen Staatszerfall werden wir nicht zulassen. Die Wirtschaft wird verstaatlicht. Es lebe die Neuauflage der sozialistischen Oktoberrevolution.« Mit diesen Worten verließ er den Saal.

Russische Welle, 27. Oktober 2017:

Die Rettung für die Demokraten kommt aus der jungen Bevölkerung. Hunderttausende von Jugendlichen strömten gestern zum Weißen Haus. Wie beim Augustputsch 1991 bildeten sie einen menschlichen Schutzwall um den Regierungssitz und drängten die Panzer zurück. Ein Student rief mit heiser Stimme in die Menge: Im Westen haben vor 50 Jahren die Studenten die Welt verändert. Jetzt bekommt endlich Russland seine 68er-Revolution! Die antiwestlichen Losungen der schwarzgekleideten Sympathisanten der Putschisten wurden durch Plakate verdrängt, auf denen stand jetzt: »Tod dem totalitären Regime!« In anderen Landesteilen schwenkten Studenten die Trikolore als Zeichen für die Solidarität mit der Reformregierung. Überall nahmen sich die marschierenden jungen Menschen an den Händen und skandierten »Wir sind Europa«. Was

Russland erlebt, ist die Renaissance der Perestrojka. Diese ist nicht etwa tot, wie die Vertreter der alten Herrschaftselite es uns immer weismachen wollten. Und es ist die ganz junge Generation, die für die Werte der Perestrojka demonstriert und ihr Leben riskiert. Dabei waren viele der Demonstranten 1991 noch gar nicht auf der Welt.

N24-Life-Reportage, 28. Oktober 2017:

Russland erlebt den dramatischsten Moment in seiner jüngeren Geschichte. In den nächsten Stunden wird es sich entscheiden, ob das Land zurück in die Diktatur fällt oder seine neue Chance zur Demokratie nutzt. Noch vor wenigen Tagen sah es so aus, als ob die Russen nur dem Ruf nach einer harten Hand folgten. Heute ist das Gegenteil bewiesen. Das letzte Mal haben sich solche Bilder während des August-Putsches 1991 abgespielt. Wir sehen jetzt eine schwarze Limousine vorfahren. Die Menschen machen sofort Platz, sind neugierig, wer da kommt. Ein alter Mann steigt aus dem gepanzerten Wagen und bahnt sich, gestützt auf zwei Helfer, einen Weg durch die Reihen der Demonstranten zum Weißen Haus. Man spürt, dass sein unvorhergesehenes Erscheinen die Massen elektrisiert. Vor dem Regierungssitz steht ein verlassener Panzer, die Besatzung ist geflüchtet. Der Widerstand gegen die Putschisten zeigt erste Erfolge. Der alte Mann bleibt nachdenklich vor dem Panzer stehen, sofort sind junge Männer an seiner Seite und hieven ihn behände auf das Fahrgestell. Nun thront er oben auf dem Panzer, blickt gebeugt, aber mit funkelnden Augen in die Menge. Hunderttausende von Menschen rufen plötzlich »Gor - ba - tschow«. Der große Held der russischen Demokratie, jahrelang in der eigenen Heimat verschmäht, muss hier gar nicht sprechen. Die Menschen verstehen auch so, warum er zu ihnen gekommen ist. »Rossija – Rossija«, skandiert jetzt die Menge, andere rufen: »Freiheit – Freiheit«. Das Bild ist überwältigend, ja unbeschreiblich: Hier steht er vor ihnen, der einzige lebende Mensch auf diesem Planeten, über den gesagt werden kann, er habe tatsächlich den Verlauf der Geschichte radikal verändert. Er hat ihnen allen nach Jahrhunderten die

Freiheit gegeben. Die damals in Russland lebenden Generationen konnten mit diesem Wert noch nichts anfangen. Die heutigen jungen Russen werden sich diesen Wert, der von ihren Eltern errungen, aber später als nicht mehr verteidigungswürdig verworfen wurde, nicht nehmen lassen. Der Blick des 86-jährigen schweift nun auf die entgegengesetzte Seite des Platzes, wo die Truppen stehen. Dort ist alles in Bewegung gekommen. Soldaten springen aus den Panzerwagen, diskutieren heftig miteinander. Jemand gibt das ersehnte Signal und das Militär zieht sich zurück. Der Sieger der Oktoberrevolution 2017 ist das Volk.

TASS-Eilmeldung, 28. Oktober 2017:

Soeben ist von Sotschi aus eine Maschine mit dem dort seit März festgehaltenen abgedankten Präsidenten an Bord abgeflogen. Sie wird in einer Stunde in Moskau erwartet.

ANHANG

Quellenverzeichnis

Kapitel 1

Center for Security Studies (2011): Strategic Trends 2011; Zürich.
Galperin, Juri (2007): Die russisch-amerikanischen Beziehungen nach dem 11. September. Konkurrenz oder Partnerschaft?; VDM Verlag Dr. Müller, Berlin.
Gnauck, Gerhard: Europa braucht Russland nicht, in: *Die Welt*, 24.9.2010.
IP Internationale Politik: Einsatz Europa. Was wir Barack Obama anbieten können; Januar 2009, Nr. 1.
IP Internationale Politik: Die Neuvermessung der Welt; Juni 2009, Nr. 6.
Koschut, Simon (2010): Die Grenzen der Zusammenarbeit. Sicherheit und Transatlantische Identität nach dem Ende des Ost-West-Konflikts (DGAP-Schriften zur Internationalen Politik); Nomos Verlagsgesellschaft, Baden-Baden.
Kunze, Thomas; Maier, Wolfgang (2010): Einundzwanzig. Jahrhundertgefahren – Jahrhundertchancen; Verlag Finckenstein & Salmuth, Berlin.

Kapitel 2

Aspen European Strategy Forum (2009): Russia and the West. How to restart a constructive relationship?; Berlin.
Colton, Timothy J. (2008): Yeltsin. A Life; Basic Books, New York.
Dutkiewicz, Piotr; Trenin, Dmitri (2011): Russia. The Challenges of Transformation; New York University Press, New York.

Kokh, Alfred (1998): The Selling of the Soviet Empire; Liberty Publishing House, New York.
Lucas, Edward (2008): Der Kalte Krieg des Kreml; Riemann, München.
Schulte Wessel, Martin; Götz, Irene; Makhotina, Ekaterina (Hrsg.) (2010): Vilnius. Geschichte und Gedächtnis einer Stadt zwischen den Kulturen; Campus, Frankfurt.

Kapitel 3

Appenzeller, Gerd (2010): Russland – Deutschland. Die deutsch-russischen Beziehungen sind gut; in: *Zeit Online*, 16.07.2010.
Bacia, Horst (2010): Deutsch-Russische Beziehungen. Ungenutztes Potential; in: *FAZ.net*, 16.07.2010.
Bidder, Benjamin (2009): Sanierung ohne Opel. Russland muss seine Autobauer alleine retten; in: *Spiegel Online*, 04.11.2009.
Brüggmann, Matthias (2010): Deutsch-Russische Beziehungen. Putin geht auf Europa zu; in: *Handelsblatt*, 25.11.2010.
Germis, Carsten; Hosp, Gerald; von Petersdorff, Winand (2009): Autokrise. Die seltsame Opelrettung; in: *FAZ.net*, 31.05.2009.
Just, Artur W. (1949): Russland in Europa; Union Deutsche Verlagsgesellschaft, Stuttgart.
Käppner, Joachim (2010): Berthold Beitz. Die Biographie; Berlin Verlag, Berlin.
Lada, Agnieszka (Hrsg.) (2010): Russland heute und morgen. Meinungen deutscher und polnischer Experten; Institut für Öffentliche Angelegenheiten, Warschau.
Pänke, Julian (2010): Ostmitteleuropa zwischen Verwestlichung und Nationalisierung. Die Neuorientierung polnischer und slowakischer Außenpolitik zwischen 1989 und 2004 (DGAP-Schriften zur Internationalen Politik); Nomos Verlagsgesellschaft, Baden-Baden.
Pörzgen, Gemma (2010): Dringend reformbedürftig: der Petersburger Dialog auf dem Prüfstand; in: *Osteuropa*, Nr. 60 (Oktober 2010) 10, S. 59–81, Berliner Wissenschaftsverlag, Berlin.
Roberts, Cynthia (2007): Russia And The European Union: The Sources And Limits Of Special Relationships; Strategic Studies Institute, Carlisle.
Wallander, Celeste (1999): Mortal Friends, Best Enemies. German-Russian Cooperation after the Cold War; Cornell University Press, New York.

Kapitel 4

Auswertung der täglichen Nachrichtensendung Vremja, Erster Russischer Fernsehkanal; Auswertung von Artikeln aus der russischen und deutschen Tagespresse 2008–2011. Insider-Gespräche in Russland.
Institut für Moderne Entwicklung (2009): Strategii social'nogo razvitija Rossii: vlijanie krizisa [Die Strategie der sozialen Entwicklung Russlands: Der Einfluss der Krise]; Ekon-Inform, Moskau.
Rahr, Alexander, DGAPanalyse kompakt 7/2010: Putin nach Putin. Was den Westen erwartet; Berlin.

Kapitel 5

Bundesanstalt für Geowissenschaften und Rohstoffe (2009): Seltene Erden, Commodity Top News 31.
Bundesanstalt für Geowissenschaften und Rohstoffe (2009): Die Rohstoffindustrie der Russischen Föderation – Kurzstudie.
Follath, Erich; Jung, Alexander (2006): Der neue Kalte Krieg. Kampf um Rohstoffe; Deutsche Verlags-Anstalt, München.
Fraunhofer Institut für System- und Innovationsforschung (2009): Rohstoffe für Zukunftstechnologien – Schlussbericht; Fraunhofer IBR Verlag, Stuttgart.
Jasin, Evgenij (2011): Russkij hleb k evropejskomu stolu [Russisches Brot zur europäischen Tafel]; in: *Rossijskaja gazeta*, 4.3.2011.
Rohstoff-Forum: 3. Deutsch-Russische Rohstoff-Konferenz. Versorgungssicherheit bei Rohstoffen. Freiberg & Dresden 17.-19. März 2010.
Roland Berger Strategy Consultants (2011): Green Growth, Green Profit; Palgrave Macmillan, Hampshire.
Sandschneider, Eberhard (2007): Globale Rivalen, Chinas unheimlicher Aufstieg und die Ohnmacht des Westens, Hanser, München.

Kapitel 6

Eurasian Development Bank (2010): Eurasian Integration Yearbook 2010; Almaty.
Guseinov, Vagif (2011): Neftegazovyj kompleks Rossii: tendencii razvitiya (2000–2010 gody) [Der Öl- und Gaskomplex Russlands: Entwicklungstendenzen der Jahre 2000–2010]; Krasnaja Svezda, Moskau.
Hill, Fiona (2004): Energy Empire. Oil, Gas and Russia's Revival; The Foreign Policy Centre, London.
Viëtor, Marcel (2009): Russian Foreign Policy between Security and Economics. Exporting Gas and Arms to Belarus and China 1990–2008; Lit Verlag, Münster.

Kapitel 7

Aslund, Anders; Kuchins, Andrew (2009): The Russia Balance Sheet; Peter G. Peterson Institute for International Economics, Center for Strategic and International Studies, Washington DC.
Edition Körber-Stiftung (2009): Bergedorfer Gesprächskreis, Kiew. Europas Osten zwischen Brüssel und Moskau.
Energy-Economy Subgroup of the Thematic Group on Energy Strategies (2010): Final Report on Energy Forecasts and Scenarios Research over 2009–2010 period; Brussels.
Petermann, Jürgen (Hrsg.) (2008): Sichere Energie im 21. Jahrhundert; Hoffmann und Campe, Hamburg.
Westphal, Kirsten (2009): Russisches Gas, ukrainische Röhren, europäische Versorgungssicherheit; in: SWP-Studie, Berlin.

Kapitel 8

Beiten, Burkhardt (2010): Investitionen in Russland, Ausgabe 2009-2010.
Brammerloh, Susanne (2010): Russische Gesundheitsreform startet im nächsten Jahr; in: *Russland-Aktuell*, 20.04.2010.
Frank, Sergey; Wedde, Rainer (Hrsg.) (2009): Investmentguide Russland. Personal, Recht, Steuern und Kommunikation in der Praxis; Schäffer Poeschel, Stuttgart.
Hones, Bernd (2010): Wirtschaftstrends Russland. Herausgeber: Gesellschaft für Außenwirtschaft und Standortmarketing mbH, Bonn; in: http://www.gtai.de/ DE/Content/Online-news/2011/02/medien/lm2-russland-witre-jawe-10-1, templateId=raw,property=publicationFile.pdf/lm2-russland-witre-jawe-10-11?show=true
Hoppe, Jens (2008): Das Gesundheitssystem der Russischen Föderation. Zwischen Vergangenheit und Zukunft. Eine Einführung; in: http://www.rsf.uni greifswald.de/fileadmin/mediapool/lehrstuehle/flessa/Das_Gesundheitssys tem_der_Russischen_F_deration_01.pdf
Maleva, Tatiana (2007): Obzor Sotsialnoy Politiki v Rossii [Überblick über die Sozialpolitik in Russland]; Nezavisimyj institut socialnoj politiki, Moskau. http://www.socpol.ru/publications/pdf/Social_policy_overview.pdf
Ost-Ausschuss der Deutschen Wirtschaft; OWC – Verlag für Außenwirtschaft GmbH (2010), Mittel- und Osteuropa-Jahrbuch 2010, Detmold.
Schröder, Hans-Henning; Pleines, Heiko (Red.) (2008): Gesundheitsprobleme; in: *Russland-Analysen*, Nr. 161.
Subarevitch, Natalja (2010): Regiony Rossii: Neravenstvo, Krisis, Modernisatsija [Russlands Regionen: Ungleichheit, Krise, Modernisierung]; Nezavisimyj institut socialnoj politiki, Moskau. http://www.socpol.ru/publications/pdf/Regions_2010.pdf

Kapitel 9

European Parliament (2010), Study: The Threat of Militarization of the Security Environment at EU's Eastern Borders; Brussels.
Hops, Gerald 2011: Zwei Wege für Russland; in: http://www.nzz.ch/nachrichten/ wirtschaft/aktuell/zwei_wege_fuer_russland_1.9237439.html
Rusiš investor? Hende hoh! [Russischer Investor? Hände hoch!]; in: http://www. izvestia.ru/economic/article3105903/
Russland: Krise weitgehend überwunden; in: http://www.wieninternational.at/ de/node/21498
Zverev, Andrey (2010): Staatliche Körperschaften in der Wirtschaft des modernen Russlands; Wegweiser, Berlin.
http://www.politik.de/forum/internationale/125254-statistik.html
http://www.zeit.de/2006/42/Russlanddeutsche
http://www.spiegel.de/politik/deutschland/0,1518,298564,00.html

Kapitel 10

Surkov, Vladislav (2008): Teksty 97-07; Verlag Evropa, Moskau.

Kapitel 11

Meister, Stefan, DGAPanalyse 2/2010: Recalibrating Germany's and EU's Policy in the South Caucasus; Berlin.
Sandschneider, Eberhard, DGAPanalyse 4/2010: Doing Business in Disputed Regions. A Proposal for a New Focus on Private Sector Support for State Building; Berlin.
Wipperfürth, Christian (2007): Russland und seine GUS-Nachbarn. Hintergründe, aktuelle Entwicklungen und Konflikte in einer ressourcenreichen Region; ibidem-Verlag, Stuttgart.

Kapitel 12

Brinkmann, Peter (2011): Aus Feinden werden Partner: Russland, NATO und USA. Gemeinsamer Raketenschild über Europa; http://www.european-circle.de/machtpolitik/meldung/datum/2011/05/02/gemeinsamer-raketenschild–ueber-europa.html
Dpa/Reuters/AFP/dapd (2010): Russland will sich am NATO-Raketenschild beteiligen; in: *Spiegel Online*, 20.11.2010.
IP Internationale Politik: Terrorismus; Januar/Februar 2011, Nr. 1.
Malaschenko, Alexei (2001): Islamskie orientiry Severnogo Kavkaza [Die islamischen Orientierungen des Nordkaukasus]; Carnegie Endowment for International Peace, Moskau.
Oliker, Olga; Szayna, Thomas (Hrsg.) (2003): Faultlines of conflict in Central Asia and the South Caucasus. Implications for the U.S. Army; RAND, Santa Monica.
Reuters/dpa/dapd/oc (2010): Durchbruch in Lissabon. NATO einigt sich auf gemeinsame Raketenabwehr; in: *Welt Online*, 19.11.2010.
Schmidt, Oliver (2010): Raketenabwehr mit Russland; in: außenpolitik.net, 3.12.2010.
Stepanova, Ekaterina (2005): Rol' narkobiznesa v politekonomii konfliktov I terrorizma [Die Rolle der Drogengeschäfte in der Politökonomie von Konflikten und Terrorismus]; Ves' Mir, Moskau.

Kapitel 13

Mel'gunov, Sergej (1953): Kak bolševiki zahvatili vlast' [Wie die Bolschewiki die Macht errangen]; Editions La Renaissance, Paris.

Register

A

Ackermann, Josef *177*
Abramowitsch, Roman *71, 160*
Adenauer, Konrad *47, 243*
Afghanistan *18 ff., 235, 237, 244, 245, 258*
Aguilera, Christina *260*
Ahmadinedschad, Mahmud *147*
Aksenenko, Rustam *196*
Alexander II. *78*
Alexander III. *78*
Amerongen, Otto Wolff von *49*
arabische Welt *3, 7, 9, 23*
Arbatow, Alexej *253*
arktische Rohstofflager *104 f., 120*
Armstrong, Neil *12*
Atomenergie *145, 150, 152*

B

Bahr, Egon *48 f.*
Barnier, Michel *101*
Barroso, Jose Manuel *90*
Basajew, Schamil *31*
Beitz, Berthold *47 f.*
Belkowski, Stanislaw *149*
Ben Ali *238*
Beresowski, Boris *71*
Biden, Joe *83*
Bildt, Carl *21*
Bin Laden *259*
Brandt, Willy *48, 50*
Breschnew, Leonid *83, 190*
BRICS-Staaten *10, 93, 108, 167, 179, 189*
Browder, William *86*
Bush, George W. *13 f., 55, 249 f.*

C

Castoro Sei *111 f.*
Castro, Fidel *125*
Chavez, Hugo *125, 148*
China
– Rohstoffimperialismus *94, 101 f., 276*
– Wirtschaftsmacht *8 f., 109, 237*

chinesische Weltkarte *6*
Chodorkowski, Michail *24, 40, 75, 77, 86, 118, 122 f., 125, 129, 149, 201, 218 f.*
Chomeini *281*
Chruschtschow, Nikita *47*
Clinton, Bill *251*
Clinton, Hillary *8*
Cohen, Ariel *126*
Cordes, Eckhard *156*
Cyberterrorismus *20*

D

Deljagin, Michail *28*
Deng, Xiaoping *73, 94*
Deripaska, Oleg *80, 95, 160, 196, 219*
Deutsche Gesellschaft für Auswärtige Politik (DGAP) *2, 123*
Deutschland
– Atomenergie *154*
– Beziehung zu Russland *45, 49 f., 57*
– Modernisierungspartnerschaft *65, 98 f.*
– russische Einwanderer *194 f., 197, 214*
– russische Investoren *196*
– Russlandbild *51, 178*
Drogenbekämpfung *244*
Dugin, Alexander *84*
Dworkowitsch, Arkadi *85, 175, 191*

E

Ehlers, Kai *191*
Einheitlicher Wirtschaftsraum *240*
Energieallianz *144, 146, 149*
Erdgas *154*
EU *5*
– Diversifizierung *115, 141, 145*
– Osterweiterung *7, 21, 222*
– Rohstoffabhängigkeit von Russland *90, 92, 94 f., 97, 109, 114 f.*
– Rohstoffstrategie *100 f.*
Eurasische Wirtschaftsunion *108, 189, 224, 240, 277*

Register **295**

F

Fischer, Joschka *232*
Forum gasexportierender Länder (GECF) *148*
Freihandelszone *64, 144*
Friedmann, Michael *194*
Füchs, Ralf *59*
Fukushima *11, 142, 150 f., 154*
Fukuyama, Francis *3*
Fule, Stefan *21*
Fußballweltmeisterschaft 2018 *82, 160, 260 f.*

G

G-20 *10, 100, 108, 167, 189*
Gaddafi, Muammar *20, 83, 89, 125, 253, 267*
Gagarin, Juri *12, 41, 86*
Gas-OPEC *126, 147 ff.*
Gasprom *117 ff., 124, 133 ff., 139, 141 f., 145 ff., 150, 152, 160, 184, 196 f.*
Gates, Bill *225*
gemeinsamer Nachbarschaftsraum *15, 57, 64, 226*
Genscher, Hans-Dietrich *2, 249*
Georgien-Krieg *17 f., 59, 63, 230*
Gorbatschow, Michail *25, 31, 48, 53, 75, 169, 281, 287*
Greenspan, Alan *122*
Gref, German *85*
Grillo, Ulrich *96*
Gryslow, Boris *192*
GUAM *223*
Gudkow, Lew *41*
Gusinski, Wladimir *71, 195*
Guttenberg, Karl-Theodor zu *196*

H

Halbach, Uwe *257*
Harms, Michael *156*
Hitler, Adolf *41, 44, 46*
Hoffmann, Martin *39*
Hussein, Saddam *267*

I

Ilves, Thomas *193*
Irak-Krieg *55 f., 122, 250*
iranisches Atomprogramm *19, 246 ff.*
Ischinger, Wolfgang *50*
Islamismus *9, 23, 110, 234, 236, 239, 253*
Iwan der Schreckliche *93, 278*
Iwanow, Viktor *70, 244*

J

Jakunin, Wladimir *70*
Janukowitsch, Viktor *135, 138 f., 227, 230*
Jasew, Waleri *93, 151*
Jelzin, Boris *13, 15, 26, 29, 30 f., 50, 69, 72, 163, 187, 219, 229, 283*
Jolkver, Nikita *195*
Jürgens, Igor *82 f., 191*
Juschtschenko, Viktor *135 ff., 226 f., 229*
Just, Artur W. *46*
Jusufow, Igor *196*

K

Kaczinski, Lech *61*
Kadyrow, Ahmad *256*
Kadyrow, Ramsan *245, 256*
Kaliningrad *185 f., 248, 251*
Karaganow, Sergej *90 f.*
Karimowa, Gulnara *233*
Khanna, Parag *9*
Kirgisistan *238*
Klitschko, Witali *260*
Köhler, Horst *90*
Kohl, Helmut *50*
Köllner, Sebastian *170*
Komorowski, Bronislaw *62*
Konowalow, Alexander *85*
Körber-Stiftung *43*
Kornilow, Lawr *274*
Korruption *77*
Krause, Joachim *259*
Kryschtanowskaja, Olga *84*
Kudrin, Alexej *83, 85, 157, 192*
Kunze, Thomas *232*
Kwasniewski, Alexander *21*

L

Lawrow, Sergej *63*
Lebedew, Alexander *196*
Lehmann-Brauns, Uwe *195*
Lenin, Wladimir *41, 67, 269*
Libyen-Krieg *20, 56, 83, 89 f., 108, 122, 253*
Lindner, Rainer *157*
Litwinenko, Wladimir *93*
Lugar, Richard *126*
Lukaschenko, Alexander *49, 137, 228 ff., 241*
Luschkow, Juri *79*

M

Magnitski, Sergej *80*
Mangold, Klaus *49, 64*
Markelow, Stanislaw *261*
McCain, John *37*
Meier, Christian *42*
Melnitschenko, Andrej *196*
Memorial *42*
Merkel, Angela *49, 56 ff., 62 f., 101, 116, 166*
Michnik, Adam *34*
Miller, Alexej *70, 146 f.*
Milosevic, Slobodan *253, 267*
Mironjuk, Swetlana *244*
Mißfelder, Philipp *97*
Moldawien *230*
Mordaschow, Alexej *196*
Münchner Sicherheitskonferenz *20, 37, 50, 55, 64, 187, 248, 251*
Muraschow, Arkadi *38*

N

Nasarbajew, Nursultan *101, 147, 240*
Naschi-Bewegung *218*
NATO *5 f.*
– Beitritt Russlands *12*
– Manöver *186, 187*
– Osterweiterung *18, 54, 58*
– -Russland-Rat *16, 20, 59*
Nemtsow, Boris *17*
Netanjahu, Benjamin *19*
Nichtregierungsorganisationen (NGOs) *37*

Nikolaus II. *267*
Nordkaukasus *255, 257 f.*
Nordostpassage *105*

O

Obama, Barack *18, 75, 82, 126, 140, 251*
Opel-Affäre *59 f.*
Organisation für den Vertrag der kollektiven Sicherheit (ODKB) *20, 241*
Oroschakoff, Haralampi *196*
Ost-Ausschuss der Deutschen Wirtschaft *49, 156 f.*
OSZE *13, 240 f.*

P

Pawlowski, Gleb *191*
Perthes, Volker *20*
Peter der Große *45, 168*
Petersburger Dialog *43, 51*
Pintschuk, Elena *260*
Pintschuk, Viktor *225 f., 260*
Pipelines *112*
– Baku-Ceyhan-Pipeline *127*
– Nabucco *128 f., 139, 145, 232, 237*
– Nord Stream *57, 112, 138*
– South Stream *130, 138, 146*
– TAPI *130*
Pipes, Richard *40*
Polen
– Beziehung zu Russland *61*
Politisch-Militärische Gesellschaft *237*
Politkowskaja, Anna *261*
Potanin, Wladimir *95, 160, 219*
Privatisierung *26, 28*
Prochorow, Michail *88*
Prodi, Romano *144*

R

Raketenabwehr *12, 15, 17 f., 249 ff.*
Rat für Außen- und Verteidigungspolitik *4*
Reagan, Ronald *46, 249*
Rice, Condoleezza *56*
Rogosin, Dmitri *6, 248 f.*
Rohstoffe *95, 97*
Rohstoffkonflikte *4, 102*

Rohstoffpreise *96*
Rosatom *60, 152*
Rosneft *85 ff., 118, 120, 124 f.*
RUDEA (Russisch-Deutsche Energieagentur) *99*
Rühe, Volker *49, 56*
russisch-ukrainischer Gaskrieg *13, 57, 93, 115, 133 ff., 236*
russisch-weißrussischer Ölkrieg *137*
Russland
- Atomenergie *153*
- Atomwaffen *182*
- ausländische Investoren *117, 121, 156 f., 162, 165, 172, 174 f.*
- Automobilbranche *60, 106, 169 ff.*
- demografischer Wandel *170 f., 262*
- Demokratisierung *24, 30, 38, 68*
- Deutschlandbild *53*
- Emigration *193 f., 197*
- Energielieferant *114, 116, 120*
- Energielieferungen an die EU *92, 113, 115*
- Energiestrategie *120 ff., 128, 144, 152*
- Erbengeneration *219*
- Erdgas *142, 147*
- Flugzeugindustrie *170*
- Gesundheitssystem *171*
- Klimaschutz *178 ff.*
- Korruption *27, 33, 35, 164 ff., 211*
- Militärreform *182, 186, 204*
- Modernisierungspolitik *10, 25, 32 ff., 35, 77, 80, 82, 188, 192, 216*
- Nahrungsmittel *91*
- Nationalismus *261 ff.*
- Oligarchen *29, 157 ff., 202, 207, 214, 225*
- Pipelinemonopol *127 f.*
- Privatisierung von Staatseigentum *26, 28, 69, 117, 161*
- Reintegration *224 ff., 230*
- Reservefonds *118, 158*
- Rohstoffreichtum *4, 5, 28, 91, 92, 113, 119*
- Stabilitätsfonds *33*
- Terrorismus *253 ff.*
- Transitmonopol *149*
- Umweltschutz *98, 143, 153*
- Wiederaufrüstung *183 f.*
- wilder Kapitalismus *26*
- Wirtschaftsform in der Zukunft *155, 161*
- Wohnungsproblematik *205*
- Zivilgesellschaft *36, 38, 51, 66, 123, 201, 212*
- Zukunftsmodelle *221 ff.*

S

Saakaschwili, Michail *17, 58*
Sacharow, Andrej *203*
Sander, Carsten *142*
Sandschneider, Eberhard *94*
Sarkozy, Nicolas *18, 82, 100*
Schanghai Organisation für Zusammenarbeit (SchOZ) *9, 99, 108, 245 ff., 275, 276*
Schelow-Kowedjaew, Fedor *187*
Schewardnadse, Eduard *127*
Schiefergas *140 f.*
Schirinowski, Wladimir *30, 191, 262*
Schockenhoff, Andreas *39*
Schröder, Gerhard *2, 49 f., 57, 134, 203*
Schuwalow, Igor *83 f., 164, 175, 192*
Seltene Erden *93 ff., 276*
Setschin, Igor *69 f., 85 ff., 124 ff.*
Sikorski, Radoslaw *20, 62*
Skolkowo (Technologiepark) *162*
Smolny-Netzwerk *67 ff., 88*
Sobjanin, Sergej *79, 88*
Sobtschak, Anatoli *68 ff., 85*
Solotow, Andrej *43*
Soros, George *225*
Stalinismus *42 ff., 200, 210*
Stalin, Josef *42 f., 61, 200, 210, 234, 267*
Steinmeier, Frank-Walter *50, 57, 63*
Strauss-Kahn, Dominique *225*
Südkaukasus *230 ff.*
Surkow, Wladislaw *218*

T

Tandem *10, 35, 72 f., 84, 192*
TAPI-Pipeline *130*
Teltschik, Horst *50*
Terrorismus *13 f., 18*
Tils, Peter *237*
Timakowa, Natalja *83*
Timoschenko, Julia *24, 136 f., 227, 230*
Timtschenko, Gennadi *150*
Transnistrien-Konflikt *62 f.*
Trojka *56, 62*

Tschemesow, Sergej *70*
Tschernomyrdin, Viktor *117*
Tschetschenienkrieg *12, 30, 205, 255 ff.*
Tschubajs, Anatoli *69, 261*
Türkei
- Energiepartner *131*
Tusk, Donald *61*

U

Ukraine *225 ff., 260*
- Fußball-EM 2012 *228*
- NaftoGas *124, 137*
- Orange Revolution *14, 24, 135, 226*
Umarow, Doku *257*
USA
- Beziehung zu Russland *13 ff., 249 ff., 283*
- Führungsrolle *7*
- Schiefergasproduzent *140*

V

Valdai-Klub *2, 40, 244 ff.*

W

Wandel durch Annäherung *48*
Wasserkonflikte *91, 102 ff., 237*
Weißrussland *228 ff.*
Westerwelle, Guido *56, 65*
Wexelberg, Viktor *160*
Wolodin, Wsewolod *196*
Woloschin, Alexander *163*
WTO (World Trade Organisation)
- Beitritt Russlands *166 ff., 188, 225*
Wulff, Christian *50, 65*

Y

Yalta European Strategy (YES) *225*

Z

Zentralasien *128 ff., 149, 232 ff., 243 ff.*
Zinkowski, Oleg *195*
Zollunion *189, 224 ff., 230*

HANSER

Gute Schulden – schlechte Schulden

Beck, Prinz
Abgebrannt
Unsere Zukunft nach dem Schulden-Kollaps
220 Seiten
ISBN 978-3-446-42697-9

In den letzten Jahren haben wir das Geld mit vollen Händen ausgegeben: für Bankenstützung, Konjunkturpakete, Rettung von Pleite-Unternehmen und Wahlgeschenke. Doch nach dem Ausgabenrausch kommt der Kater. Wir stehen vor einem gigantischen Schulden-Loch, das Angst macht.

Die renommierten Wirtschaftsprofessoren Beck und Prinz stellen unbequeme Fragen: Wie konnte es zu der Schuldenkatastrophe kommen – und wer sind die Verantwortlichen? War wirklich jeder Schulden-Euro nötig? Wann kann ein Staat pleitegehen, und wie sieht ein solcher Staatsbankrott aus?

Das Buch richtet sich an alle, die ohne Finanzkauderwelsch und Fachkenntnisse verstehen wollen, warum uns unsere Schulden über den Kopf wachsen und wie wir aus dem Schuldensumpf wieder herauskommen.

Mehr Informationen zu diesem Buch und zu unserem
Programm unter **www.hanser-literaturverlage.de**